清 史 論 集

（四）

莊 吉 發 著

文史哲學集成
文史哲出版社印行

國家圖書館出版品預行編目資料

清史論集 / 莊吉發著. -- 初版. -- 臺北市: 文史哲,
民 86 -
　冊；　公分. -- (文史哲學集成；388-)
含參考書目
ISBN 978-957-549-110-9 (第一冊：平裝).--ISBN978
957-549-111-6(第二冊：平裝).--ISBN957-549-166-6
(第三冊：平裝). --ISBN 978-957-549-271-7 (第四冊：.
平裝)

1.中國–歷史–清(1644-1912)–論文，講詞等

627.007　　　　　　　　　　　　　　86015915

文 史 哲 學 集 成　　420

清 史 論 集 (四)

著　　者：莊　　　　　吉　　　　　發
出 版 者：文　史　哲　出　版　社
　　　　　http://　www.lapen.com.tw
　　　　　e-mail：lapen@ms74.hinet.net
登記證字號：行政院新聞局版臺業字五三三七號
發 行 人：彭　　　　正　　　　雄
發 行 所：文　史　哲　出　版　社
印 刷 者：文　史　哲　出　版　社
　　　　　臺北市羅斯福路一段七十二巷四號
　　　　　郵政劃撥：16180175　傳真886-2-23965656
　　　　　電話 886-2-23511028　　886-2-23941774

實價新臺幣四五〇元

二〇〇〇年（民國八十九）三月初版

ISBN 978-957-549-271-7　　00420

清史論集

(四)

目　次

清史論集
出版說明

　　我國歷代以來，就是一個多民族的國家，各民族的社會、經濟及文化等方面，雖然存在著多樣性及差異性的特徵，但各兄弟民族對我國歷史文化的締造，都有直接或間接的貢獻。滿族以邊疆部族入主中原，建立清朝，一方面接受儒家傳統的政治理念，一方面又具有滿族特有的統治方式，在多民族統一國家發展過程中有其重要地位。在清朝長期的統治下，邊疆與內地逐漸打成一片，文治武功之盛，不僅堪與漢唐相比，同時在我國傳統社會、政治、經濟、文化的發展過程中亦處於承先啟後的發展階段。蕭一山先生著《清代通史》敘例中已指出原書所述，爲清代社會的變遷，而非愛新一朝的興亡。換言之，所述爲清國史，亦即清代的中國史，而非清室史。同書導言分析清朝享國長久的原因時，歸納爲二方面：一方面是君主多賢明；一方面是政策獲成功。《清史稿》十二朝本紀論贊，尤多溢美之辭。清朝政權被推翻以後，政治上的禁忌，雖然已經解除，但是反滿的情緒，仍然十分高昂，應否爲清人修史，成爲爭論的焦點。清朝政府的功過及是非論斷，人言嘖嘖。然而一朝掌故，文獻足徵，可爲後世殷鑒，筆則筆，削則削，不可從闕，亦即孔子作《春秋》之意。孟森先生著《清代史》指出，「近日淺學之士，承革命時期之態度，對清或作仇敵之詞，既認爲仇敵，即無代爲修史之任務。若已認爲應代修史，即認爲現代所繼承之前代。尊重現代，必並不厭薄於所繼承之前

代，而後覺承統之有自。清一代武功文治、幅員人材，皆有可觀。明初代元，以胡俗爲厭，天下既定，即表章元世祖之治，惜其子孫不能遵守。後代於前代，評量政治之得失以爲法戒，乃所以爲史學。革命時之鼓煽種族以作敵愾之氣，乃軍旅之事，非學問之事也。故史學上之清史，自當占中國累朝史中較盛之一朝，不應故爲貶抑，自失學者態度。」錢穆先生著《國史大綱》亦稱，我國爲世界上歷史體裁最完備的國家，悠久、無間斷、詳密，就是我國歷史的三大特點。我國歷史所包地域最廣大，所含民族分子最複雜。因此，益形成其繁富。有清一代，能統一國土，能治理人民，能行使政權，能綿歷年歲，其文治武功，幅員人材，既有可觀，清代歷史確實有其地位，貶抑清代史，無異自形縮短中國歷史。《清史稿》的既修而復禁，反映清代史是非論定的紛歧。

　　歷史學並非單純史料的堆砌，也不僅是史事的整理。史學研究者和檔案工作者，都應當儘可能重視理論研究，但不能以論代史，無視原始檔案資料的存在，不尊重客觀的歷史事實。治古史之難，難於在會通，主要原因就是由於文獻不足；治清史之難，難於在審辨，主要原因就是由於史料氾濫。有清一代，史料浩如烟海，私家收藏，固不待論，即官方歷史檔案，可謂汗牛充棟。近人討論纂修清代史，曾鑒於清史範圍既廣，其材料尤夥，若用紀、志、表、傳舊體裁，則卷帙必多，重見牴牾之病，勢必難免，而事蹟反不能備載，於是主張採用通史體裁，以期達到文省事增之目的。但是一方面由於海峽兩岸現藏清代滿漢文檔案資料，數量龐大，整理公佈，尚需時日；一方面由於清史專題研究，在質量上仍不夠深入。因此，纂修大型清代通史的條件，還不十分具備。近年以來，因出席國際學術研討會，所發表的論文，多涉及清代的歷史人物、文獻檔案、滿洲語文、宗教信仰、族群關係、

人口流動、地方吏治等範圍，俱屬專題研究，題爲《清史論集》。雖然只是清史的片羽鱗爪，缺乏系統，不能成一家之言。然而每篇都充分利用原始資料，尊重客觀的歷史事實，認眞撰寫，不作空論。所愧的是學養不足，研究仍不夠深入，錯謬疏漏，在所難免，尚祈讀者不吝教正。

一九九九年十二月　**莊吉發**

《清代全史》與清史研究

一、前　言

　　我國歷代以來，就是一個多民族的國家，各民族的社會、經濟及文化等方面，雖然存在著多樣性及差異性的特徵，但各兄弟民族對我國歷史文化的締造，多有直接或間接的貢獻。滿族以邊疆部族入主中原，建立清朝，一方面接受儒家傳統的政治理念，一方面又具有滿族特有的統治方式，在多民族統一國家發展過程中有其重要地位。在清朝長期的統治下，文治武功之盛，不僅堪與漢唐相比，同時在我國傳統社會、政治、經濟、文化的發展過程中也處於承先啓後的發展階段。民國十二年十一月，蕭一山於《清代通史》敍例中已指出，「本書所述，爲清代社會之事變，而非愛新一朝之興亡。換言之，即所述爲清國史，亦即清代之中國史，而非清朝史，或清室史也。」①同書導言中分析清朝享國長久的原因時，歸納爲二方面：一方面是君主多賢明；一方面是政策獲成功②。《清史稿》十二朝本紀論贊，以清太祖天錫智勇，神武絕倫，清太宗允文允武，內修政事，外勤討伐，而比於岐豐。清世祖孜孜求治，清賦役以革橫徵，定律令以滌冤濫，蠲租貸賦，登水火之民於衽席。清聖祖崇儒重道，勤政愛民，豁貫天人，爲古今所未覯。清世宗研求。治道，尤患下吏之疲困，可謂知政要。清高宗勵精圖治，開疆拓宇，揆文奮武，於斯爲盛。清仁宗鋤奸登善，崇儉勤事。清宣宗恭儉之德，寬仁之量，爲守成令辟。清文宗因內憂外患，遂無一日之安，而能任賢擢材，洞觀肆應。本

紀論贊，姑不論是否溢美之辭，惟有清一代，君主多賢明，則無庸置疑，宣統本紀論曰：「帝沖齡嗣服，監國攝政，軍國機務，悉由處分，大事並白太后取進止。大變既起，遽謝政權，天下爲公，永存優待，遂開千古未有之奇。虞賓在位，文物猶新。是非論定，修史者每難之。然孔子作春秋，筆則筆，削則削，所見之世且詳于所聞，一朝掌故，烏可從闕。儻亦爲天下後世所共鑒歟！」③清朝政權被推翻以後，政治上的禁忌，雖然已經解除，但是反滿的情緒，仍然十分高昂，應否爲清人修史，成爲爭論的問題。清朝政府的功過及是非論斷，人言嘖嘖。然而一朝掌故，足爲後世殷鑒，筆則筆，削則削，不可從闕。孟森著《清代史》指出，「近日淺學之士，承革命時期之態度，對清或作仇敵之詞；既認爲仇敵，即無代爲修史之任務。若已認爲應代修史，即認爲現代所繼承之前代。尊重現代，必並不厭薄於所繼承之前代，而後覺承之有自。清一代武功文治，幅員人材，皆有可觀。明初代元，以胡俗爲厭，天下既定，即表章元世祖之治，惜其子孫不能遵守。後代於前代，評量政治之得失以爲法戒，乃所以爲史學。革命時之鼓煽種族以作敵愾之氣，乃軍旅之事，非學問之事也。故史學上之清史，自當占中國累朝史中較盛之一朝，不應故爲貶抑，自失學者態度。」④錢穆著《國史大綱》亦指出，我國是世界上歷史最完備的國家，悠久、無間斷、詳密，就是我國歷史的三大特點。我國歷史所包地域最廣大，所含民族分子最複雜，因此益形成其繁複⑤。有清一代，能統一國土，能治理人民，能行使政權，能綿歷年歲，其文治武功，幅員人材，皆有可觀，清代歷史不但能占一朝正史的位置，而且也是我國累朝史中較盛的一朝，貶抑清代史，無異自形縮短中國歷史。《清史稿》的修而復禁，反映清史是非論定的紛歧。《清史稿》是我國官修傳統正史體例的最後

一個階段，在史學上有它一定的位置。《清史稿》校註工作已告
段落。清朝與民國，時代最近，文物猶新，一朝掌故，足資參
考。近年以來，海峽兩岸，積極整理清代檔案，清史專題研究，
成果豐碩，對整修清史，創造了有利的條件，於是撰寫清史，蔚
爲風氣。譬如《清代通史》、《清代史》、《清史大綱》、《清
史》、《清史簡編》、《簡明清史》、《清朝全史》、《清朝史
誦論》、《清帝國之繁榮》、《清帝國》、《清帝國之盛衰》、
《細說清朝》等私家著述，先後問世，對清史研究作出了極大的
貢獻，惟諸書或因撰寫方法老舊，或因文獻不足，或因篇幅不大，
或因未竟其功，或因缺乏系統，因此，大型通論性清史專書的編
纂，仍待加強。爲了促進清史研究的發展，中國大陸史學界早在
六十年代初便醞釀組織全國力量，編寫一部大型清史，因文革動
亂被迫終止。一九八三年，在長沙史學規劃會議上決議以八年的
時間，完成一部十卷本的《清代通史》，自一九九一年七月起陸
續出版，改名《清代全史》，本文僅就這部巨著，舉例討論，俾
有助於了解其得失。

二、《清代全史》的規劃與架構

爲了促進清史研究的發展，中國大陸史學界早在六十年代初
便醞釀組織全國力量，編寫一部大型清史，由於文革十年動亂被
迫中止。文革後，大陸史學界曾設想組織全國各省市科研機關和
高等院校的力量，編寫一部一千萬字左右的清史，但因鑒於大量
的清史資料特別是清代檔案正在整理，專題研究還不夠深入，纂
修大型清史的條件還不具備，這個規劃一時難以實現。一九八三
年，大陸史學界在長沙史學規劃會議上，重新討論了清史編纂構
想。其要點是，自一九八三年起至一九九〇年，即第七個五年計

劃的最後一年，以八年的時間，完成一部十卷本的《清代通史》和大約二十卷的《清代人物傳稿》。一九九一年七月《清代通史》改稱《清代全史》，陸續出版。由中共國家社會科學基金會資助研究經費，並由瀋陽遼寧人民出版社資助出版。一九九三年十月，十卷全部問世。

《清代全史》不設總主編，而採取分卷主編負責制，其主要目的是在於充分發揮撰稿人的主動性和創造性，使持不同學術觀點的學者可以心情舒暢地一道工作。其總體規劃是按照清代歷朝君主在位的先後，分爲幾個歷史階段，以每個歷史階段爲一卷，每卷各一冊，共計十卷。各卷由主編分別邀請專家學者撰稿。

《清代全史》第一卷共五章，計二十節，約二十九萬七千餘字，一九九一年七月出版，本卷主編及撰稿人都是李洵和薛虹。一六四四年，清朝勢力將其政府從瀋陽遷至北京，一般人在習慣上把這一年作爲朝代史清朝的開端，直至一九一一年辛亥革命，清朝滅亡，共計二六八年的歷史，稱爲清代史，而清朝入關前的歷史，是清朝勢力的興起史，常常被稱作「清朝前史」，本卷所涉及的範圍，就是清朝前史。其中〈緒論〉是由李洵和薛虹合寫；第一章〈滿族的先世〉；第二章〈女眞的統一和金國的建立〉；第三章〈金國努爾哈赤時期在遼東的統治〉，是由薛虹撰寫；第四章〈金國在天聰時期的發展〉；第五章〈入關前夕清朝勢力的形成〉，是由李洵撰寫。本卷的宗旨，主要是告訴人們，清朝勢力是怎樣形成的？其組成的成分是什麼？它的政治、經濟、社會的結構又是怎樣？它爲什麼可以由小變大？由弱轉強的本身機制和環境機遇是什麼？尤其重要的是它的經濟、政治、文化、民族等政策和制度是如何影響著入關後清朝的歷史？也可以說如何影響著中國社會歷史發展的總進程？

第二卷共七章，計三十三節，約三十七萬四千餘字，一九九一年七月出版。本卷主編是王戎笙，參加撰稿的共有十三人，分工情況如下：緒論由王戎笙撰寫；第一章〈清朝的建立和民族矛盾的激化〉，是由顧誠撰寫；第二章〈抗清民族運動的興衰與南明的覆亡〉，由秦暉、薛瑞祿、赫治清三人合寫；第三章〈清初統治集團的內部鬥爭及各項政策〉，由王戎笙、郭松義、趙雲田三人合寫；第四章〈清初的統一大業〉，由吳伯婭、何齡修二人合寫；第五章〈清初的政治制度〉，由劉子揚撰寫；第六章〈中外關係〉，由黃谷、徐明德二人合寫；第七章〈清初的思想文化〉，由陳祖武撰寫。各章完稿後，由王戎笙負責統一修改定稿。滿洲的興起及清朝的建立，大體與歐洲資本主義的興起同時，資本主義興起之後，西方列強即使用武力，輔之以其他手段，在亞洲等地廣泛地進行殖民擴張。明末清初，中國所面臨的正是這種前所未有的國際形勢。本卷所涉及的範圍，就是清初順治朝及康熙朝前期內部變化和對外關係的歷史。

第三卷共九章，計二十九節，約三十三萬二千餘字，一九九一年七月出版。本卷主編是郭松義，〈緒論〉、第一章〈加強中央集權統治〉；第二章〈康熙的經濟政策及其成效〉，由郭松義撰寫；第三章〈統一漠北與青海〉；第四章〈清朝驅準保藏的鬥爭〉，由袁森坡撰寫；第五章〈康熙中後期的中外關係〉，由袁森坡、馮佐哲二人合寫；第六章〈封建的土地占有制及租佃關係〉，由韓恒煜撰寫；第七章〈康熙後期的儲位問題和吏治廢弛〉，由郭松義、許曾重二人撰寫；第八章〈各地的抗租抗糧鬥爭和武裝反清〉，由韓恒煜撰寫；第九章〈康熙中葉以後的學術文化〉，由陳祖武、陳金陵二人合寫。各章完稿後，由楊珍統一體例，然後由郭松義作統編定稿。本卷所涉及的範圍，主要是康熙朝中後

期四十年間的清朝歷史。其宗旨主要是想看一看康熙帝是否站在歷史發展的前列指導國家和民族快步邁進的問題。

　　第四卷共五章，計二十節，約三十二萬二千餘字，一九九一年十月出版。本卷主編是王戎笙。參加撰寫的共有九人，分工情況如下：〈緒論〉由王戎笙撰寫；第一章〈封建專制主義中央集權制的加強〉，由楊珍、李新達合寫；第二章〈封建專制主義中央集權制的進一步加強〉，由白新良、任春明、李世愉合寫，第三章〈統治階級的日趨腐朽和社會矛盾的激化〉，由白新良撰寫；第四章〈邊疆少數民族地區的進一步統一〉，由趙雲田、張捷夫撰寫；第五章〈各少數民族的社會生活和經濟發展概況〉，由郭松義撰寫。原書認為自秦以來封建專制主義中央集權發展到明清，特別是清代的雍乾兩朝，達到了登峰造極的地步。這個階段正是中國歷史上稱之為盛世的時期，國家統一，民族和解，社會安定，邊疆鞏固，經濟繁榮，文化昌盛。本卷涉及的範圍，主要是雍乾時期的政治和邊疆歷史。

　　第五卷共五章，計十四節，約三十三萬一千餘字，一九九一年十月出版。本卷主編是韋慶遠、葉顯恩，參加撰寫的共有十四人，分工情況是：〈緒論〉由葉顯恩撰寫；第一章〈社會生產的發展與勞動產品商品化程度的提高〉，由韋慶遠、楊國禎、陳支平、黃啓臣四人合寫；第二章〈商品交換的形式與內容〉，由羅一星、李克毅、陳春聲三人合寫；第三章〈對外貿易與對外關係〉，由黃啓臣、章文欽、戴和、鄧開頌四人撰寫；第四章〈政府對社會經濟活動的控制〉，由韋慶遠、陳支平、陳春聲、吳奇衍、劉志偉五人合寫；第五章〈基層社會組織與鄉紳〉，由劉志偉、譚式玫二人合寫。本卷是由北京、廣東、福建三地區七個單位十四從位事清代社會經濟史研究的學者共同撰寫完成的。因為這些學

者對雍乾時期有關問題都進行過相當的研究，既有材料積累，又
具有心得，也都發表過一些論著。由這些學者負責有關章節的撰
寫，可以發揮專長，能夠較充分地表達出有關專題的研究現狀和
成果。本卷涉及的範圍，主要就是雍乾時期的社會經濟史。

　　第六卷共六章，計二十二節，約三十三萬七千餘字，一九九
一年十月出版。主編是喻松青、張小林，〈緒論〉由喻松青撰寫；
第一章〈嘉道時期政治概況和統治的衰弱〉，由張小林撰寫；第
二章〈經濟狀況和商業資本的發展〉，由史建雲撰寫；第三章〈
嘉道時期的基層社會〉；由張研、喻松青、秦寶琦合寫；第四章
〈全國各族人民的反抗鬥爭〉，由秦寶琦撰寫；第五章〈對外貿
易和資本主義國家對中國的侵略〉，由劉存寬、張麗合寫；第六
章〈清中葉的學術文化〉，由陳祖武撰寫。原書認爲嘉慶帝和道
光帝在位的時候，正是世界資本主義迅速發展全力向外擴張和侵
略的時期。從道光十九年（1839）開始，英國和其他資本主義
列強相繼侵略中國，與清政府簽訂了各種不平等條約，中國淪爲
半封建半殖民地社會，嘉慶朝和道光朝實質是中國封建社會的最
後兩個王朝。本卷涉及的範圍，就是嘉道時期的政治概況、基層
社會、學術文化及對外貿易的歷史。

　　第七卷共五章，計二十節，約三十三萬五千餘字，一九九三
年六月出版。本卷主編是龍盛運，〈緒論〉由龍盛運撰寫；第一
章〈兩次鴉片戰爭〉，由茅海建撰寫；第二章〈太平天國與各地
各族反清起義〉，由姜濤撰寫；第三章〈咸豐朝的危局和湘淮軍
集團的崛起〉，由龍盛運撰寫；第四章〈同治朝的內政與交外〉，
由朱東安、茅海建合寫；第五章〈道咸同三朝的思想和文化〉，
由李長莉、夏春濤合寫。本卷是道光二十年（1840）至同治十
三年（1874）的政治史。這三十五年，中國不僅遭到了西方列

強所發動的兩次鴉片戰爭的侵略，爆發了以太平天國爲中心的革命高潮；而且，發生了空前的巨變。原書認爲持續約兩千年的封建社會，也由此轉變爲半殖民地半封建社會。

　　第八卷共六章，計十九節，約三十三萬三千餘字，一九九三年十月出版。第一章〈國土開發和社會矛盾的激化〉；第二章〈通國被迫開放和特權讓許〉；第三章〈財政制度的演變〉；第四章〈太平天國的理想社會和財經政策措施〉；第五章〈戰亂後的廢墟和給予封建社會的衝擊〉；第六章〈清政府「自圖振興」國策的經濟實踐〉。本卷主編是宓汝成，卷中第一章有關邊陲概況，第二章有關近代海關，第三章有關漕糧這三個主題多少不等的部分，分別由中國社會科學院邊疆史地研究中心房建昌、廈門大學中國海關史研究中心戴一峰、山東省社會科學院歷史研究所張照東三人提供論文或史料，由主編宓汝成利用改寫而成。第六章第一節〈維護地主產權的土地政策〉，由中國社會科學院經濟研究所劉克祥撰寫。其餘部分，統由宓汝成撰寫，半是新作，半是對已發表過論文的改寫。按《清代全史》總體規劃，清代從道光朝最後十年起經咸豐到同治末年的三十五年（1840—1874），作爲一個歷史階段。本卷涉及的範圍，就是以撰述這個階段的政經社會並力圖能夠寫出它的演變動態爲主的一卷。

　　第九卷共七章，計二十一節，約三十七萬六千餘字，一九九三年三月出版。本卷主編是徐徹、董守義，參加撰寫的共有十一人，分工情況是：〈緒論〉由董守義、徐徹撰寫；第一章〈光緒前期政局〉，由任郁馥撰寫；第二章〈邊疆規復與開發〉，由董守義撰寫；第三章〈從唇亡齒寒到瓜分危機〉，由董守義、孫克復合寫；第四章〈政體改革一波三折〉，由馬東玉、張玉田、馮年臻合寫；第五章〈光宣軍事制度的變革〉，由陳崇橋撰寫；第

六章〈光宣思想文化的流變〉，由寶成關、李榮華合寫；第七章〈清帝國的崩潰〉，由李書源、馮年臻合寫。本卷涉及的範圍，是論述光緒元年（1875）至宣統三年（1911）三十七年間清王朝的政治、思想、軍事、文化諸方面的歷史。原書認為一部清史，不同於以往任何王朝史，它反映了中國封建社會最後解體的全部軌跡，光宣時期就是這個解體軌跡的終結段。

　　第十卷共八章，計三十節，約四十三萬一千餘字，一九九三年六月出版。本卷主編是劉克祥，〈緒論〉由劉克祥撰寫；第一章〈國家主權的進一步喪失和民族危機的加深〉，由賀耀敏、劉克祥合寫；第二章〈各族人民大起義失敗後封建生產關係的延續和變化〉，由劉克祥、虞和平合寫；第三章〈農業生產的基本形勢和資本主義因素的微弱增長〉，由劉克祥撰寫；第四章〈手工業的局部發展和解體趨勢〉，由孔涇源撰寫；第五章〈外國在華投資的擴張和中外貿易〉，由賀耀敏、陳爭平合寫；第六章〈資本主義新式企業的發生發展〉，由虞和平、馮麗君、劉克祥合寫；第七章〈國內商業和城鄉市場〉，由劉克祥撰寫；第八章〈清末的金融和財政〉，由劉克祥、馮麗君合寫。原書將光緒、宣統兩朝的三十七年歷史，以光緒二十年（1894）中日甲午戰爭為界，分為兩個發展階段：光緒元年（1875）至二十年（1894）為第一階段，屬於中國半殖民地半封建經濟的開始時期；光緒二十一年（1895）至宣統三年（1911）為第二階段，這是中國半殖民地半封建經濟的形成時期。本卷涉及的範圍，就是光宣時期的經濟史。

　　《清代全史》十卷，約三百四十六萬八千餘字，主編暨撰稿人，共七十四人，網羅了大陸清代史各領域的學者專家，群策群力，集體完成了洋洋大觀的巨著。各卷力求放眼世界，注意信息，

集思廣益，博採衆長，吸取海內外學者的研究成果，既有所創新，亦有所突破，確實是一部足以反映現階段大陸清史研究水平的學術專著。

三、清朝勢力的形成與發展

永樂初年，明廷設置建州衛，以阿哈出爲指揮使。其後又析置建州左衛和建州右衛，三衛並立。自阿哈出起至清太祖努爾哈齊，建州三衛，中經多次擾攘，其間宗系，猶有爭論，然而滿族的核心民族，其先世出自女眞，是明代的建州女眞統一東北的各部女眞形成的我國少數民族之一，則屬事實。滿族如何由小變大？清朝勢力如何形成？建州女眞族、滿族、清朝勢力三個概念有何不同？入關前的清朝和入關後的清朝，其歷史關聯又是如何？就是清朝前史的重要課題。《清代全史》主編李洵在〈緒論〉中已指出，建州女眞族、滿族、清朝勢力三者有著密切的關係，但又是三個不同的概念。三者在清朝前史中，是既有聯繫又互有差別的三個歷史時期連續發展的產物。

蒙古滅金後，女眞遺族散居於東北混同江流域、開元城之北，東濱海，西接兀良哈，南鄰朝鮮。明朝初年，女眞分爲三部。建州女眞是因明朝招撫設置建州衛而得名，明初從伊蘭附近的斡朵里部、胡里改部遷徙到綏芬河下游、圖們江、琿春江流域，永樂末年至正統初年，又遷到渾河上游的蘇子河一帶。松花江在元明兩代又稱海西江，居住在松花江及其支流沿岸的許多女眞部落因而統稱之爲海西女眞，又稱忽剌溫女眞。正統至嘉靖年間，海西女眞遷徙到吉林松花江沿岸、輝發河流域，主要爲扈倫四部。野人女眞主要是指烏蘇里江以東，沿日本海的建州女眞南遷後塡補於綏芬河、琿春江一帶的諸部。李洵在〈緒論〉中指出，建州女

眞族就是指明朝所建立的建州三衛的女眞居民，是東北地區女眞族許多部落中的一支部落。這個女眞部落通過不斷遷徙，逐漸接近遼東地區，受到農業生產發達、社會先進地區的影響較多，內部的農業生產比較發達，但狩獵經濟也較發達。通過馬市貿易，使這個部落與內地的經濟、文化關係較爲密切。建州女眞部落的本族人口並不多，民族的成分也比較單純，本族男子多從事狩獵、戰爭與掠奪，農業生產主要是依靠掠獲的外族勞動力來進行。易言之，從明初設置建州衛到努爾哈齊統一東北女眞諸部以前這個歷史時期的建州三衛的女眞居民，就叫做建州女眞族。

十六世紀八十至九十年代，在建州女眞族中出現武力強大的努爾哈齊勢力，進行對建州女眞族分散的各部族的武力統一，並以此爲基礎，開始把兼併戰爭推向建州女眞族以外的海西和東海等女眞族。此時已經形成一個大女眞勢力，不再是建州女眞了。一六一六年，努爾哈齊在赫圖阿拉（hetu ala）稱金國汗，一六一八年，吞併葉赫，表明這一歷史過程的完結，下一個歷史進程的開始。在八旗組織中，除主體女眞族外，還有相當多的蒙古人和漢人。皇太極時期爲了戰爭的需要，同時爲了調整八旗內部的民族關係，在八旗組織中，分出蒙古八旗與八旗漢軍。天命、天聰年間，有大批黑龍江和烏蘇里江等處的民族，被編入八旗，稱爲新滿洲（ice manju），使八旗的民族成分，更加擴大，同時在八旗社會共同體中生活。十六世紀末，努爾哈齊利用蒙古字母創製了一種新女眞文，即無圈點滿文，習慣上稱爲老滿文。皇太極天聰年間，加以改進，形成加圈點的滿文，習慣上稱爲新滿文。這樣女眞族獲得一種統一的規範的民族文字，對於形成共同文化、共同心理，起了巨大的作用。天聰九年（1635），宣布廢除「諸申」（女眞）舊稱，而以「滿洲」（manju）來作新的族稱，

這就標誌著一個新的民族共同體的最終形成。這個新的民族共同體，就是滿族。滿洲這個詞指的就是明朝建州衛所屬的地名，皇太極以這個地名來統稱建州地區各族，完全是可以的。因為後來的滿族就是由建州地區各部族混合而成的。

　　關於努爾哈齊建立國號及皇太極改國號的問題，史學界的看法，莫衷一是。在崇德元年（1636）皇太極即皇帝位，建國號大清以前，天命、天聰兩朝的國號為「金」（aisin），這是可以確信無疑的。據統計，在《舊滿洲檔》中所見將「金」或「金國」作為國號使用的近九十處，其中有四十七處是用於給明朝皇帝、大臣、太監、官生、軍民人等及朝鮮、邊疆的文書，還有兩處是用於盟誓的，凡屬這些地方，當然都是應該使用正式國號的處所。努爾哈齊所以建立國號為「金」，是因為他把自己看作是完顏「金之遺種」，其國為完顏金的復興，就是想把自己作為中國歷史上女眞人所建立的金朝的後繼者，金朝是在女眞人歷史中最為輝煌的一頁，使用「金」作為國號，有繼承金國事業，團結各部女眞族的政治意義。努爾哈齊以「金」為國號，為時甚早，萬曆四十一年（1613），已稱金國。《朝鮮王朝實錄》光海君六年（1614）記載：「今者國號僭稱金。」⑥可見至遲朝鮮在萬曆四十二年（1614）已經知道努爾哈齊國號為「金」了。在金國中有三種不同種族的國人（gurun），即女眞、蒙古、漢，葉赫滅亡以後，努爾哈齊不再使用女眞國的稱呼，因為這時候的國，已經不是女眞一族的國了，而是三種不同種族的國人組成的國，所以只有「金國」才是包含女眞、蒙古、漢三種不同種族的國了。

　　皇太極繼承汗位之後，實施了一系列的政策，加快了吸收比較先進的政治體制，以明朝的政治體制為模式，改造了自身的政治體制，推動了本身制度的發展。同時也積極調整政策，以爭取

漢官和明朝在遼東的勢力，形成一個以滿洲族爲核心的政治聯合體，壯大了力量。在女眞族的概念中，雖然「汗」（han）就是皇帝，但在漢文化中，皇帝一詞是比少數民族的「汗」要高一級的稱謂。在明朝人看來皇帝與汗是不同等級的稱呼，只有明朝皇帝才能稱皇帝。隨著金國勢力的逐漸強大，金國汗向皇帝一級發展是必然的。皇太極在征服蒙古、朝鮮，屢次取得對明作戰的勝利之後，當然要做皇帝了。天聰十年（1636），皇太極把國號由「金」改爲「大清」，主要是由於當時形勢的發展，他已是關外滿洲、蒙古、漢、朝鮮的共主，有實力有資格稱帝了，也就是說他要建立一個新的王朝國家，首先就要有一個新國號，不但會使人耳目一新，最主要是爲了表明他的獨立性，皇太極採用新國號，標誌著這個政治聯合體已經形成。這是一支完全有力量與內地其他政治勢力逐鹿中原，奪取全國統治權的強大政治勢力。到了這個階段，這個政治勢力不僅不再是滿族勢力，當然更不是建州女眞族勢力，而是包括東北地區的各種政治力量，稱之爲「清朝勢力」是最爲恰當的。清朝勢力的形成，是一個歷史過程。在東北地區興起的民族勢力，從開始的建州女眞單純的民族勢力，逐漸統一各女眞部落，吸收了各民族的成分，聚集了更大的力量，而形成了新的滿洲民族共同體。後來又進一步凝聚東北地區的政治力量，從而組合成一支強大的清朝政治勢力，這一歷史性發展進程，對於清朝勢力的入關，並征服全國，十分重要⑦。《清代全史》對建州女眞族、滿族、清朝勢力三個歷史階段的不同概念，進行分析，符合歷史事實，有助於了解清朝由小變大，由弱轉強，以及清朝政治聯合體最終完成的過程。

四、新史料的發現與八旗制度研究

　　《清代全史》重視新出滿文檔案的利用，除《滿文老檔》外，還充分利用國立故宮博物院版的《舊滿洲檔》，對明代女眞的社會組織進行了頗爲深入的分析。女眞是滿族在他們稱滿洲以前的族稱，後來因族稱而成爲國稱，即女眞國。女眞用作國稱時，也是用來表示族屬。原書指出，女眞的社會組織，是同一個男姓祖先的子孫，稱之爲同一哈拉（hala），漢譯爲「姓」。一個哈拉是一個血緣的氏族群體，聚居一處。哈拉後來分裂爲若干個子哈拉，分居在不同的地方，稱之爲穆昆（mukūn）。哈拉是同姓同地聚居的禁婚集團；穆昆是原始氏族組織哈拉分解而形成的氏族組織，由於哈拉的人口繁衍，同地聚居，聯姻困難，而分解遷徙，分離出去的宗族，再發展成爲新的氏族組織，相對原來的哈拉而言，是子氏族。這個由某哈拉遷徙到某地的穆昆，其全稱爲穆昆哈拉，明代女眞人和清代滿族的氏族一詞，就是穆昆哈拉。乾隆九年（1744）刊印的《八旗滿洲氏族通譜》御製序文中引《左氏內外傳》「天子建德，因生賜姓，胙土命氏」等語，句中「因生賜姓，胙土命氏」，滿文讀如「banjin be dahame hala buhe, ba be salibufi mukūn obuha.」意即「哈拉得之於生，穆昆是來自占踞的地方」。準確地說明了穆昆和哈拉的關係。《八旗滿洲氏族通譜》中所著錄的六百四十二個滿族的姓氏，是遷徙後的穆昆，而不是原來的哈拉。清朝開國神話中仙女佛庫倫沐浴於長白山天池，呑朱果生布庫里雍順，天授其姓，順流而下到三姓地方成爲當地的國主。故事中稱布庫里雍順的闔族爲一個穆昆，就是說其始祖是從哈拉分出來的氏族，已經不是哈拉的氏族階段了。三仙女沐浴於天池的神話傳說，除了告訴我們：女眞人的先世經歷過從「知母而不知父」的母系氏族制度過渡到父系氏族制度社會以外，它還反映了女眞人從天池順流而下到三姓地方，是

由遷徙而據地爲穆昆，恰恰合乎「因生賜姓，胙土命氏」的規律。

明永樂宣德年間所設置的女眞羈縻衛所，基本上是以穆昆爲單位而設置的。所謂「俾仍舊俗，各統其部」的「部」就是穆昆。例如胡里改部是一個穆昆，設建州衛，阿哈出爲穆昆達（mukūn i da），意即族長，又執掌衛事，其子釋家奴和孟哥不花分爲兩個穆昆，明廷分之爲建州衛和毛憐衛。斡朵里爲一個穆昆，後來分爲兩個穆昆，猛哥帖木兒和凡察統一執掌。猛哥帖木兒次子董山從朝鮮逃回，其穆昆成員擁護他繼任爲穆昆達，所以執掌建州左衛；凡察爲另一個穆昆達，執掌建州右衛。簡單地說，穆昆是女眞社會內部的氏族組織的基本形態，由於處在明朝統治之下，其外在的形式是明朝的羈縻衛所，氏族的穆昆達，又是明朝衛所的職官。

穆昆的下面有塔坦（tatan），這是女眞人爲採集狩獵結成的社會生產組織，又是財富分配的單位。三、四人爲一個塔坦，每個塔坦都有頭人，叫做塔坦達（tatan i da），意即伙長。他管理到野外生產的食宿事務。若干個塔坦，少則三、四個，多則八、九個，組成一個統一行動的採集、漁獵、狩獵的集體，指定方位，分工合作，這個組織，就是牛彔（niru），其頭人就是牛彔額眞（nirui ejen）。八旗，滿語應讀如（jakūn gūsai niru），漢字意譯作「八固山牛彔」。萬曆四十四年（1616），努爾哈齊即位爲金國汗前夕，將其所屬的國人，全都編入固山牛彔，確立固山牛彔制度。固山牛彔制度的形成和確立，是在女眞氏族制度穆昆塔坦組織的膨脹及其職能的衰退過程中逐漸形成和確立的。自從萬曆十一年（1583）努爾哈齊起兵，開始統一女眞的戰爭起，女眞社會的氏族制度便受到劇烈衝擊，一方面是努爾哈齊的穆昆組織迅速地膨脹，其他各部的穆昆組織，由於被征服而遭到

破壞，淪爲被收養的地位；另方面努爾哈齊的穆昆由於迅速膨脹而不得不分裂爲若干個穆昆，並且在膨脹和分裂的過程中蛻變，逐漸地喪失了穆昆組織的主要職能，固山牛彔組織便突破了穆昆組織對它的限囿，最後取代了穆昆組織的主要職能，而成爲女眞人的社會組織。由於防禦和搶掠的經常化，促使原本以狩獵生產爲主要職能的牛彔塔坦成爲穆昆的軍事組織，隨著統一女眞各部的戰爭的進行，努爾哈齊就不斷地編設牛彔，率部來歸的，編設牛彔後能夠專主，子孫可以承襲的，後來謂之世管佐領；凡是族長穆昆達率領兄弟族人編設的牛彔，族長即爲牛彔額眞，這種牛彔，後來稱爲族中承管佐領；由於立功，爲之編設牛彔，使之專屬，其子孫接續管理。還有因才能足任，授以牛彔額眞，這種牛彔，後來稱爲公中佐領。隨著征服戰爭的不斷擴大，牛彔編設的增多，適應多兵力大規模作戰統一指揮的需要，將若干個牛彔組成一個軍事單位，設一首領統率，以旗爲標幟，按旗色行軍戰鬥，這樣便在牛彔的上層組建了固山（gūsa），漢譯爲旗分，固山就是女眞人軍事編制的最大單位。開始時，由努爾哈齊一個人指揮各牛彔作戰，沒有固山組織，後來出於戰爭包抄的需要，分成兩路，各以不同旗色導引，逐漸固定化，形成二固山。隨著牛彔的再增加，戰爭要求四面包抄，又分爲四固山。牛彔本來是女眞氏族社會中狩獵生產組織，由於戰爭的需要，逐漸地成爲固定化的軍事組織。隨著努爾哈齊征服戰爭的不斷擴大，牛彔增多，軍事的戰鬥單位需要不斷的擴大，才出現統率若干牛彔的最大的軍事組織即固山。又隨著征服的女眞各部越多，編設的牛彔越多，於是就在固山和牛彔之間編設了五牛彔即甲喇（jalan）這一中間環節的軍事組織，置五牛彔額眞，即甲喇額眞統轄。

　　固山牛彔組織是從氏族狩獵生產組織的基礎上發展而形成的

軍事組織。由於戰爭的經常化，氏族成員中的男丁成為軍卒，氏
族的一切活動都服從征服戰爭的需要來編組和安排，而男丁又是
父權制家庭的家長。因此，由牛彔組成的固山，就是屬於原來的
穆昆達努爾哈齊、舒爾哈齊等人所領有。在天命一朝領旗貝勒的
變化，大致說，一六〇七年以後，努爾哈齊是八固山的汗，又是
正黃、鑲黃兩黃旗的領旗貝勒，長子褚英領正白、鑲白兩白旗，
次子代善領正紅、鑲紅兩紅旗，弟弟舒爾哈齊領正藍、鑲藍兩藍
旗。天命元年（1616），努爾哈齊仍總領正黃、鑲黃兩黃旗，
代善仍領正紅、鑲紅兩紅旗，皇太極領正白旗，褚英長子杜度領
鑲白旗，三貝勒莽古爾泰領正藍旗，舒爾哈齊次子阿敏領鑲藍旗。
天命十一年（1626），努爾哈齊崩殂以前繼續領正黃、鑲黃兩
黃旗，代善領正紅旗，代善長子岳託領鑲紅旗，皇太極領正白旗，
杜度領鑲白旗，莽古爾泰領正藍旗，阿敏領鑲藍旗。領旗的和碩
貝勒就是掌旗的旗主，或稱旗王。領旗貝勒由努爾哈齊的家族擔
任，領旗貝勒掌管一旗的軍、政、財、刑、生產、婚娶等等。領
旗貝勒以外的努爾哈齊子姪，按其族支分別在各旗成為不掌旗的
貝勒、台吉。就是這樣，氏族的狩獵、軍事組織的固山牛彔，逐
漸地自然而然地取代了穆昆塔坦制度，成為女眞人的社會組織。
在固山牛彔組織中設官分職，氏族制度實際上又變成了行政組織。
行政組織凌駕於社會之上，統治著各固山的平民，而這些平民即
氏族成員便成為貝勒的隸民諸申（jušen），所以固山牛彔制度
又成為女眞社會的國家機構。固山牛彔組織的結構，便是這個國
家的國體，固山牛彔組織就是這個國家的政權，努爾哈齊本人自
然而然地由氏族軍事酋長變成了女眞的汗⑧。清史學者討論八旗
制度的創立，多依據《清太祖武皇帝實錄》等官書的記載，以牛
彔額眞的設立，作為八旗制度的起源，《清代全史》利用新出《

舊滿洲檔》等資料，對穆昆塔坦的氏族社會生產組織，進行分析，並說明固山牛彔組織從氏族狩獵生產組織發展成爲軍事、行政組織的過程，固山牛彔組織的結構，就是清朝的國體，概念清晰，符合歷史事實，對早期八旗制度的研究，獲得更豐碩的成果。

五、社會經濟變遷的理論分析

《清代全史》第五卷對雍正、乾隆時期的社會經濟變遷作了較深入的分析。原書指出雍正、乾隆兩帝都是歷史上精明能幹的皇帝，富於進取精神，認眞履行皇帝職責。康熙帝和乾隆帝祖孫壽命皆長，在位時間都超過六十年，使其政策能夠維持連續性的實施，因而也就保持了社會的長期穩定。雍正、乾隆時期，社會經濟的變遷最引人注目的是人口的急劇增加和土地墾闢的顯著擴大；中國傳統社會和經濟發展到高度成熟，是這時期令人矚目的成就，周邊地區和山區的開發，各具特點的經濟巨區和全國性市場體系的初步形成，是這時期的另一重要歷史特點；中國被捲入更廣闊的世界市場，在世界市場上的地位日漸從優勢向劣勢轉化，是這時期的又一重要歷史特點；乾隆後期出現的國家政權對基層社會控制的削弱，鄉紳勢力作用的加強，也是這時期值得注意的歷史特點。本卷就是從以上五個方面勾勒出雍正、乾隆時期（1723—1795）社會經濟的主要特點及其發展趨勢。可以清晰地看到當時中國廣袤的土地上，正在發生著深刻而影響重大的變動。在這爲期七十多年的歷史時期中，由於人口激增，也由於周邊地區和山區的開發，各級商品市場及其流通網路的發達，農業、官私手工業、礦業等都有了比前此任何時期更爲可觀的發展。不論從品種、產量、栽培技術、工藝要求等方面，都達到了傳統社會生產的巔峰。從一定意義說來，正在加速進行著由傳統農本經濟

向以商品貨幣占重要地位的社會經濟結構的轉變。雍正乾隆時期是中國傳統社會發展的最後一個高峰，又是這個時代的尾閭。往前發展，面臨著的乃是一個更加廣闊更加波濤洶湧更加矛盾複雜的近代世界。本卷對雍正乾隆時期的社會和經濟的各個方面都進行了剖析。

社會與經濟的變化是互為表裏的，社會關係的變化，直接對經濟發生影響，而經濟的發展又促使基層社會結構的變遷。原書分析雍正乾隆時期賦稅制度的整頓與改革時，指出明代賦役制度，分為田賦與差役兩大類，田賦沿襲唐宋以來的兩稅法，按田地面積和類別課征以米麥為主的實物，分為夏秋二稅，正稅之外，又有名目繁多的雜項錢糧，後來各級官署衙門迭有加派加徵，加上徵納實物時有改折，無著稅項亦常攤徵於其他課稅客體，造成兩稅項目異常龐雜，徵收時積弊叢生。在差役方面，有正役、雜役、驛傳、民壯，合稱四差，按各戶的人丁事產多寡僉派輕重不等的差役，因僉派之權操在官吏里胥之手，隨著四差負擔日增，吏胥勾結作弊日濫，負擔不均也日趨嚴重。從明代中期起，各地先後對日益混亂的賦役制度進行了一系列改革。其改革的總趨勢是將各項賦稅差徭改折為以銀兩計算的貨幣賦稅，其中差役折銀後一般分為兩部分：一部分按田畝或稅糧額攤派，合併於田賦；另一部分直接按人丁攤徵，合併為後來的丁銀。在各項稅役有了統一的徵納對象和徵納手段的同時，也統一了各項稅役的計量單位，並使之有了固定的稅額，在此基礎上，取消了里甲十年輪役的辦法，把原來責成里甲人戶承擔的賦役催徵解運事務，改為由政府統籌自辦，這就是所謂一條鞭法的改革。

儘管萬曆初年張居正當政時，一條鞭法已在全國普遍推行，但終明之世，一條鞭法並未真正形成一套全國畫一的規制。明代

末年，隨著吏治進一步腐敗，財政危機加劇，社會矛盾激化，本
爲解決賦役不均而設立的一條鞭法，卻演變成爲各級政府濫徵加
派的藉口，最終成了加速明朝覆亡的原因之一。清朝入關之初，
即反覆申明「派徵錢糧，俱照明萬曆年間則例」的賦稅原則。這
至少有兩方面的意義：一方面是清朝政府鑒於明末橫徵暴斂遭至
亡國的教訓，爲了儘快恢復社會經濟秩序，鞏固新政權的統治，
必須減輕賦稅負擔，革除天啓崇禎年間的種種私徵濫派；另一方
面也意味著在明朝萬曆年間已在全國通行的一條鞭法，被清廷繼
承下來，作爲新政權徵收賦稅的基本制度。在確定了繼續推行一
條鞭法的基礎上，清廷還採取了一系列措施，進一步完善和健全
了新稅制，除了逐步建立了一套與一條鞭法相配合的財務行政制
度外，很重要的一個步驟是將名目繁雜的賦役項目合併簡化爲地
丁錢糧，雍正年間全面展開的攤丁入地，就是由明代一條鞭法開
始的賦稅改革運動的繼續和發展。一條鞭法以賦役折銀和賦役合
併爲中心的改革，不但爲清代的攤丁入地創造了條件，而且在改
革中體現出來的賦稅定額化、簡單化、劃一化的精神和以田地爲
課稅客體的原則，均在攤丁入地的改革中得到更澈底的貫徹。經
過攤丁入地之後確立的賦稅制度，不但把稅收歸併爲單一的土地
稅，而且在全國範圍內眞正做到稅制的統一，爲建立起更爲集中
管理和監督的財政體制提供了可能。原書分析攤丁入地所以能順
利推行的原因時，指出從全國整體來考察，大多數地區都較順利
地完成了這一稅制改革。從根本上說，這主要是由於這次改革適
應了當時社會經濟條件的變動，特別是同當時國家權力與地主階
級和廣大農民之間關係的一些新變化相適應的緣故。

　　從直接的原因來看，攤丁入地既照顧到廣大少田和無田人民
的利益，又保障了王朝財政收入的來源，符合地主階級的根本利

益，即使對少數田多丁少的富戶來說，實際增加的負擔也是很輕的，一般都在可以承受的幅度之內，對於沒有權勢的相當大量的中小地主來說，還可免去一次在丁銀的編派徵收環節上被吏胥敲剝的機會，所以地主階級中的大多數，亦未反對這次改革。而且自採行一條鞭法以來，各地已實行的種種改革，如稅則的合併與簡化，徵納物折銀化，稅收定額化等等，早已爲攤丁入地的順利進行準備了有利的條件。尤其是一條鞭法改革時已將相當部分差役銀攤入田地，降低了多數地區丁稅在賦稅總額中的比重，使得丁銀攤入田賦後引起土地稅額的增加相對來說較輕微，加上許多地區早已實行按地計丁的辦法，丁稅與田賦的合併，實際上只是改變稅收的預算和計徵辦法，而沒有改變課稅客體，也就不會引起財政負擔在廣泛的社會階層之間的再分配。凡此等等，都是攤丁入地在全國大多數地區能夠順利推行的基本原因。通過這一稅制改革，清朝政府進一步整齊和確立了自明中葉以後形成的新的統治秩序，理順了國家財政體系與經濟基礎中的地主、佃農結構之間的關係。因此，攤丁入地的改革，蘊含著清代國家政治集權化和基層社會自治化這一對立統一的發展傾向的重要信息，值得我們作更深入的研究。

　　總而言之，從明代中期開始到清初進一步深化的財政賦稅制度改革，其基本發展趨向是：在稅收一體化和貨幣化的基礎上，逐步建立起一套更爲集權化的稅收管理體制。在這一過程中，中央與地方財政收入的劃分，經歷了由分成法與稅源劃分法兼行到單一的分成法，再由單一的分成法到向附加法與分成法兼行的轉變，這一轉變蘊含了中央集權政治體制逐漸演變和完善起來的動向；另一方面，稅收管理的集權化越來越偏重於定額管理，又爲中央集權政治下地方權力加強的傾向提供了更多的餘地。在這些

複雜的發展中，雍正時期建立的具有很高合理性的財政秩序，對於穩定清朝的統治，有著不容忽視的意義⑨。

　　雍正乾隆時期的社會結構，呈現出多層次的複雜的多元關係，宗族組織已從血緣紐帶演化成以地緣爲紐帶，進而演化爲以經濟利益爲紐帶。大凡以血緣關係爲主要紐帶的宗族，屬繼承式宗族；以地緣關係爲紐帶著，屬依附氏宗族；以經濟利益爲紐帶著，屬合同式宗族。在依附式宗族中，弱房依附強房，或弱姓依附於強姓。合同式宗族的特徵是族人各有一定份額的股分所有權，並以合同的形式確認各自的權利和義務。基於中國傳統社會的多元化結構，國家實現她對社會的控制，不是一元化的。一方面靠國家設置的行政系統來維持全國大一統政權的正常運作；另一方面又通過凌駕於基層社會之上的地方勢力系統來實際控制廣大村民百姓。這兩大系統既互相矛盾衝突，又互相適應利用。國家政權對社會的控制，就是兩大系統在互動過程中實現的。乾隆後期鄉紳對基層社會控制的加強，是社會控制力量面對當時社會結構的變遷而表現出來的適應性，也是其應變能力強化的表現。

　　原書討論地方社會共同體的演進時，指出中國傳統社會，歷來存在著不同層次，不同形式的地方共同體。經過許多社會學家、人類學家和歷史學家的研究，清代地方社會構成法則的多樣性和複雜性，已漸漸爲人們所認識。學者們研究得較深入的，主要有三類根據不同的認同、整合和分類原則構成的地方社會系統：一是宗族；二是屬於市場體系的基本市集區，即以一個鄉村集市爲中心，通過村民的交換活動，聯絡周圍村落的地域單位。這種單位不但是傳統自然經濟的基本單位，更是中國傳統社會大基本的文化單位，以此爲基礎，構成了具有很強的社會文化意義的地方社會共同體；三是所謂的祭祀圈，即以一個主祭神爲中心的，由

共同的祭祀活動形成的地域化社會共同體。這些共同體或者以固有的地緣和血緣關係，或者以共同的利益關係，或者根據共同的文化傳統，更準確地說，是在這些因素相互作用下維繫起來的。共同體內部有著共同的利益，並在認同和自我意識方面具有同感，存在著或鬆或緊的組織形式和或強或弱的社會功能，其中一些還擁有共同的財產經濟基礎。這種一般可以籠統稱之為鄉族組織的共同體，長期普遍存在，並在許多方面影響和制約著每一時期的社會經濟生活，是中國傳統社會的鮮明特色。然而在不同的時期，不同的空間，在自然環境的制約，生產方式的變化，文化價值系統的變異，社會分化程度和形式的不同，以及政治關係的影響等等因素的作用下，地方社會共同體的構成法則、分類標準、組織形式、現實功能以及由其相互關係構成的地域社會，都會呈現出很大的差異性和多變性。原書對雍正乾隆時期的社會經濟變遷作了相當深入的論述，尤其重視理論分析，有助於了解社會共同體的形成及其變遷，都有各種不同的因素。經濟的發展固然促使基層社會結構的變遷，同樣地，社會關係的變化，也直接影響了經濟的發展。足見作者研究清代社會經濟問題，功力深厚。

六、民族政策的調整與民族壓迫

我國歷代以來，就是一個多民族的國家，中國境內各兄弟民族，都是中華民族的成員之一。清朝是由少數民族所建立的朝代，有清一代，民族問題始終是一個政治敏感問題，這種政治敏感性從清朝入關前一直保持到清朝覆亡後很久仍未消失。能否較為妥善地處理好各民族間的關係，是清朝中央政府對全國實現有效而穩定的統治的關鍵。民族政策的成敗得失，不僅影響當時，而且影響後世。成功的民族政策將惠及後世，錯誤的民族政策將遺患

無窮。如果民族政策不能促進各民族間和睦互助，而是導致兄弟民族間互相殘殺，清朝政府就不能在全國範圍內實現有效的政治統治，國家就不能保持政治上的穩定，甚至導致分裂⑩。

在清代歷史上，各兄弟民族之間的關係，是十分複雜的。《清代全史》對敏感度很高的民族問題，也十分謹慎地加以處理，但因執筆人的角度不同，各卷處理民族問題的態度，並不一致。原書第一卷論述皇太極繼承汗位後對民族政策的調整時，指出皇太極了解其父汗努爾哈齊晚年政策失誤實際情況，所以他繼位伊始，首先施政目標就要調整政策，糾正失誤，補救損失。而他在調整政策中，也能夠抓住最為關鍵的一環　，那就是在努爾哈齊政策失誤中最為嚴重的對待漢人漢官的政策。隨著軍事的勝利，努爾哈齊在主觀上過分輕視明朝的力量，同時也錯估了雙方力量對比的形勢，誤認為武力可以解決一切問題，所以他過多地對漢人漢官實行了暴力政策，對漢人採取了屠殺、奴役、掠奪的態度。暴力政策激起的漢人大規模反抗，使努爾哈齊陷入無法收拾的困境。皇太極即位後的頭等大事就是要改變這種不利的現狀。皇太極調整政策的當務之急，就是調整對待漢人漢官的政策，使漢人漢官的地位有所改善，緩和努爾哈齊晚年女真族與漢族之間的尖銳矛盾，以平息社會的動亂。對漢官漢人因被迫逃亡及私通明朝等罪，頒布了赦免令，扭轉了努爾哈齊晚年藉口所說「叛逃罪」或「間諜罪」對待漢人濫殺無辜的錯誤作法，使漢人安定下來。隨後又頒布改善漢人社會地位的法令，以提高漢人在生產及各方面的積極性。在皇太極的「編戶為民」命令下，漢人由奴僕的地位，復歸於自由農民的身分。這種變化，從政治上講，不但農民的政治地位在變化，實際上女真貴族的政治地位也在變化。基於這種變化，使皇太極對待漢人政策有了明顯的調整。在政策觀念

上，已經認定國中漢官漢民是金國的國民，治國就要安民，這種漢民已不是殺戮的對象⑪。

　　《清代全史》第二卷討論民族問題時也指出，儘管在關外時期清廷就已經以不同方式接納了大批漢族居民，並且指出清代歷史上存在著民族鬥爭是客觀事實，也是不能否認的，但是不能用階級鬥爭替換，用階級鬥爭取代民族鬥爭，不能正確地解釋中國歷史，尤其是清代的歷史。這種看法，確實較為客觀，然而作者卻過分強調民族壓迫，將薙髮改制、圈地和投充、緝捕逃人法等苛政，都以民族壓迫來作解釋，字裏行間，充滿著民族壓迫的讎恨，以致第二卷的論述，與第一卷，並不協調。第二卷〈緒論〉中有一段論點說道：

> 當清軍占領了黃河流域廣大地區之後，自以為取天下唾手可得，偽裝和掩飾都不需要了，毫不容情地屠殺一切敢於抵抗的漢族軍民，甚至屠殺一切沒有公開表示降服的漢族軍民。降服的標識就是剃髮易服。這是任何人都不能例外的。「留頭不留髮，留髮不留頭」，剃與不剃，變成生和死的選擇，而且必須在令到之日起十天內作出選擇，遲疑都是絕對不容許的。這對漢民族來說，在民族感情上，在倫理道德上，在風俗禮義上，都感到是難以容忍的傷害。於是為了捍衛本民族的尊嚴、氣節、禮俗、文化傳統，展開了悲壯的搏鬥。「寧為束髮鬼，不作剃頭人」，「頭可斷，髮不可剃」。漢民族中成千上萬的人為了自己的信念，寧可在屠刀下悲壯地死去。剃髮易服激起的民族仇恨，比圈地、投充、逃人法更廣泛，也更強烈。它打擊的是千千萬萬，而不只是某些地區，某些集團或某些階層。它不僅強烈地傷害了民族感情，而且是大規模地製造血腥恐怖。

這一系列錯誤政策，不僅破壞民族和睦，而且妨礙國家統
一。在民族對立如此嚴重的狀況下，只可能導致更大的分
裂，而不可能有國家的統一⑫。

清朝入關後，因薙髮易服令所激起的漢族反抗情緒，確實值
得重視。但引文中過於強調民族對立，所謂偽裝掩飾、屠殺漢族
軍民、大規模地製造血腥恐怖云云，已與清朝的民族政策背道而
馳。原書第一章也指出清廷的民族壓迫政策還突出地表現在濫殺
無辜上面。在征服全國過程中，清軍遇有抵抗，破城後往往將闔
城人口屠戮一空。揚州十日、嘉定屠城不過因有專書記載為人們
所熟知，此外像順治六年（1649）鄭親王濟爾哈朗占領湖南湘
潭後的屠殺；同年平定大同總兵姜瓖為首的反清活動，不僅大同
全城軍民屠戮殆盡，「附逆抗拒」州縣也不加區別一概屠殺；順
治七年（1650），平南王尚可喜、靖南王耿繼茂攻克廣州的屠
城，這類慘絕人寰的事例在史籍中屢見不鮮，充分暴露了滿洲貴
族標榜的「吊民伐罪」的偽善。實際上，清軍的濫殺無辜，根源
於滿洲貴族的迷信武力和民族歧視⑬。其實，所謂血腥、偽善云
云，涉及價值判斷，並不客觀。原書所描繪的清初暴政、屠戮軍
民、濫殺無辜，似乎多言過其實。至於天地會正式倡立的時間，
迄今仍然異說紛紜，莫衷一是。原書認為天地會以反清復明為宗
旨，於康熙十三年（1674）出現於福建漳州的說法，也是過於
武斷。原書分析天地會產生的歷史背景時，過於強調反清復明的
政治目的，誇大滿漢民族矛盾的尖銳化，藉以突顯天地會起源的
必然條件，並不客觀。

七、結　語

就歷史教學而言，斷代史宜採通史化的教學。清代史雖然是

一部斷代史，但清代史研究，不僅要注意到歷史的橫面，而且不能忽視歷史的縱面。國內早期出版的清代史論著，可以稱得上通論性的，是蕭一山在民國十二年寫成的《清代通史》，全書凡三卷。這一年，蕭一山只是一位年紀未滿二十二歲的青年，他能將浩瀚的舊材料，融化成有系統的著述，敍述有條理，而且包羅萬象，兼顧歷史的橫面和縱面，誠屬難能可貴的巨著。《清代通史》三卷出版後，經過四十年，其間新史料不斷發現，足以考證舊說的謬誤。民國五十年，蕭一山在臺灣將原缺篇章，悉爲補充，又增數十萬言。五十一年九月，由臺灣商務印書館出版。共計五冊，以政治爲綱領，統攝社會、經濟、軍事、文化諸種現象於各時期中而並述之。原書所述，爲清代史，亦即清代的中國史，而非清室愛新覺羅氏一姓的興亡史。其記述方法，雖稍老舊，所用資料，又極龐雜，考證不精，疏漏之處頗多，但仍不失爲較詳盡的通史著作，其學術貢獻是可以肯定的。

　　《清代全史》十卷，於一九九一年開始正式出版，上距民國十二年蕭一山開始出版《清代通史》，前後相距七十年。《清代全史》的撰寫，網羅了中國大陸清代史各領域的專家學者，共計七十四人，是一套大型的集體著述，充分利用原始資料，又能吸取海內外學者的研究成果。論述的時間，包括清朝前史和清朝入關後的歷史。涉及的範圍，極爲廣泛，舉凡滿族的先世、女眞的社會經濟，女眞族統一的歷史趨勢，金國的建立，金國和朝鮮、蒙古的關係，金國和明朝的和戰及雙方實力的消長，清朝勢力的形成及清帝國的建立，民族政策的調整，清朝的政治制度，統治集團的內部鬥爭，清初的統一大業及各項措施，思想文化，中外關係，土地占有制及租佃關係，中央集權制的加強，邊疆少數民族的社會生活及經濟發展，基層社會組織的變化，政府對社會經

濟活動的控制，商品交換的形式，對外通商貿易，商業資本的發展，資本主義國家對中國的侵略，太平天國的興亡，湘淮軍集團的崛起，財政制度的演變，自圖振興國策的經濟實踐，政體改革，軍事制度的變革，民族危機的加深，清帝國的崩潰等等，也是包羅萬象。各卷掌握歷史階段的發展，政局變化的過程，並分析其歷史的橫面或歷史現象。以社會組織及其變遷爲例，《清代全史》第一卷論述明代女眞的社會，努爾哈齊時期金國的社會，皇太極繼位後金國社會的變化與政策的調整，入關前夕清國的社會概況。第二卷論述順治年間和康熙前期的滿族社會地位的變化，民間宗教與秘密結社。第四卷論述雍正年間和乾隆前期社會矛盾的激化，邊疆各少數民族的社會生活。第五卷論述雍正、乾隆年間（1723～1795）社會經濟的結構性變遷，包括：社會生產的發展，社會生產的組織形勢，政府對社會經濟活動的控制，社會基層組織的變化，鄉紳與基層社會控制。第六卷論述嘉慶、道光時期的基層社會，包括：農業社會群體概況，宗族組織的發展，宗族組織和上層政權的關係，民間秘密宗教和結社。第七卷論述道光二十年至同治十三年（1840～1874）三十五年間底層社會動盪的加劇，社會秩序的維持。第八卷論述的也是這個階段社會矛盾的急劇激化，太平天國的理想社會，包括：社會經濟綱領，社會經濟理想體制及其實踐和演變，內戰對社會經濟的破壞。大致而言，各主題在時間上及內容的分工，都有延續性，而不至於重疊或重複。《清代全史》的編寫和出版，既有創新，也有突破，稱得上是一套清史研究水平頗高的通論性學術著作。

　　《清代全史》的撰寫，頗能博採眾長，吸取近年來海內外學者的研究成果，糾正過去的謬誤，力求客觀。長期以來，學術界對努爾哈齊崩殂的原因，異說紛紜。《清代通史》引朝鮮譯官韓

瑗的報告，認爲努爾哈齊因寧遠之役負傷而死，原書說：「是役，努爾哈赤欲利用孫承宗之去，而奪取山海關，將兵十萬，氣勝而驕；又遇袁崇煥之雄才固守，焉得不敗？攻城之時，努兒哈赤亦負重傷，遂以致死。」同書又說：「寧遠之役，努兒哈赤以百戰老將，敗於崇煥，且負重傷，其兵法『攻城必操勝算而後動，若攻之不能拔，反損兵氣』之言，亦已自蹈覆轍，忿愧之情，當可知矣。是歲七月，赴清河就浴於溫泉，乘舟下大資河（即太子河），並召大福晉（后妃之意）來，仍至靉陽堡（距瀋陽四十里）而死，六十有八。」⑭一九五六年五月，香港文昌書局出版李洵著《明清史》，書中也說：「一六二六年（天啓六年，金天命十一年）努爾哈赤見高第張皇退走，率大軍十餘萬圍攻寧遠。但久攻不下，明軍發紅夷大炮，努兒哈赤受重傷，退至靉雞堡（距瀋陽四十里）發病死。」⑮寧遠之役，努爾哈齊果負重傷，遼東經略高第、總兵袁崇煥等既建奇功，他們進呈明廷奏章時，何以竟隻字不報？努爾哈齊既負重傷，他返回瀋陽後，何以不即赴清河溫泉療傷？《滿文原檔》也只記載努爾哈齊身體有病，並非負傷。《滿洲學報》刊載日本園田一龜撰〈清太祖努兒哈赤崩殂考〉一文比較明清及朝鮮官私記載後已指出努爾哈齊在寧遠城一役身負重傷的說法，並非事實，不足採信⑯。孟森著《清史前紀》也指出清太祖於正月攻寧遠，事隔數月而太祖死，謂由負傷，更不確，中間太祖尙經數戰，或與明戰，或併吞蒙古，故不當謂太祖之死，即因寧遠之傷⑰。《清代全史》第一卷對努爾哈齊的崩殂，有一段明確的論述：「寧遠戰後，金國的困難程度有所加深。努爾哈赤在困苦中懷疑自己是不是思慮過多，身體倦惰。在信心不足中帶有悲觀情緒。六月二十四日，諭示諸子要相互和睦，堅持實行八分的分配原則，重申八貝勒共治國政的原則。這次諭示讀來頗有遺

囑的味道，並且反映了心神不寧，悲苦難言，既眷戀又厭政與複
雜心態。努爾哈齊積鬱成疾，七月二十三日病勢加重去清河溫泉
療治十三天。八月六日，因病勢更重，要急回瀋陽，乃乘舟順太
子河而下，天命十一年（1626年）八月十一日到瀋陽東四十里
的靉雞堡時，背疽突然發作，與世長辭，終年六十八歲。」⑱本
卷由李洵、薛虹主編，同時也是撰稿人，既尊重客觀的歷史事實，
也重視學者的研究成果，對努爾哈齊的崩殂，不再堅持寧遠戰役
身負重傷的舊說，確實有所創新，也有所突破。

　　學術研究工作，必須建立在客觀的基礎之上，政治歸政治，
學術歸學術，學術不當為政治服務。《清代全史》不能擺脫意識
形態，強調階級鬥爭，歌頌農民起義，濫用封建專制術語，把學
術與政治混為一談，是美中不足之處。近年以來，海峽兩岸對清
代檔案的積極整理，可謂不遺餘力。同時對清代史的專題研究，
在質量兩方面，都有豐碩的成果，有助於大型清史的纂修，《清
代全史》應如何利用新出史料針對書中的瑕疵疏漏，進行糾謬工
作，並擴大研究領域，進行增補工作，都是值得重視的問題。譬
如關於薩滿信仰的研究，目前已經獲得極為豐碩的成果，忽視薩
滿信仰的研究，就無從深入理解東北亞的共同文化特色。探討女
真或滿族的社會文化時，如何增關章節，對薩滿信仰進行歷史考
察，確實有必要。重視資訊，集思廣益，博採眾長，以增訂《清
代全史》，可以更臻盡善盡美，對於學術研究，將有更大的貢獻。

【註　釋】

① 蕭一山：《清代通史》（臺北，臺灣商務印書館，民國五十一年九
　月），敘例，頁2。
② 同前註，導言，頁15。

③　《清史稿校註》（臺北，國史館，民國七十五年四月），第二冊，頁1058。

④　孟森：《清代史》（臺北，正中書局，民國五十一年十月），頁2。

⑤　錢穆：《國史大綱》（臺北，臺灣商務印書館，民國四十九年一月），頁21。

⑥　《清代全史》，第一卷（瀋陽，遼寧人民出版社，1991年7月），頁107。

⑦　《清代全史》，第一卷，緒論，頁9。

⑧　《清代全史》，第一卷，頁89。

⑨　《清代全史》，第五卷（瀋陽，遼寧人民出版社，1991年10月），頁389。

⑩　《清代全史》，第二卷（瀋陽，遼寧人民出版社，1991年7月），頁4。

⑪　《清代全史》，第一卷，頁254。

⑫　《清代全史》，第二卷，頁7。

⑬　《清代全史》，第二卷，頁68。

⑭　蕭一山：《清代通史》，頁100。

⑮　李洵：《明清史》（香港，文昌書局，1956年5月），頁127。

⑯　園田一龜：〈清太祖努兒哈赤崩殂考〉，《滿洲學報》，第二期（日本，滿洲學報編輯室，昭和八年七月），頁17。

⑰　孟森：《清史前紀》，《清史資料第二輯》（臺北，臺聯國風出版社，民國五十八年九月），頁207。

⑱　《清代全史》，第一卷，頁225。

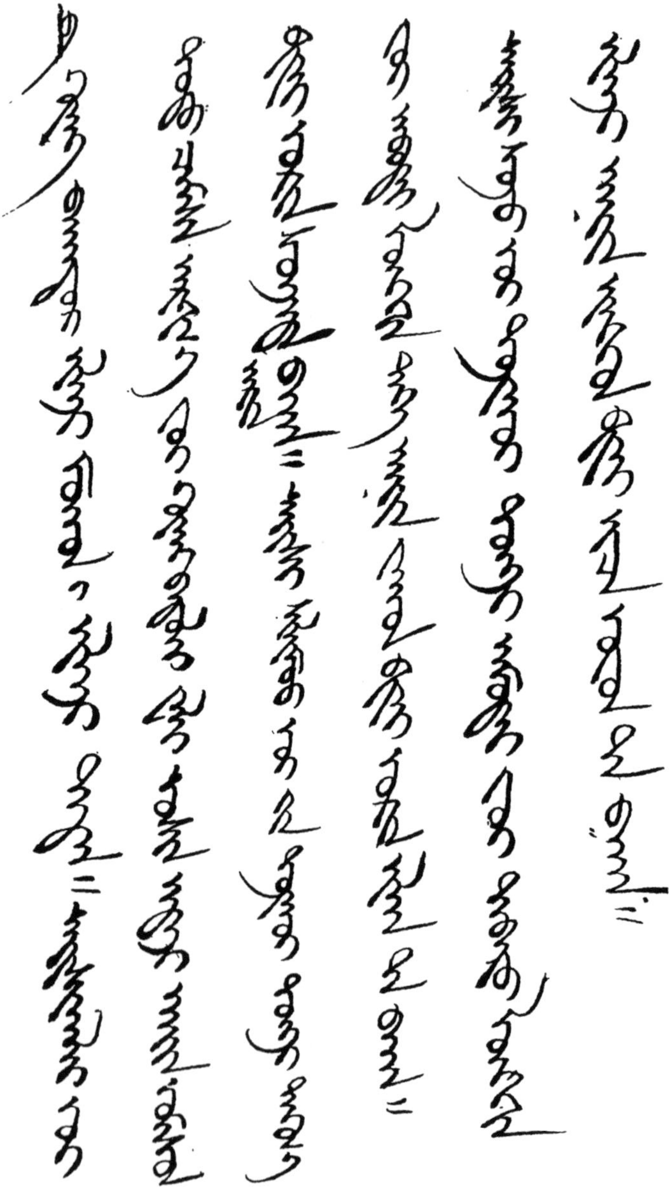

《老滿文原檔》

清太宗嗣統與朝鮮丁卯之役

一、前　言

　　中韓關係，源遠流長。李氏朝鮮與明朝的關係，尤爲密切。自李成桂以親明爲號召，取得政權，遷都漢城，受明冊封後，朝鮮與明朝各守封疆，始終和諧無間。明神宗萬曆二十年（1592），歲次壬辰，日軍入侵朝鮮。明朝喪師糜餉，不惜重大損失，爲保護朝鮮而遣兵擊退日軍，恩同再造。

　　在建州勢力崛起以前，朝鮮與鴨綠江北岸瓦爾喀人往來貿易，交換人蔘、皮貨等物，且曾與烏拉部兵戎相見。萬曆十九年（1591），清太祖努爾哈齊遣兵征服長白山鴨綠江諸路後，建州與朝鮮直接往來，關係日趨密切。努爾哈齊統一建州隣近諸部後，兵力益盛。壬辰之役，努爾哈齊曾議遣使前往朝鮮出兵相助。萬曆二十三年（1595），努爾哈齊遣部將至滿浦呈遞文書，要求與朝鮮通好。朝鮮旋遣主簿申忠一等入建州作非正式的交聘。萬曆二十四年（1596）正月，努爾哈齊及其弟舒爾哈齊屢次賜宴，遣大臣共議和好，嚴禁越境採蔘狩獵，刷還被擄逃人。申忠一等返國時，努爾哈齊即付以稟帖，相約兩國各守封疆，勿助兵明朝，並厚賞貂皮、布疋等件①。清太祖天命四年（1619），明朝討伐金國，徵師朝鮮，明軍慘遭敗績，朝鮮都元帥姜弘立等率五千兵投降金國，努爾哈齊待以賓禮，並致書朝鮮國王，知朝鮮助兵明朝，非其本心，實因朝鮮「有倭難時，大明曾救之，故報答前情，不得不然耳。」②金國對朝鮮但欲從貿易上獲得利益而已，無意

南犯，終努爾哈齊之世，未曾改變這種方針。但朝鮮方面旋因光
海君被廢，仁祖李倧即位，事明益謹。金國方面由於努爾哈齊崩
殂，皇太極嗣統，改變對朝鮮的態度，遣兵征討朝鮮，發生了第
一次朝鮮之役，朝鮮方面稱之為「丁卯虜難」。本文撰寫的目的，
即在探討丁卯之役的原因，和戰經過，及其意義。

二、清太祖努爾哈齊崩殂的原因

　　清太祖努爾哈齊的崩殂，因明清及朝鮮官私的記載不同，所
以史家對其死因的分析也不一致。《清太祖武皇帝實錄》記載努
爾哈齊崩殂的經過云：

> 七月二十三日，帝不豫，詣清河溫泉，沐養十三日，大漸，
> 欲還京，遂乘舟順代子河而下。遣人請后迎之，于渾河相
> 遇，至靉雞堡，離瀋陽四十里，八月十一日庚戌未時崩，
> 在位十一年，壽六十八③。

努爾哈齊自二十五歲舉兵以來，經四十年的征戰，兼併諸部，建
立金國，至天命十一年（1626）終於與世長辭了。《舊滿洲檔》
亦載是年七月二十三日努爾哈齊因病前往清河堡（niowanggi-
yaha）溫泉。八月初一日，遣阿敏貝勒齎書向顯祖神主前叩首
云：

> 父親，你的兒汗，因身體有病，令立父親你的牌位致祭，
> 使兒我的病速癒，一切事物，仰祈扶助。兒病痊癒後，每
> 月朔日，仍祭祀弗替。若不令痊癒，兒怎麼辦呢？殺牛二
> 頭，焚燒紙錢，以先前所言之式祭祀父親。再其他諸祖均
> 上供，祈請幫助扶持，使速行痊癒④。

滿文本《清太祖武皇帝實錄》亦謂太祖在清河住十三日，至八月
初七日丙午，因病勢沉重還京。朝鮮鐵山府使安景深亦報云：「

奴酋八月十一日在新城身死。」其所述努爾哈齊崩殂的日期，與清代官書的記載相合。昌城府使金時若馳報較詳，據稱：

> 眞韃一名，被擄於曲遊擊之軍船。問賊情則云，奴酋去七月間，得肉毒病，沐浴於遼東溫井，而病勢漸重，回向瀋陽之際，中路而斃⑤。

由前引諸書的記載，指出努爾哈齊的崩殂，是因病而死。但朝鮮譯官韓瑗的報告則不同，據云：

> 我國驛〔譯〕官韓瑗隨使命入朝，適見崇煥，說之，請借於使臣，帶入其鎮。故瑗目見其戰，軍事節制，雖不可知，而軍中甚靜，崇煥與數三幕僚相與閒談而已。及賊報至，崇煥轎到敵樓，又與瑗等論古談文，略無憂色。俄頃放一炮，聲動天地，瑗怕不能舉頭。崇煥笑曰，賊至矣，乃開窗，俄見賊兵，滿野而進，城中了無人聲。是夜，賊入外城，蓋崇煥預空外城，以爲誘入之地矣。賊入外城，因並力攻城，又放火炮，城上一時舉火，明燭天地，矢石俱下。戰方酣，自城中每於堞間，推出木櫃子，甚大且長，半在堞內，半出城外，櫃中實伏甲士，立於櫃上，俯下矢石，如是累次。自城上投枯草油物，及去核綿花，堞堞無數，須臾地炮大發，自城外遍內外，土石俱揚。火光中見胡人俱人馬騰空，亂墮者無數，賊大刜而退。翌朝見賊隊擁聚於大野一邊，狀若一葉。崇煥即送一使備物謝曰，老將橫行天下久矣，今日見敗於小子，豈其數耶。奴兒赤先已重傷，及是即俱禮物及名馬回請，請借再戰之期，因懣恚以斃云云⑥。

稻葉君山著《清朝全史》據韓瑗所述，遂謂努爾哈齊「欲醫此傷瘡」而赴清河，浴於溫泉，旋即「死於瘡痍」。⑦蕭一山著《清

代通史》亦謂「寧遠之役，努兒哈赤以百戰老將，敗於崇煥，且負重傷。」⑧寧遠之役，韓瑗所述戰況，與清代官書的記載很相近。天命十一年正月十四日，努爾哈齊率諸貝勒大臣統軍征明，其眾號稱二十萬人。是月二十三日至寧遠城外安營。《清太祖武皇帝實錄》記載此次攻城的經過云：

> 二十四日，以戰車覆城下。進攻時，天寒土凍，鑿城破壞而不墮，軍士奮力攻打。寧遠道袁崇煥、總兵滿桂、參將祖大壽嬰城固守，鎗砲藥灌雷石齊下，死戰不退，滿洲兵不能進，少卻。次日，復攻之，又不能剋，乃收兵。二日攻城，共折遊擊二員，備禦二員，兵五百⑨。

二月初九日，努爾哈齊返回瀋陽。努爾哈齊自二十五歲征伐以來，戰無不勝，攻無不克，惟寧遠一城，屢攻不下，遂忿恨而回，寧遠之役，戰況的激烈，可想而知。然而韓瑗所述努爾哈齊「先已重傷」等語，則是一種孤證，似不足採信。明遼東經略高第奏報寧遠戰役的經過云：

> 本月二十三日，大營達子俱到寧遠，劄營一日，至二十四日寅時攻打西南城角，城上用火砲打死無數。賊復攻南角，推板車遮蓋，用斧鑿城數處，被道臣袁崇煥縛柴澆油並攪火藥，用鐵繩繫下燒之，至二更方打退。又選健丁五十名縋下，用棉花火藥等物將達賊戰車盡行燒燬。今奴賊見在西南下，離城五里龍官寺一帶劄營，約有五萬餘騎。其龍官寺收貯糧囤好米，俱運至覺華島，遺下爛米俱行燒燬訖⑩。

高第所報寧遠之役的經過，與韓瑗所述戰況相合，但於努爾哈齊負傷一事，隻字未提。孟森著《清史前紀》已指出韓瑗所說戰狀，自屬可信，但遣使備禮致詞一節，所述不確。孟氏稱「敵果敗殘，

則疾取之而已，何嘲弄爲？至事隔數月而太祖死，謂由負傷，更不確。中間太祖尙經數戰，或與明戰，或併吞西虜，不當謂太祖之死，即因寧遠之傷。」⑪韓瑗當時在寧遠城內，並未進入金國軍中，努爾哈齊敗後消息，似得自傳聞。據明淸及朝鮮官私記載，寧遠之役以後，努爾哈齊的活動仍極頻繁。天命十一年四月初四日，因五衛王背盟，私與明朝和好，努爾哈齊即率諸王統大軍征之⑫。四月十七日，努爾哈齊率兵圍攻「昂奴」⑬。五月初五日，毛文龍遣兵進襲鞍山⑭，努爾哈齊聞警，即夜入瀋陽，籌劃對策。五月十六日，科爾沁奧巴臺吉入朝，努爾哈齊令諸王等迎之⑮。五月二十日，努爾哈齊致書毛文龍，勸其歸降⑯。五月二十一日，奧巴臺吉將至，努爾哈齊謁廟後出城迎十里，行接見禮，並賜宴。六月初六日，努爾哈齊與奧巴臺吉宰白馬烏牛盟誓。是月初十日，奧巴臺吉辭歸，努爾哈齊率諸王大臣送之⑰。閏六月二十日，毛文龍遣使求和，努爾哈齊覆書責之。是月二十二日，致書扎魯特共議伐明⑱。自是年二月初九日至七月二十三日，已歷七個月之久，其間活動，諸書所載，應當可信。努爾哈齊果因寧遠戰役身負重傷，則於返回瀋陽後當即赴淸河溫泉養傷，而無暇屢次親率大軍征戰。韓瑗所述努爾哈齊的「重傷」，似屬一種誤傳。據山海關主事陳祖苞塘報，寧遠之役，「傷虜數千，內有頭目數人，酋子一人。」⑲明遼東經略高第報稱「奴賊攻寧遠，砲斃一大頭目，用紅布包裹，衆賊抬去，放聲大哭，分兵一枝攻覺華島，焚掠糧貨。」⑳明實錄所載金國負傷的「酋子」及砲斃的「一大頭目」，似即淸實錄所載折損的遊擊二員，或爲韓瑗訛傳的由來，其負傷者並非努爾哈齊本人，以致當努爾哈齊崩殂後，袁崇煥仍不相信其死訊的眞實性。明實錄載袁崇煥的奏報云「皆云奴酋恥寧遠之敗，遂蓄慍患疽，死於八月初十日。夫奴屢詐死懈我，今

或仍詐，亦不可知。」㉑努爾哈齊果負重傷，高第及袁崇煥等既建奇功，何以竟隱匿不報，反而在其死後，仍以爲「詐死懈我」呢？園田一龜撰「清太祖奴兒哈赤崩殂考」一文，比較明清及朝鮮官私記載後指出「身爲明軍困城主將的袁崇煥，若在此役使敵軍的大將負傷，實在是無上的大功勳。所以如果這是事實的話，寧遠城的一個賓客韓瑗尚且聽到，主將袁崇煥沒有聽不到的道理。」㉒易言之，清太祖努爾哈齊的「重傷」，確是一種誤傳，其崩殂的眞正原因是「疽發背」而病死了。

三、清太宗皇太極繼承汗位的經過

清太祖努爾哈齊共生十六子：長子褚英、次子代善爲元妃佟佳氏哈哈納扎親所生；三子阿拜爲庶妃兆佳氏所生；四子湯古代、六子塔拜爲庶妃鈕祜祿氏所生；五子莽古爾泰、十子德格類爲繼妃富察氏所生，七子阿巴泰爲側妃伊爾根覺羅氏賴所生；八子皇太極爲中宮皇后即孝慈高皇后葉赫納喇氏孟古姐姐所生；九子巴布泰，十一子巴布海爲庶妃嘉穆瑚覺羅氏所生：十二子阿濟格、十四子多爾袞、十五子多鐸爲大妃烏拉納喇氏阿巴亥所生；十三子賴慕布爲庶妃西林覺羅氏所生；十六子費揚果，不詳所出㉓。

滿洲社會的舊俗，所有嫡子，不拘長幼，都有繼承汗位的權利。在清太祖所生的十六子之中，其可稱爲嫡子的只有四位大福晉即元妃佟佳氏、繼妃富察氏、孝慈皇后葉赫納喇氏及大妃烏拉納喇氏所生的八子。但因清太祖嘗試立嫡立長，而導致骨肉相殘的悲劇。清太祖於建元天命以前，已令長子褚英執長國政，建立元儲。其餘子姪因覬覦儲位，互相搆陷，而挑撥清太祖與褚英父子的感情㉔。明神宗萬曆四十一年（1613）三月二十六日，因褚英詛咒出征烏拉的汗父以及諸弟與五大臣的樹黨傾陷，清太祖遂

將褚英圈禁在高牆的屋內。萬曆四十三年（1615）八月二十二日，終於下了最大的決心而將其處死㉕。褚英被處死後。其餘七個嫡子都有繼承汗位的機會。

明熹宗天啓元年（1621），朝鮮滿浦僉使鄭忠信深入建州後由鎮江返國。據鄭忠信報云：

> 蓋老酋有子二十餘，將兵者六人。長早亡，次貴盈哥，次洪太主，次亡可退，次湯古臺，次加文乃，次阿之巨也。貴盈哥，特尋常一庸夫。洪太主雖英勇超人，內多猜忌，恃其父之偏愛，潛懷弒兄之計。其他四子，無足稱者，總之非老酋之比也。有阿斗者，酋之從弟也，勇而多智，超出諸將之右，前後戰勝，皆其功也。酋嘗密問曰，諸子中誰可以代我者？阿斗曰，知子莫如父，誰敢有言。酋曰，第言之。阿斗曰，智勇俱全，人皆稱道者可。酋曰，吾知汝意之所在也，蓋指洪太主也。貴盈哥聞此，深啣之。後阿斗密謂貴盈哥曰，洪太主與亡可退、阿之巨將欲圖汝，事機在迫，須備之。貴盈哥見其父而泣，酋怪問之。答以阿斗之言。酋即招三子問之，自言無此。酋責問阿斗，以爲交搆兩間，鎖扭囚之密室，籍沒家貲，是自壞其長城也㉖

鄭忠信所述「貴盈哥」即「代善」，又作「貴永介」，或「貴榮介」，「洪太主」即「皇太極」，「亡可退」即「莽古爾泰」，「湯古臺」即「湯古代」。由前項記述，可知褚英被處死後，清太祖諸子覬覦儲位，傾陷益烈。其中代善、皇太極、莽古爾泰是八固山的領旗貝勒。朝鮮人李民寏於《建州聞見錄》內云：

> 胡語呼八將爲八高沙：奴酋領二高沙，阿斗於斗總其兵，如中軍之制；貴盈哥亦領二高沙，奢夫羊古總其兵；餘四

高沙曰紅歹是；曰豆斗羅古；曰阿未羅古㉗。

八高沙即八固山（Jakūn Gūsa）的同音異譯，「奴酋」即努爾哈齊，「紅歹是」即皇太極，「亡古歹」即莽古爾泰，「豆斗羅古」即褚英子杜度阿哥，「阿未羅古」即太祖姪阿敏阿哥。鄭忠信亦謂金國兵有八部，以二十五哨為一部，四百人為一哨，一部兵凡一萬二千人，八部計約九萬六千騎，其領兵貝勒如下：

老酋自領二部：一部阿斗嘗將之，黃旗無畫，一部大舍將之，黃旗畫黃龍；貴盈哥領二部：一都甫乙之舍將之，赤旗無畫，一部湯古臺將之，赤旗畫青龍；洪太主領一部，洞口魚夫將之，白旗無畫；亡可退領一部，毛漢那里將之，青旗無畫；酋姪阿民太主領一部，其弟者送哈將之，青旗畫黑龍；酋孫斗斗阿古領一部，羊古有將之，白旗畫黃龍㉘。

據以上記載，可知清太祖自領正黃與鑲黃二旗，代善領正紅與鑲紅二旗，皇太極領正白旗，莽古爾泰領正藍旗，杜度領鑲白旗，阿敏領鑲藍旗㉙。代善、皇太極、莽古爾泰與阿敏，合稱四大貝勒，其中代善領二旗，皇太極與莽古爾泰各領一旗，就是清太祖七個嫡子內角逐汗位最有力者。代善，人雖尋常，但為人寬厚，頗得眾心，且屢立戰功，清太祖生前頗屬意於代善，曾議立代善為儲貳。據李民寏稱「奴酋為人猜屬威暴，雖其妻子及素所親愛者，少有所忤，即加殺害，是以人莫不畏懼。酋死後，則貴盈哥必代其父。胡中皆稱其寬柔，能得眾心，其威暴桀驁之勢，必不及於奴酋矣。」㉚清太祖本人也說過「待我死後，要將我的幼子及大福晉，都託諸大阿哥照顧與撫養。」大福晉富察氏因傾心於代善，每日送飯食，差人密商事情，甚至在夜間私訪代善。天命五年（1620）三月二十五日，為清太祖小妻塔因察所告發。由

於富察氏的獲罪，也使其子莽古爾泰喪失了繼承汗位的機會。清太祖雖不願因此而加罪於代善，但於天命六、七年間奪其一旗[31]。其後代善僅領正紅旗，而由岳託領鑲紅旗。

　　葉赫納喇氏的正妃名號，似乎是死後追尊的，其生前不過為側妃而已。這可能是造成皇太極汗位繼承權非常脆弱的主要原因。但由於代善的失寵與莽古爾泰地位的低落，使皇太極成為漁翁得利者，而成為極有可能的汗位繼承者[32]。惟自大福晉富察氏得罪於清太祖，代善失寵後，取而代之者，尚非皇太極，而是烏拉納喇氏所生的多爾袞。清太祖對烏拉納喇氏有殊寵，多爾袞自幼聰穎異常，清太祖亦最鍾愛多爾袞。清實錄記載太祖對「國事子孫」早有明訓，臨終遂不言及[33]。所謂「國事子孫」，最重要的就是汗位繼承的問題。清太祖與烏拉納喇氏必有所決定，其諸子中，多爾袞就是最有可能的汗位繼承者，但清太祖崩殂時，多爾袞年僅十五歲。《春坡堂日月錄》載稱「奴兒赤臨死，謂貴永介曰，九王子當立而年幼，汝可攝位，後傳於九王。貴永介以為嫌逼，遂立洪太氏。」《丙子白登錄》亦稱「奴酋臨死，命立世子貴榮（一作永）介，貴榮介讓於弟弘他時（一作洪太始）曰，汝智勇勝於我，須代立。弘他時略不辭而立。」[34]清太祖臨終前既無立皇太極的遺訓，則其繼承汗位，一方面可以說他奪立，另一方面可以說是兄弟讓位或擁立的結果。鄭忠信還自建州後曾指出皇太極雄桀，「其即位係奪立」。其後於順治八年二月二十二日世祖追論攝政王多爾袞罪狀詔內指出多爾袞曾云「以為太宗文皇帝之位原係奪立。」[35]多爾袞年幼，代善寬厚，皇太極雄桀，智勇勝於人，兵權在握，其取帝位，實輕而易舉，諸兄弟亦敢怒而不敢言。女眞人的社會舊俗，並無后妃殉葬的定制，清太祖崩殂後，皇太極竟藉口烏拉納喇氏「心懷嫉妒」，「恐後為國亂」，而矯

遺命，令其殉葬，以致烏拉納喇氏「支吾不從」。趙光賢撰〈清
初諸王爭國記〉曾指出「太祖果有遺命於后，太宗雖得立，其位
終屬攘奪，故必先殺后以滅口。」多爾袞「英邁過人」，皇太極
「慮其與后合謀，於己不利，遂矯遺命以殺其母。」㊱姑無論皇
太極的「奪立」，是否爲「鐵的事實」㊲，從皇太極繼承汗位的
經過加以觀察，主要是由於代善等人的擁立。《清太宗文皇帝實
錄》初纂本云：

> 丙寅年八月十一日，太祖崩。有大貝勒二子姚托貝勒、查
> 哈量貝勒相議，告其父大貝勒曰，國不可一日無君，此大
> 事，宜早定。今皇太極貝勒才德冠世，深得人心，眾皆悅
> 服，即可即立大位。大貝勒云，吾亦思及於此，汝等之言，
> 正合我意，遂與二子姚托貝勒、查哈量貝勒計議已定，書
> 之於紙。次日，眾貝勒大臣，聚於公殿，出其擁戴皇太極
> 貝勒之議，以示阿敏貝勒、莽古兒泰貝勒及諸貝子，阿布
> 太、得格壘、跡兒哈朗、阿吉格、多里洪、多躲、都都、
> 芍托、和格等皆喜曰，善，議遂定，立皇太極貝勒即位。
> 皇太極辭曰，先汗無立我之命，況兄長俱在，豈敢僭越，
> 而獲罪於天。我若嗣位，儻上不能敬兄，下不能愛弟，國
> 不能治，民不能安，賞罰不能明，善政不能行，其事誠難。
> 辭至再三，眾貝勒貝子曰，國豈可無君，眾議已定，請勿
> 固辭。上堅不允從，自卯至申，不得已然後從之㊳。

「姚托」即岳託，「查哈量」即薩哈廉，俱爲代善之子，也是首
先倡議擁戴皇太極繼承汗位的人物。原來岳託、薩哈廉、阿敏弟
濟爾哈朗、莽古爾泰同母弟德格類諸人都是皇太極的心腹，薩哈
廉母親的祖父布寨是皇太極生母的堂兄，都是屬於葉赫納喇系的
人。當代善向諸貝勒提議擁立皇太極時，諸貝勒中多已同意，皇

太極遂繼承了汗位。

四、清太宗遣兵征討朝鮮的原因

天命十一年（1626）九月初一日，皇太極正式即位，改翌年為天聰元年。天聰元年（1627），皇太極遣兵征伐朝鮮，使朝鮮蒙受重大兵禍。是年歲次丁卯，朝鮮方面稱此次戰役為「丁卯虜禍」，或「丁卯虜難」。皇太極遣兵南犯的原因，據金國方面的文書指出其咎在朝鮮。是年二月初二日，皇太極遣人齎書往諭蒙古奈曼袞出斯巴圖魯時曾云：

> 朝鮮與我二國原來和好相處，朝鮮援兵於明前來侵我，天以我為是，我師克捷，來投之官兵俱未誅戮，釋放遣還，雖亟欲通好，不從，仍助明朝，納我逃民，是以征討朝鮮㉟。

皇太極以朝鮮助兵明朝，容納逃人，所以聲罪致討。清代官書更列舉七宗罪狀，致書相詰。是年正月二十八日，阿敏貝勒致書朝鮮國王云：

> 爾國來文云，我兩國原無仇怨，無故興兵，是矣。先年我屬國斡兒哈，爾國無故出境截殺，此一宗也；又兀喇布占太曾犯搶爾國一城人民，爾知是我女婿，爾來文求我勸之罷兵，我依爾勸解，爾國無一言相謝，此二宗也；我兩國既無仇怨，爾國於己未年發兵同南朝越境征我，蒙天護祐，將爾國兵將，令我得之，原望兩家和好，故不殺害，曾放歸爾國三四次，爾國何嘗差人來謝，此三宗也；天以遼東賜我，毛文龍走脫，爾國窩隱，縱放奸細，誘我叛民，尚然不較，意望和好，移文將毛文龍擎送我國，兩家仍舊和好，竟不允從，此四宗也；辛酉年，我來擎毛文龍，凡係

漢人，拏獲殺死，爾國人民，毫無騷擾，亦望和好，爾國
並無差人來説一句好言，此五宗也；毛文龍他本國錢糧不
濟，爾國給以耕牛，仍撥地土，周助糧米，此六宗也；爾
國又説我如何殺害何通事，我往廣寧進兵，爾國乘虛來窺
視我地方，實與奸細同，是以殺之。我先汗歸天，南朝與
我正在交兵之時，尚不念仇怨，差官來弔，兼賀今上，此
情此意，與爾國何如。我先汗與爾國甚好，竟無一弔問，
此七宗也。若此數恨，終是不肯和好，故發大兵以討前罪
⑩。

金國東征，收屬國瓦爾喀，其事發生於萬曆二十八年（1600），
朝鮮出兵攔截，官兵被殺甚多。惟金國南牧，實非僅因朝鮮累世
獲罪於金國。天聰元年四月初八日，皇太極諭曰：

> 高麗屢得罪於我國，此番原非專意高麗。因毛文龍近彼海
> 島居住，納吾叛民，遂怒而往尋之，因以併取高麗，此一
> 舉兩圖之計⑪。

明總兵毛文龍駐箚皮島即椵島，其地位於鐵山西南海中。皇太極
遣兵往尋毛文龍，兼圖朝鮮，是以所謂「七宗罪狀」乃是「莫須
有」的罪名，皇太極征伐朝鮮，實以索取毛文龍爲藉口⑫。丁卯
交涉期間，金國屢次向朝鮮索取毛文龍。毛文龍初以一旅，艱關
越海，進駐皮島，收容遼東逃人，眾至十數萬，在遼東沿海及朝
鮮北境大肆活動，牽制金國之背，與朝鮮成犄角之勢，明朝亦恃
爲聲援，嚴重地威脅到金國的安全。但毛文龍就食朝鮮，不虞匱
乏者，端賴朝鮮的供饋。毛文龍在遼東沿海等處的活動，也是得
到朝鮮國王李倧的澈底支持⑬。皇太極爲解除毛文龍的威脅，於
征服朝鮮後可使毛文龍無以爲倚，而不失爲兩圖之計。金國自清
太祖以來，亟欲與朝鮮和平相處，但自從毛文龍進駐皮島後，金

國與朝鮮的商人屢受阻撓，毛文龍竟成爲金國與朝鮮和平往來的障礙。天命十一年（1626）十月，達海、劉興祚曾問朝鮮降將姜弘立等云「中原與我讎怨已深，而以先汗亡，新汗立，故尙有差人來修慶弔之禮，朝鮮何不送人來耶？姜弘立答云，我國與爾無怨，果若聞知，豈不送人，但恐道路爲毛文龍所阻，未及聞也。」㊹皇太極遣兵捉拏毛文龍，即欲掃除金國與朝鮮和平往來的障礙。

　　皇太極不僅對外主戰，尤其對朝鮮一向主張用兵，所以在即位後便發動戰爭。朝鮮仁祖五年（1627）正月十七日，朝鮮國王李倧據報金國遣兵犯境後，曾詢問文武大臣云：「此賊爲擒毛將而來耶？抑專力我國耶？」張晚即啓稱「聞洪泰時者，每欲專力我國，此賊若立，則必成其計矣。」㊺「洪泰時」即皇太極，即位之初，首先以朝鮮爲用兵的對象。遼將徐孤臣先已報信於朝鮮云「近日虜中，整頓兵馬，措備糧械，定有東搶之計，貴國預知防備云云。」㊻早在天命十一年十月，朝鮮平安監司尹暄已啓稱：

> 唐將徐孤臣言，賊將劉愛塔，開原之人，而早年被擄者也，使撻子李姓者持諺書出送曰，奴酋死後，第四子黑還勃烈承襲，分付先搶江東，以除根本之憂，次犯山海關、寧遠等城云㊼。

「劉愛塔」即劉興祚，朝鮮官書間亦作劉海，降金後授遊擊職，旋擢副將。「黑還勃烈」即皇太極貝勒，爲解除後顧之憂，遣兵南征，實爲其既定計劃。而且金國糧荒，征服朝鮮即可掠奪物質，以濟凶年。天命十一年（1626）八月，尹暄啓文內亦云：

> 金時若馳報內眞撻一名白馬郎洞出來，盤問賊情，則奴酋已造舟車雲梯，期以來月，進犯廣寧。且聞奴酋之言，戰雖不利，當焚蕩糧穀。且奴酋當言，江南殲盡，則朝鮮有

> 若囊中物。且朝鮮俘將等言，朝鮮修築山城時，多得金塊。
> 且城內倉穀甚多，衝突昌義間，直到安州、平壤，則其穀
> 不可勝食云[48]。

皇太極征伐朝鮮，不僅可以解除毛文龍的牽制，且可以解決饑饉
乏食的問題，並以武力迫使朝鮮屈服，一方面維持正常化的貿易
關係，一方面藉城下之盟，令朝鮮供饋糧米布疋等，一如周濟毛
文龍。此時朝鮮政局變動，韓潤之父韓明璉謀叛兵敗伏誅。韓潤
與從弟韓譯於仁祖二年（1624）十二月投入金國，清太祖厚待
之，命韓潤為遊擊，以韓譯為備禦，賜妻室田宅。韓潤等盡輸朝
鮮虛實，竟奏陳朝鮮易取，願為嚮導。略謂義州兵民老弱，城大
兵單。毛文龍有兵不及七八千，都是各處湊合，不堪應用，其中
商人居多，財積如山，取之甚易。由義州至毛文龍駐箚地方，僅
一夜路程。安州城內兵丁俱是烏合之眾。光海君主和，使者往返
不絕，李倧倚恃毛文龍，不欲遣使，且新王即位以後，人心不服，
多思念舊主，宜乘機進取等語[49]。韓潤等又誆稱降將姜弘立等人
的父母妻子俱被朝鮮新王誅夷，因而欲借兵復仇。皇太極即位後，
金國對外關係，仍面臨明朝，察哈爾及朝鮮三面夾攻的威脅。在
明朝方面，袁崇煥等固守寧錦，清太祖曾受挫於此，皇太極不敢
輕舉妄動。察哈爾兵威甚盛，難攖其鋒，於是擇弱而攻，南侵朝
鮮，而在朝鮮降人韓潤等教唆下，終於導致丁卯之役[50]。

五、丁卯戰役的經過與朝鮮的應變措施

天聰元年（1627）正月初八日，皇太極與代善等留兵十萬
居守瀋陽，命貝勒阿敏、臺吉濟爾哈朗、阿濟格、杜度、岳託、
碩託等領三萬餘騎自瀋陽啟程，往征朝鮮。行走六日，於正月十
三日渡過鴨綠江入朝鮮境，破明前哨，沿途哨探，俱被擄獲，無

一活口脫出報信，以致義州城軍民未聞警報。據朝鮮接伴使元鐸
啓稱金國兵於是日圍義州城。平安道監司尹暄等亦報正月十三日
四更時分，金國三萬餘騎突襲義州城，從水口門殺其守將潛師以
入，軍門不覺兵至，節制使李莞倉卒出禦，因衆寡不敵，與通判
崔夢亮等同被磔殺[51]。但據清代官書的記載，十四日夜，金國兵
始臨義州，豎梯登城。八固山前鋒巴圖魯二十人，以艾搏巴圖魯
爲主將先登，總兵官楞額禮、副將阿山及葉臣領八十人繼登，衆
兵依次而進，克之，屠城中兵民，內含明兵一萬，朝鮮兵二萬[52]。幸
存餘民，按照固山均分爲奴。是日，金國兵駐歇義州，復搜朝鮮
兵盡行屠戮，收其財物，留八大臣及一千兵守城。據《朝野記聞》
所載朝鮮降人韓潤隨金兵渡江後即變著華衣潛隨獵騎入城，焚燒
軍器，以致全城大亂。被擄朝鮮人，即行薙髮。尹暄則啓稱李莞
燒火以死，崔夢亮被綑縛出外南門斬首，其妻子亦被斬，所著衣
服俱被脫去，由金國兵中分[53]。

　　正月十四日夜，金兵襲取義州城的同時，阿敏貝勒又分兵突
襲毛文龍所駐鐵山，明兵傷亡甚衆，毛文龍遁入海島。金國前鋒
逼近定州，另一枝又進兵宣川浦口。龍川府使李希建帶數千兵守
龍骨山城，竟棄城而遁。十五日，金國兵擒宣川定州節制使金搢，
並搜括娼妓樂工，歌鼓宴樂。十七日夕時，金國兵乘勝進圍郭山
凌漢山城，十八日，復招之不降，遂攻克之，節制使奇協陣亡，
郭山郡守朴惟健被執薙髮。《春坡堂日月錄》載「惟建並其家屬
被虜乞降剃髮，賊污其妻妾，常置帳中，行軍則使惟建等各率其
妻妾之騎。」金國留大臣四人、兵五百守郭山城。十九日，金國
騎兵自定州渡嘉山江駐營。二十日辰刻，渡清川江，在安州城附
近紮營，其兵數計三萬六千騎。是夜屢次遣人招降，被拒。次日
晨，金國兵展開拂曉攻擊，用雲梯蟻附而登，不移時城陷。副元

帥兼平安兵使南以興，牧使兼防禦使金浚父子率諸將數十員會於
中營積火藥自焚而死。郡守張澂、副使全尚義、永柔縣令宋圖南
等俱遇害，官兵三萬餘人，被殺者二萬餘人。金國兵在安州駐兵
餵馬，並區處俘虜。安州既陷，平壤以東諸城俱已奪氣。二十五
日，金國兵自安州啓程，二十六日，進兵平壤城，城中兵民自相
驚亂，不戰而潰。金國兵渡大同江，二十七日，至中和駐兵。

　　仁祖五年正月十七日，朝鮮國王李倧據報義州、凌漢相繼遭
受圍攻時即召見領中樞府事李元翼等文武大臣，籌謀對策。張晚
請令下三道急速徵兵二三萬救援關西，黃州平山速遣別將，畿甸
地方由李曙主之，京中由申景禛主之。李倧欲調畿甸軍守海西，
其餘兵丁則捍衛王京。李貴卻以海西難保其必守，而請以江華為
歸，如有安州敗報，李倧即入江都避難。沈器遠指出金國鐵騎長
驅而入，一日之內可行八九息路程，若過安州、平壤後，則黃海
道無處可守，所以建議令京畿及都監軍合力守臨津。廷議既定，
即以李元翼兼京畿、忠清、全羅、慶尚等道都體察使，以金瑬為
副體察使，沈器遠為都巡檢使，張晚為都元帥，申景禛為都監大
將，把守臨津江，水原防禦使李時白帶兵宿衛王京，所有戶曹物
品及版籍等先行送入江都。李倧決心專力南漢，令李曙修築南漢
山城，以為江都應援。是時江都儲穀僅二三萬石，軍兵亦少，李
倧即令金瑬先入江都籌備，以為背城一戰之計。備局兩司以為江
都僻處海島，國王一入江都後，恐王命不行，各道漕運不通，世
子雖在沖齡，但名號已定，平日臣庶已有愛戴之心，故請依壬辰
故事，即行分朝，臨亂監撫，內外控制，以為恢復之計。李倧以
世子年幼，不可遠離，未予採納。

　　朝鮮兵力的佈署主要是集中於咸鏡北道及江界等七邑。當金
國兵進向嘉山安州時，備局即請調用咸鏡北道諸邑精兵。凌漢淪

陷後，備局兩司等以獨守江都，命令不行，南漢亦不可恃。爲久保宗社，力請分朝，由李元翼及吏兵曹等護送世子前往全州。但定州、淩漢敗報頻傳，士氣低落，諸將受命之後，亦遲遲不進。輔德尹知敬上疏時曾指出「賊兵長驅，無一人奮身忘生爲國捍禦者。」朝鮮當局備戰措施，平時既不能未雨綢繆，臨危尤爲慌亂。張晚亦啓稱「安州受兵，迫在目前，人心危懼，在在告急。臣手下無兵，未能馳救，坐失數百里疆域，沒於腥膻。平壤城子濶大，守備之難，甚於以西各城。黃州平山尤極齟齬，事出急迫，無計及措，思之氣短。」(54)歎云「賊入我境，今已累日，而無一人斬敵首獻功者，何其軍律之不行，忠義之掃地，至於此極耶。」人心洶懼，官吏多率妻子倡先潛逃。當金國進兵安州時，平安監司尹暄亦棄城遁走，黃州兵使丁好恕逃去時，其兵械糧儲竟皆資敵。兩西各邑相繼潰敗，無一處遮截，金兵如入無人之境，將士紛紛逃匿，無一人敢當其鋒(55)。軍火缺乏，裝備窳敗，士氣不振，諸城遂相繼陷沒。廷議請如壬辰故事，告急明朝，但平壤已陷，臨津亦難守，勢已不及。內不能自強，外無援軍，既不能戰，又不能守，祇有議和一途。

六、丁卯議和與金鮮關係的建立

當朝鮮義州城陷，金兵進向定州時，阿敏貝勒等已致書朝鮮國王，欲修舊好。仁祖五年正月二十日，參加薩爾滸之役的朝鮮降將姜弘立齎金國國書，於是日辰刻抵達平壤。平安監司尹暄欲待援兵，所以接受其國書。國王李倧即召集備局兩司大臣會議，李倧以初見其書，即爲答送，金國「必以我爲怯」。李貴啓稱金國兵若長驅直入，進迫安平，則事無可爲，故請修書答覆，李元翼等亦以爲然。其書略謂朝鮮臣事明朝二百餘年，「天朝」既已

許和，則朝鮮有何不從。但金國無故興兵，忽然直入腹裏，屠戮軍民。朝鮮與金國原無仇隙，自古以來欺弱凌卑者，謂之不義，無故戕害人民者，稱爲逆天。若朝鮮有罪，義當遣人先問明白，然後興兵，宜即回兵，以定和好㉟。正月二十三日，命姜弘立子姜濤及朴蘭英子朴雯齋往中和金國兵營，張晚亦修書給姜弘立。二十七日，朝鮮使臣抵達中和，叩見阿敏貝勒等，隨後令各與其父相見。次日，金國令阿本、董納等齎書隨姜濤前往朝鮮王京。其書內開列朝鮮七宗大恨，並限期五日，遣官謝罪修好。姜弘立亦致書張晚，示以金國兵威強盛，不宜徒以口舌相爭，誠意講和，厚遺禮物，速退其師爲上計。正月二十八日，金國復差備禦嘉弩、巴克什科貝齎書前往王京。其書云：

> 大金國二貝勒致書於朝鮮國王，朝鮮國王覆我之書曾云「倭子之役時，明曾以兵助我，爲報其恩，明出兵征爾時，我亦以兵助明云。」先前烏喇布占泰貝勒侵爾時，我曾勸解息兵，此恩非恩乎？又云「我兩國素相和好，爾乃無故征討。」我兩國素相和好，誠然也，爾以兵助明伐我，初亦有故耶？又云「毛文龍係明朝皇帝之官員，逐其人於義不合。」明朝皇帝於毛文龍尚且不顧，不給錢糧，爾何故周濟米穀？來逐由我處逃去之毛文龍時，爾云並未擾害我民，我亦知之。我亦望和好相處，故未擾害也。又云「毛文龍以兵侵爾時，我並未以一兵相助。」毛文龍之兵容留爾境，給地種田，周濟米穀，其屯劄一端沿江抵昌城，一端抵安州，向我方置放哨探以防爾邊，所謂一兵不曾相助者乃爾之計也。又云「遼東之民，乃毛文龍自行招誘，我國不知也。」爾容毛文龍潛住爾境，所謂不知招誘我民者，乃爾強辯也。又云「喪事爲疆域阻隔，未得聞知。」明朝

與蒙古豈無疆域乎？彼二國亦聞喪來弔矣。爾云「先前我
有喪時，爾亦未嘗來弔。」明朝與蒙古之喪，我豈曾往弔
耶？又云「我未嘗先交惡，乃爾先交惡也。」上天誠有知，
將以爾爲直乎？爾此言將先交惡之事，當作沒有而謂我先
交惡者，豈謂天下不知乎？天以我爲直，知爾先交惡，蒙
天眷佑者即此也。如今爾若自認不是，兩國重修和好，則
速差良人前來，事竣之後，我亦速回師。我但爲懊恨來討，
非爲要土地殺人民來討也，我亦望兩國和好，太平相處⑰。

李倧新登王位，諸事未寧，爲欲輯綏鎮撫，亟須仰仗明廷冊封，
正名定分，取得合法的地位，故事明既恭且謹。毛文龍既係明朝
總兵，所以容留朝鮮境內。朝鮮國王接受金國國書後，卻遣使臣
權璡持書前往中和議好，金國貝勒臺吉見書頗有喜色。正月二十
九日，金國兵開始由中和退屯平壤。金國旋遣使再議重建邦交的
條款，二月初二日，金國使者至甲串，初三日，李倧在鎮海樓接
見使者。金國阿敏貝勒提出的條款爲：朝鮮不必仍事南朝，絕其
交往；金國爲兄，朝鮮爲弟。阿敏貝勒在答朝鮮國書中提出保證，
若明朝嗔怒，金與隣國相近，有恃無恐。金國與朝鮮兩國告天盟
誓，永結兄弟之邦，則可共享太平。因此，要求李倧速差「擔當
國事大臣」決議完事。金國使者返回兵營時，李倧附以答書，表
示願意「別遣重臣，更申情悃。」朝鮮備局請以晉昌君姜絪假衛
刑曹判書充回答使，於五日齎國書啓程，初七日，抵達瑞興金國
兵營，翌日，叩見貝勒臺吉後呈遞國書。李倧在國書中覆稱朝鮮
「臣事皇朝二百餘年，名分已定，」是以不敢有異意。李倧以「
事大交鄰」自有其道。朝鮮與金國兩國是「交鄰」，臣事明朝是
「事大」，兩者並行不悖。交鄰之道，惟當各守封疆，相安相樂，
世世不絕⑱。但朝鮮國書仍用天啓年號，金國方面頗表不滿，同

時其領兵將領之間，意見不同，分道而馳。姜絪請金國駐兵勿進，並指明三處屯兵。衆臺吉將領皆欲駐兵息馬，阿敏貝勒不從，竟令吹號引軍向王京進發。岳託臺吉力止不從，遂邀濟爾哈朗臺吉共議不入王京，領兵駐箚平山城，以議和好。旋遣副將劉興祚率姜弘立、朴蘭英等十人渡海入江都。二月初十日，李倧引見姜弘立、朴蘭英。據姜弘立稱金兵到平壤後，「一半則欲還，一半則以爲不可，更欲動兵，到中和則國書已來矣。貴永介之子要土以爲朝鮮與我非讎，既破一道，今又不可進兵。諸將皆欲從之，而首將稱王子者，以爲不可，遂進兵黃州。」「要土」即岳託，王子即阿敏貝勒，姜弘立所述，與清實錄的記載相合。姜弘立又指出平山糧草已盡，必須速議和好。朴蘭英亦稱金國自努爾哈齊以來即欲與朝鮮通好，金國遣使請和，實出眞情。二月十一日，朝鮮君臣爲接見金國使臣的禮儀經過一番爭論後始正式接見劉興祚。其所提出的議和條件爲：朝鮮王弟及王子隨劉興祚前去；朝鮮所產財帛牲畜，每年如何供奉，須由朝鮮國王親口講明。李倧覆以「自古城下立盟，春秋恥之。」因此，必俟金國回兵後，再議和好。劉興祚仍堅持王弟必須隨其前往，並俟李倧對天地盟誓後，金國始回兵。李倧接受其條件，以原昌副令李玖爲原昌君，另遣侍郎一員，官四員，齎國書偕劉興祚前往平山金國兵營，議和約誓。叩見衆貝勒臺吉，行抱見禮，呈遞國書，並進馬一百匹、虎豹皮一百張、綿紬細苧布四百疋，布一萬五千疋。其國書要點爲：原昌君代表朝鮮國王與金國共定約誓後，金國即應退師，不得仍留朝鮮境內；兩國兵馬不過鴨綠江一步，各守封疆，各遵禁約，安民息兵；交際禮贐，在情不在物，不得強相要索。

金國領兵將領意見不和，岳託臺吉認爲此番出兵，事已有成，國中僅汗與兩位貝勒，蒙古、明朝皆爲敵國，倘若一旦有事，恐

難措手，何況軍中俘獲已不勝驅逐馱載，故主張與朝鮮盟誓後，
即可回兵。但阿敏貝勒堅欲進兵王京，略謂「常想大明皇帝及高
麗國王所住城郭宮殿，如何得見。今將得見而不見，急欲回兵何
爲？」因此，欲入王京，與李倧和談，若不依從，即在王京屯種。
八固山大臣商議結果，僅阿敏貝勒一固山大臣顧三臺、孟坦、舒
賽的意見，與阿敏貝勒相同，其餘七固山大臣都主張差人與李倧
盟誓。惟朝鮮國書內仍用天啓年號，不便呈報金國汗，所以又令
劉興祚入江都更議。二月二十一日，劉興祚持書至燕尾亭，其書
云：

> 昨接來扎，內書天啓年號，極難達於我汗皇。我今日勉強，
> 原爲貴國同心南朝，故此舉兵。今見來書，亦如舊規。看
> 來貴國拿天啓來壓我，我非天啓所屬之國也。若無國號，
> 寫我天聰年號，結爲唇齒之邦。我國有事，你來救我；你
> 國有事，我國救你，永不失信。若還書天啓字樣，即令弟
> 回還，兩國區處，請尊裁之⑤。

劉興祚與朝鮮接待大臣張禮忠等密商，照明朝揭帖文書形式，則
不必書明年號。據劉興祚稱「國王答書，非如咨奏公文之比，天
朝揭帖，則本不書年月，如廣寧袁巡撫所送揭帖例爲之，則天啓
二字，自然不書。」惟既去年號，無異即去正朔，則有悖君臣之
分。但多數大臣認爲用揭帖乃一時權宜之計，目的在緩兵解禍，
不必與「犬羊」相爭。劉興祚往返議商，最後議妥金國遣大臣與
朝鮮國王盟誓，然後罷兵。二月二十九日，劉興祚與巴克什庫爾
纏等復至燕尾亭，磋商盟誓儀式。劉興祚請照明朝與蒙古議和儀
式殺白馬黑牛以祭天地，方足以表信。三月初三日夜丑時，在江
華島行宮舉行盟誓典禮。朝鮮國王李倧穿戴翼善冠黑袍烏帶，親
行焚香告天禮，由左副承旨李明漢宣讀誓文，其誓文云：

> 朝鮮國王以今丁卯年某月日與金國立誓，我兩國已講定和
> 好，今後各遵約誓，各守封疆，毋爭競細故，非理徵求。
> 若我國與金國計仇，違背和好，興兵侵伐，則亦皇天降災。
> 若金國仍起不良之心，違背和好，興兵侵伐，則亦皇天降
> 禍。兩國君臣各守信心，共享太平，皇天后土，嶽瀆神祇，
> 監聽此誓。

誓文讀畢，焚之於西垰桌上，禮畢，李倧還宮。是夜寅時，朝鮮
大臣吳允謙、金鎏、金貴、李廷龜、申景禛、申景裕、許完、黃
履中等同劉興祚至誓壇，宰牛馬盛血骨酒肉各一碗。朝鮮大臣的
誓文由李行遠宣讀，其誓文云：

> 朝鮮國三國老六尚書某等，今與大金國八大臣南木太、大
> 兒漢、何世兔、孤山太、托不害、且二革、康都里、簿二
> 計等宰白馬烏牛立誓，今後同心同意，若與金國計仇，存
> 一毫不善之心，如此血出骨暴，若金國大臣仍起不良之心，
> 亦血出骨白，現天就死，二國大臣各行公道，毫無欺罔，
> 歡飲此酒，樂食此肉，皇天保佑，獲福萬萬。

前引誓文中「南木太」即清太宗實錄重修本的固山額眞納穆泰，
「大兒漢」即達爾哈，「何世兔」即和碩圖，「孤山太」即顧三
臺，「托不害」即拖博輝，「且二革」即車爾格，「康都里」即
喀克篤禮，「簿二計」即博爾晉。朝鮮國王與阿敏貝勒的誓詞，
約定朝鮮不復「整理兵馬，新建城堡。」朝鮮國王另具揭帖給阿
敏貝勒，請將被擄朝鮮男婦，於渡江回兵以前全部刷還。次日午
時，庫爾纏等先行馳報阿敏貝勒等，同日夜間子時返回金國兵營。
當夜，貝勒大臣會議遣人馳報皇太極。三月初五日，庫爾纏帶領
二十人啟程，途中遭朝鮮兵截殺，傷亡六人。十四日，抵達瀋陽。
是時，因城中兵少，皇太極率諸貝勒出邊，沿遼河駐兵以佯張兵

威。庫爾纏報既至，皇太極大悅，即集貝勒大臣商議。十八日，
復令庫爾纏齎諭旨前往朝鮮，至安州江時遇出征貝勒臺吉。皇太
極訓諭諸將，略謂朝鮮人民既已歸順，不得擾害，並作書致朝鮮
國王，降人俱已放還，軍中苦戰所獲俘虜已賞給被傷士卒。又令
阿敏貝勒等在義州留珠申，每一牛彔各五人，蒙古二千，在楞額
禮、達朱戶、圖爾格、阿山、舒賽、葉克書、屯布祿、葉臣等屬
下每一固山留珠申臣各二員、蒙古臣各一員。鎮江方面留珠申每
一牛彔各一人，計一千人，蒙古一千人，珠申臣四員、蒙古臣四
員，俱由一額真統領。並致書朝鮮稱駐防義州兵原為防守毛文龍，
朝鮮若不容留毛文龍，金國即不駐兵義州。駐防義州鎮江兵丁，
朝鮮須饋以米穀。

　　江華島盟誓議和，在金國方面俱由劉興祚等代表議和，並參
加盟誓典禮，然後報呈阿敏貝勒等，並馳奏皇太極。阿敏貝勒於
盟誓文內，雖已列名，但阿敏貝勒以此次盟誓，是朝鮮國王單方
面的行動，阿敏貝勒等並未參加盟誓，因此還兵時令固山大臣分
三路縱兵大掠，黃海道郡邑村閭，遂慘遭蹂躪，岳託臺吉等力諫，
阿敏貝勒拒不聽從。搶掠三日，所有財物牲畜男婦盡驅至平壤區
處。然後始與朝鮮君臣再行盟誓之禮，約定朝鮮應送金國汗諸物，
若違背不送，對金國汗所遣使者，若不與待明朝使者同樣敬重，
修築城池，整治兵馬，容留薙髮逃人，則金國即告諸天地討伐朝
鮮。是時，朝鮮國中有出痘之信，出征貝勒臺吉因未出痘，急欲
回兵。四月初八日，平壤盟誓既畢，金兵即渡江撤兵。參加薩爾
滸之役的朝鮮降將朴蘭英、姜弘立返回王京，兩人留居建州十年，
終未薙髮。王世子旋由全州返回王京，國王李倧亦還都。李倧將
丁卯兵禍始末及議和盟誓經過，詳細奏聞明廷。

七、結　語

　　丁卯議和，朝鮮與金國遵守誓約，以鴨綠江爲界，各守封疆，互不侵犯，金國遂暫時解除後顧之憂。此時就緩急而論，朝鮮可寬，察哈爾當拒，明朝當征。因察哈爾如蟲蠹食，勢必自盡，不必急圖。明朝則不可緩，因金國兵若一年不往，明兵必繕城固守，修整兵甲，則事更不可爲。至於朝鮮既入掌握，則可暫行款慰，開市交易，有無相通，以副交隣之意，將貿易所得財貨及春秋歲幣，盡與蒙古易馬，充實戰力，以征明朝。因此，丁卯之役以後皇太極積極發展對朝鮮的貿易，在義州、會寧先後開市，每年春秋信使往來，亦允互市。金國與朝鮮兩地物產，各有貴賤，以有易無，彼此需要。丁卯議和，約爲兄弟友邦，立場平等，兩國之間，即以平等地位開市交易，金國方面，不僅解除國內的凶荒，且其商賈往來，穫利甚豐，但邊境互市，時啓時閉，金國商賈於交易之際抑勒攘奪，需索供饋，貪得無厭。朝鮮物力艱難，實難壓其慾，糾紛層出不窮。金國與朝鮮的物資交流，並未能順利進行，兩國之間，欲藉通商貿易以維持兄弟隣邦友好關係的努力終告失敗，最後又導致丙子之役，皇太極第二次遣兵入侵朝鮮，解除兄弟之盟，另訂君臣之約。

【註　釋】

① 申忠一著《建州紀程圖錄》，《寫定申忠一圖錄》，頁15—20。《清史資料》，第三輯（臺北，臺聯國風出版社）。

② 《清太祖武皇帝實錄》（臺北，國立故宮博物院），卷三，頁11。

③ 《清太祖武皇帝實錄》，卷二，頁32。

④ 《舊滿洲檔》（臺北，國立故宮博物院，民國五十八年），第五冊，

頁2090。天命十一年八月初一日，祭文。

⑤　《朝鮮仁祖實錄》，卷一，頁27，仁祖四年九月庚寅，據金時若啓。

⑥　李星齡編《春坡堂日月錄》（漢城，奎章閣藏孝宗朝刊本），卷一二下。

⑦　稻葉君山原著，但燾譯訂《清朝全史》（臺北，臺灣中華書局，民國四十九年九月），頁134。

⑧　蕭一山著《清代通史》（臺北，臺灣商務印書館，民國五十一年九月），㈠，頁101。

⑨　《清太祖武皇帝實錄》，卷四，頁24。

⑩　《明熹宗實錄》，卷六七，頁20。天啓六年正月庚午，據高第奏報。《三朝遼事實錄》，第三冊，卷一五，頁36，亦記載高第奏報內容，惟其文字略異。

⑪　孟森著《清史前紀》（臺北，臺聯國風出版社，清史資料，第二輯），頁207。

⑫　《清太祖武皇帝實錄》，卷四，頁26。

⑬　《兩朝從信錄》，卷三〇；《三朝遼事實錄》，卷一六，頁19。

⑭　《仁祖實錄》，卷一二，頁39。仁祖四年五月甲寅，記事。

⑮　《清太祖武皇帝實錄》，卷四，頁27。

⑯　《舊滿洲檔》，第二冊，頁2076；《朝野記聞》，頁5；《春坡堂日月錄》，卷七二下。

⑰　《清太祖武皇帝實錄》，卷四，頁27。

⑱　《舊滿洲檔》，第一冊，頁2087。

⑲　《明熹宗實錄》，卷六八，頁1。天啓六年二月甲戌，據兵部尚書王永光奏。

⑳　《明熹宗實錄》，卷六八，頁4。天啓六年二月丙子，據經略高第奏報。

㉑　《明熹宗實錄》，卷七六，頁15。天啓六年九月戊戌，據袁崇煥奏
報。

㉒　園田一龜撰《清太祖奴兒哈赤崩殂考》，《滿洲學報》，第二期（
日本，滿洲學報雜誌社，昭和八年七月），頁17。

㉓　《清史稿校註》，第十冊（臺北，國史館，民國七十七年八月），
頁7666。《清太宗文皇帝實錄》，初纂本以皇太極爲努爾哈齊第四
子，重修本則爲第八子。朝鮮官私記載，多以皇太極爲努爾哈齊第
四子。

㉔　李學智撰〈清太祖時期建儲問題的分析〉，《思與言》，第八卷，
第二期（臺北，思與言雜誌社，民國五十九年七月），頁86。

㉕　《舊滿洲檔》，第一冊，頁74。

㉖　《光海君日記》，鼎足山本，卷一六九，頁8。光海君十三年九月
戊申，據鄭忠信疏報。

㉗　李民寏著《紫巖集》，卷六，頁2。明熹宗天啓元年四年刊本。

㉘　《光海君日記》，卷一六九，頁9。

㉙　陳捷先撰〈後金領旗貝勒考〉，《故宮文獻季刊》，第一卷，第一
期（臺北，國立故宮博物院，民國五十八年十二月），頁44。

㉚　《紫巖集》，卷六，頁7。

㉛　趙光賢撰〈清初諸王爭國記〉，《輔仁學誌》，第十二卷，一、二
合期（北平，輔仁大學，民國三十二年十二月），頁185。

㉜　岡田英弘撰〈清太宗總位考實〉，《故宮文獻季刊》，第三卷，第
二期（臺北，國立故宮博物院，民國六十一年三月），頁36。

㉝　《清太祖武皇帝實錄》，卷四，頁32。

㉞　羅萬甲著《丙子白登錄》，見《野乘》，第十二冊。

㉟　《明清史料》，丙編（臺北，維新書局，民國六十一年三月），頁
306。

㊱　《輔仁學誌》，第十二卷，一、二合期，頁187。

㊲　李光濤撰〈清太宗奪位考〉，《明清史論集》（臺北，臺灣商務印書館，民國六十四年四月），下冊，頁439。

㊳　《清太宗文皇帝實錄》，初纂本，卷二，頁2。

㊴　《舊滿洲檔》，第六冊，頁2579。天聰元年二月初二日，太宗致奈曼書。

㊵　《清太宗文皇帝實錄》，初纂本，卷二，頁19。據《亂中雜錄》載「賊酋移書歸曲曰：汝國有四條罪責：天可汗賓天，不即送使致吊；宣川之役，一不殺戮，不即送使致謝；文龍，我之大仇，而容接內地，給餉護恤；遼民，我之赤子，而招亡納叛，一不送還，吾甚恨之云云。」據朝鮮官書記載，清太宗罪責內容的後三款，係金兵至安州後所增。

㊶　《清太宗文皇帝實錄》，初纂本，卷二，頁16。

㊷　李光濤撰〈記明季朝鮮之丁卯虜禍與丙子虜禍〉（臺北，中央研究院歷史語言研究所專刊，甲種之二十五），頁2。

㊸　張存武撰〈清韓關係——1636—1644〉，《故宮文獻季刊》，第四卷，第一期，頁17。

㊹　《朝鮮仁祖實錄》，卷一五，頁33。仁祖五年二月丁未記事。

㊺　《朝鮮仁祖實錄》，卷一五，頁6。仁祖五年正月乙酉。

㊻　《亂中雜錄》，見《大東野乘》（漢城，慶熙出版社影印本），第二冊，頁477。

㊼　《朝鮮仁祖實錄》，卷一四，頁36。仁祖四年十月癸亥，記事。

㊽　《朝鮮仁祖實錄》，卷一四，頁14。仁祖四年八月乙丑，記事。

㊾　金梁輯《滿洲秘檔》，《清史資料》，第二輯（臺北，臺聯國風出版社），頁204。

㊿　莊吉發撰〈滿鮮通市考〉，《食貨月刊》，復刊第五卷，第六期（

臺北，食貨月刊社，民國六十四年九月），頁17。

(51) 《朝鮮仁祖實錄》，卷一六，頁1。仁祖五年四月丁酉，據尹暄啓。朝鮮義州通判崔夢亮，《清太宗文皇帝實錄》，重修本作崔鳴亮。

(52) 《清太宗文皇帝實錄》，初纂本，卷二，頁17；《舊滿洲檔》，第六冊，頁2571。義州陷沒日期，《朝野記聞》、《亂中雜錄》俱繫於正月十四日，並謂金國兵臨城下時，李莞仍被酒不省人事。

(53) 《承政院日記》，卷一，頁799。仁祖五年正月十九日，據尹暄狀啓。

(54) 《朝鮮仁祖實錄》，卷一五，頁13。仁祖五年正月己丑，據張晚啓。

(55) 《承政院日記》，卷一，頁802。仁祖五年正月壬辰，記事。

(56) 《舊滿洲檔》，第六冊，頁2617；《清太宗文皇帝實錄》，初纂本，卷二，頁19：《朝鮮仁祖實錄》，卷一九，頁14。

(57) 《舊滿洲檔》，第六冊，頁2621，天聰元年正月二十八日，金國國書。按滿文「jacin」，意即第二，或次子，「jacin beile」即二貝勒，朝鮮文書間亦譯作「二王子」。臺北國立故宮博物院出版《舊滿洲譯註》清太宗朝(一)（民國六十六年元月），頁174，將「jacin beile」譯作「扎欽貝勒」。

(58) 《朝鮮仁祖實錄》，卷一五，頁40。仁祖五年二月壬寅，朝鮮國書。

(59) 《朝鮮仁祖實錄》，卷一五，頁42。仁祖五年二月戊午，金國國書。

清高宗敕譯《四書》的探討

明神宗萬曆二十七年（1599），清太祖努爾哈齊所創製的滿文，是由蒙文脫胎而來的老滿文，又稱爲無圈點的滿文，未能充分表達女眞語言，上下字往往雷同無別，人名地名，因無文義可尋，不免舛誤。天聰六年（1632），清太宗命巴克什達海改進滿文，達海將老滿文在字旁加置圈點，使音義分明。達海奉命改進的滿文，習稱新滿文。清太祖創製滿文的主要目的是爲文移往來及記注政事的需要。滿洲入關以後，滿文使用的範圍更加廣泛。從順治年間開始，對古籍的繙譯，使滿文的發展，更加迅速，證明滿洲文字與漢族文字同樣具有「載道」的能力。例如清世祖敕譯，順治十一年（1654）刊印滿文本《詩經》二十卷，康熙年間奉敕譯成滿文的《清文日講易經解義》十八卷、《清文日講書經解義》十三卷、《清文日講四書解義》二十六卷、《清文大學衍義》四十三卷、《繙譯菜根譚》二卷等古籍，都是探討滿文發展的重要經典。

清聖祖的滿文造詣很高，他也熱愛漢族傳統文化，國學根柢深厚。康熙十年（1671）八月，設置起居注官，以記載清聖祖的言行，從現存康熙朝起居注冊的紀錄，可以瞭解清聖祖於孜孜求治之餘，更留心問學。清聖祖聽政既畢，即於弘德殿由儒臣進講《易經》、《書經》、《四書》等典籍。例如康熙十二年（1673）五月分《起居注冊》記載日講官進講《四書》的內容，頗有助於瞭解清聖祖治學的情形。據《起居注冊》記載是年五月

初一日早，清聖祖御乾清門聽政，各部院衙門官員面奏政事，聽政既畢，即於辰時（上午七點至九點）御弘德殿，由日講官傅達禮、熊賜履、孫在豐進講《論語》「歸與歸與」、「伯夷叔齊不念舊惡」、「孰謂微生高直」、「巧言令色足恭」四章；五月初三日辰時，御弘德殿，日講官傅達禮等進講「顏淵、季路侍」一章。進講畢，傅達禮等以舊例夏至輟講奏明，清聖祖諭云「學問之道，必無間斷，方有裨益，以後雖寒暑，不必輟講，待至六月溽暑再來講旨。」五月初十、十二、十三、十四、十五、十六、十七、十八、二十、二十一、二十二、二十三、二十四、二十五、二十六、二十七、二十八、二十九等日辰時，照例在弘德殿進講《論語》各章。六月初一日起因值溽暑，暫停數日，但講章仍照常進呈，清聖祖每天在宮中朝夕玩閱，手不釋卷。康熙十二年十一月二十日，《論語》各章進講完畢，從十一月二十一日開始進講《大學》各章。從現存滿文本《起居注冊》可以瞭解康熙年間繙譯《四書》的情形。清聖祖認為天德王道之全，脩己治人之要，具在《論語》一書，《大學》、《中庸》皆孔子之傳，故命儒臣撰為講義，闡發義理，同諸經進講，以裨益政治。康熙十六年（1677）三月十三日，經筵講官起居注翰林院掌院學士教習庶吉士喇沙里等在弘德殿進講時，清聖祖諭以《四書講章》應行刊刻，以垂永久。喇沙里等遵旨將按日進講年終彙呈的《四書講章》加以刪潤，校錄成帙，於同年十二月十八日裝潢進呈，滿、漢文本各二十六卷，滿文本題為《清文日講四書解義》，喇沙里等為總裁官，滿文繙譯官為翰林院待詔敦代等十五人，滿文謄錄官為翰林院筆帖式雅奇等十七人。對照《起居注冊》與《清文日講四書解義》後，發現兩者所譯《四書》，無論在句型語法或詞彙方面都相近，都是探討康熙時期通行滿文的珍貴作品。

　　清高宗即位以後，對於提倡滿文，不遺餘力，雍正十三年（
1735）九月，諭令朝廷祭文，必須繙譯滿文。同年十月又諭令
各部院奏事，具兼滿漢文具奏。乾隆十五年（1750）五月，清
高宗指出清初創製的滿文，分爲十二字頭，簡而能賅，用之「無
所不備」，而其音韻尤得「天地之元聲」。但是漢人初學滿文，
辯字審音，每借漢字音註，以便記誦，然而漢字不能悉協，不得
已更從俗音以意牽合，以訛傳訛，所以命大學士傅恒，率同儒臣，
重定十二字頭音訓。乾隆年間奉敕譯成滿文的典籍，可謂指不勝
屈，例如《御製繙譯周易》、《御製繙譯書經集傳》、《御製繙
譯詩經》、《御製繙譯禮記》、《御製繙譯春秋》、《御製繙譯
四書》、《繙譯潘氏總論》、《繙譯黃石公素書》等，卷帙浩繁。
其中《御製繙譯四書》是由大學士鄂爾泰等就康熙年間刊佈的《
清文日講四書解義》重加釐定，乾隆二十年（1755）十二月，
書成，計六卷，卷首爲清高宗《御製繙譯四書序》，其序文云：

　　國朝肇立文書，六經史籍，次第繙譯，四子之書首先刊布
　　傳習。朕於御極之初，命大學士鄂爾泰重加釐定，凡其文
　　義之異同；意旨之淺深，語氣之輕重，稍有未協者，皆令
　　更正之。然抑揚虛實之間，其別甚微，苟不能按節揣稱，
　　求合於毫芒，而盡袪其疑似，於人心終有未慊然者。幾暇
　　玩索，覆檢舊編，則文義意旨語氣之未能脗合者，仍不免
　　焉，乃親指授繙譯諸臣，參考尋繹，單詞隻字，昭晰周到，
　　無毫髮遺憾而後已。夫義蘊淵深，名理無盡，文字爲人所
　　共知共見，而一一歸於至當，尚必待功力專勤，至再至三
　　而始得之，可以知學問之道，功愈加則業亦愈進，況夫體
　　備於躬行，發揮於事業，苟非俛焉日有孳孳，精益求精，
　　而欲底於有成難矣，學者慎毋以淺嘗自足，自憚於有爲也

　　哉，是爲序。

由前引御製序文可以瞭解乾隆年間改譯《四書》的經過，大學士鄂爾泰奉敕釐定《四書》譯本，舉凡文義的異同，意旨的淺深，語氣的輕重，其稍有未協者，俱加以釐正。清高宗躬親指授繙譯諸臣，參考尋繹，雖單詞隻字，亦必力求昭晰周到。

　　清高宗認爲繙譯滿文時，不可固執漢文，拘泥成語，若是不能會意，則必致繙成漢文語氣。清高宗曾經指授儒臣，「繙清必順滿文會意，方可令人易曉，若舍滿文語氣，因循漢文繙譯，則竟至失卻滿文本義。」將康熙年間所進講的《四書》譯文，與乾隆年間《四書》改譯本加以比較，有助於瞭解清初滿洲語文的發展。本文撰寫的旨趣，即在利用康熙年間滿文本《起居注冊》、《清文日講四書解義》與乾隆年間《御製繙譯四書》互相比較，探討其異同，俾有助於瞭解清初滿文的發展。

　　比較康熙朝與乾隆朝《四書》譯文後，發現兩朝譯文大同小異。就其相同者而言，例如《論語》「八佾篇」內「子曰，管仲之器小哉！」一句，《起居注冊》譯作「kungdz i henduhe, guwan jung ni tetun ajigan kai.」《御製繙譯四書》譯文爲「fudz hendume, guwan jung ni tetun ajigan kai.」譯文中除了將「kungdz i henduhe」改作「fudz hendume」以外，其餘隻字未釐正；又如「公冶長篇」內「季文子三思而後行」一句，《起居注冊》與《御製繙譯四書》俱譯作「gi wen dz, cibtui gūnifi teni　yabumbi.」乾隆年間改譯時釐正的部分，可以分成幾方面來討論，首先就改譯本滿文連寫的習慣而言，例如《論語》「里仁篇」內「人之過也，各於其黨」，《起居注冊》譯作「niyalmai endebuku meni meni duwali bi.」「meni meni」，是單字重複的重疊字，《御製繙譯四書》則將重疊字連寫作「meimeni」；「公冶長篇」內「晏平仲善與人交」，《起居注冊》譯作「yan ping jung niyalma i baru guculeme bahanambi.」句中「niyalma i」，《御製繙譯四書》改作「niyalmai」；「先進篇」內「子張問善之道」，《起居注冊》譯作「dz jang sain niyalma i doro be fonjire.」句中「niyalma i」，《御製繙譯四書》作「niyalmai」；「學而篇」內「其為人也孝弟，而好犯上者鮮矣。」《清文日講四書解義》譯作「terei yabun, hiyooǒun deocin bime dergi be necire amuran ningge komso.」句中「amuran ningge」，《御製繙譯四書》作「amurangge」；「雍也篇」內「知之者不如好之者」，《起居注冊》譯作「sarangge, amuran ningge de isirakū」，句中「amuran ningge」，《御製繙譯四書》作「amurangge」；《中庸》第十九章內「好學近乎知」《清文日講四書解義》譯作「tacire de amuran ningge, mergen de hanci.」句中「amuran ningge」，《御製繙譯四書》作「amurangge」；《論語》「里仁篇」內「不患人之不己知，患知人也。」《清文日講四書解義》譯作「 beye be niyalma sarkū de joborakū, niyalma be sarkū de jobombi.」句中「beye be」，《御製繙譯四書》作「beyebe」；「為政篇」內「吾與回言終日，不違如愚。」《清文日講四書解義》譯作「bi, hūi i emgi ǒun tuhetele gisureci jurcerakū, mentuhun i adali.」句中「ǒun tuhetele」，《御製繙譯四書》作「ǒuntuhuni」；「字罕篇」內「子在川上曰，逝者如斯乎，不舍晝夜。」《清文日講四書解義》譯作「kungdz birai jaka de bifi hendume, dulerengge, ere i adali, dobori inenggi jalandarakū.」句中「jaka de」、「ere i」，《御製繙譯四書》分別作「jakade」、「erei」。

　　在《四書》書中，述及邊疆少數民族時，有稱之為「夷狄蠻

貊」字樣者，康熙年間經筵講官進講《四書》時，俱未避諱，滿
文本《起居注冊》及《清文日講四書解義》，皆按漢字讀音譯成
滿文，乾隆年間改譯《四書》時，避諱使用「夷狄」字樣的音譯，
而代以「藩部」或「外藩」等字樣的意譯。例如《中庸》第十四
章內「君子素其位而行，不願乎其外，素富貴，行乎富貴，素貧
賤，行乎貧賤，素夷狄，行乎夷狄。」《清文日講四書解義》譯
文作「ambasa saisa ini ne jergi be yabure dabala, tereci tul-
giyen be buyerakū, ne bayan wesihun oci, bayan wesihun be
yabumbi, yadahūn fusihūn oci, yadahūn fusihūn be yabumbi,
ne i di oci, i di be yabumbi.」句中「i di」（夷狄），《御製繙
譯四書》改作「tulergi aiman」，意即「外面的部落」或「外藩」；
《中庸》第三十一章內「是以聲名洋溢乎中國，施及蠻貊。」《
清文日講四書解義》譯作「tuttu gebu algin, dulimbai gurun
bilteme debefi, man, me de selgiyabufi isinambi.」句中「man
me」「蠻貊」，《御製繙譯四書》改作「julergi amargi aiman」，
意即「南北的部落」；《論語》「子罕篇」內「子欲居九夷」，
《清文日講四書解義》譯作「kungdz uyun i de teneki」，句中
「uyun i」（九夷），《御製繙譯四書》改作「uyun aiman」，
意即「九部」。

　　《四書》中所載古代官名，康熙年間繙譯《四書》時，多使
用漢文讀音直譯，乾隆年間改譯《四書》時，都按文義意譯，例
如《論語》「八佾篇」內「子語魯大師樂曰」《起居注冊》譯作
「lu i tai ši de kumun be alame henduhe.」句中「tai ši」（大
師），《御製繙譯四書》改譯爲「kumun be aliha hafan」，意
即「典樂之官」；「儀封人請見」，《起居注冊》「i fung zin
acaki」，句中「fung zin」（封人），《御製繙譯四書》譯作「

jasei hafan」，意即「守邊之官員」；「公冶長篇」內「令尹子文」，《起居注冊》譯作「ling in dz wen.」句中「ling in」（令尹），《御製繙譯四書》譯作「alifi dasara amban」；「述而篇」內「陳司敗問昭公知禮乎？」《起居注冊》「cen i sy bai fonjiha, joo gung dorolon de sambio？」句中「sy bai」（司敗），《御製繙譯四書》改作「beiden be aliha amban」，意即「司寇」，職司刑罰；「子罕篇」內「大宰問於子貢」，《清文日講四書解義》譯作「tai dzai, dz gung de fonjime.」句中「tai dzai」（大宰），《御製繙譯四書》改作「alifi aisilara amban」；此外有些名詞，康熙年間都按漢字音譯，乾隆年間則按文義改譯，例如《論語》「子罕篇」內「鳳鳥不至，河不出圖，吾已矣夫。」《清文日講四書解義》譯作「fung gasha jiderakū bira ci nirugan tucirakū, bi oshan.」句中「fung gasha」（鳳鳥），《御製繙譯四書》改作「garudai」；「唐棣之華，偏其反而」，《清文日講四書解義》譯作「tang di ilha ubašatame forgošombi.」句中「tang di」（唐棣），《御製繙譯四書》改作「uli moo」意即「郁李樹」。李時珍指出郁樹即《爾雅》之常棣，誤為唐棣。「衛靈公篇」內「衛靈公問陳於孔子，孔子對曰，俎豆之事，則嘗聞之矣，軍旅之事，未之學也，明日遂行。」《清文日講四書解義》譯文作「wei ling gung faidan be kungdz de fonjire jakade, kungdz jabume, dzu deo i baita be oci, kemuni donjiha, dain cooha i baita be tacihakū sefi, jai inenggi uthai juraka.」句中「dzu deo」（俎豆），《御製繙譯四書》改作「amtun moositan」。

　　《四書》內所載古聖先王，康熙年間繙譯滿文時，俱按漢字音譯，乾隆年間改譯滿文時，為使文義更明晰，俱於堯、舜、禹

名字下加置「帝」（han）字樣。例如《論語》「泰伯篇」內「
巍巍乎舜禹之有天下也。」《起居注冊》譯作「colgurobikai, šūn,
ioi i abkai fejergi bisirengge.」句中「šun, ioi」（舜禹），《
御製繙譯四書》改作「šūn han, ioi han」，意即「舜帝、禹帝」；
「舜有臣五人」，《起居注冊》譯作「šūn de bihe amban sunja
niyalma.」句中「šūn」，《御製繙譯四書》改作「šūn han」（
舜帝）；「子曰，禹吾無間然矣。」《起居注冊》譯作「kun-
gdz i henduhe, bi ioi de jaka akū.」句中「ioi」，《製繙譯四書》
改作「ioi han」（禹帝）《大學》內「堯舜帥天下以仁，而民從
之，桀紂帥天下以暴，而民從之。」《清文日講四書解義》譯作
「yoo šūn abkai fejergi be gosin i yarhūdafi, irgen dahahabi,
giyei juo abkai fejergi be doksin i yarhūdafi, irgen dahahabi.」
句中「yoo šūn giyei juo」，《御製繙譯四書》作「yoo han šūn
han giyei han juo han」（堯帝、舜帝、桀帝、紂帝）；《中庸》
第二十章內「哀公問政，子曰，文武之政，布在方策，其人存，
則其政舉，其人亡，則其政息。」《清文日講四書解義》譯作「
ai gung dasan be fonjiha de kungidz i henduhengge, wen, u i
dasan undehen sʼusihe de arafi bi, tere niyalma bici, tere
dasan tukiyebumbi, tere niyalma gukuci tere dasan muki-
yembi.」句中「wen, u」，《御製繙譯四書》譯作「wen wang,
u wang」。

　　在《四書》各章中，多處記載三代的名稱及春秋各國的國名
與地名，康熙年間譯成滿文時，俱按漢字音譯，乾隆年間改譯《
四書》時，為使文義清晰，分別於朝代國名及地名下加置「
gurun」（國、朝）或「bade」（地方）。例如《論語》「先進
篇」內「從我於陳蔡者」，《起居注冊》譯作「mimbe cen tsai

de dahalaha.」句中「cen tsai」（陳、蔡），《御製繙譯四書》
改作「cen gurun, tsai gurun」（陳國、蔡國）；「魯人爲長府」，
《起居注冊》譯作「lu i niyalma, cang fu be arara de.」句中「
lu i niyalma」（魯的人），《御製繙譯四書》譯作「lu gurun i
niyalma」，意即「魯國的人」；「子畏於匡」，《起居注冊》
譯作「fudz kuwang ni olhocun de」，句中「kuwang」，《御
製繙譯四書》改作「kuwang ni bade」，意即「匡的地方」。
滿文「gurun」一詞，意即「國」，又可作「朝」解。《中庸》
第二十八章內「子曰，吾說夏禮，杞不足徵也，吾學殷禮，有宋
存焉，吾學周禮，今用之，吾從周。」《清文日講四書解義》譯
作「 kungdz i henduhengge, bi, hiya i dorolon be gisureci, ki
temgetu ome muterakū, bi, in i dorolon be tacici sung taksifi bi, bi
jeo i dorolon be taciki, te baitalara be dahame, bi, jeo be
dahambi sehebi.」句中「hiya」（夏）、「ki」（杞）、「in」
（殷）、「sung」（宋）、「jeo」（周），《御製繙譯四書》
分別改譯作「hiya gurun」（夏朝）、「ki gurun」（杞朝）、
「yen gurun」（殷朝）、「sung gurun」（宋朝）、「jeo
gurun」（周朝）。

　　乾隆年間改譯《四書》時，所使用的詞彙，較切近於《四書》
原文的含義，因此，《御製繙譯四書》的滿文，其文義及意旨，
與康熙年間的譯文，頗有淺深異同之別。例如《論語》「里仁篇」
內「不仁者，不可以久處約。」《起居注冊》譯作「gosin akū
niyalma joboro de goidame bici ojorakū.」「約」字，康熙年間
譯作「joboro」，意即「艱難」，《御製繙譯四書》改譯後作「
yadahūn」，意即「貧」；「苟志於仁矣。」《起居注冊》譯作
「unenggi gūnin de gosin oci.」「志」，康熙年間譯作「gūnin」

（意），乾隆年間改譯爲「mujin」，意即「志」；「士志於道」，《起居注冊》譯作「saisa i gūnin doro de bi.」《御製繙譯四書》將「gūnin」改譯作「mujin」，「saisa」（賢者）改譯「tacire urse」（學者）；「里仁篇」內「不患無位」，《起居注冊》譯作「soorin akū be ume joboro.」句中「soorin」，意即「帝王之位」，《御製繙譯四書》改作「tušan」，意即「職位」；「泰伯篇」內「不在其位」，《起居注冊》譯作「tere soorin de akū oci.」句中「soorin」，《御製繙譯四書》改作「tušan」；「見賢思齊焉」，《起居注冊》譯作「sain be sabuci jergilere be gūni.」句中「sain」，含義甚廣，可作「賢能」解，亦可作「吉、美、善、好」解，《御製繙譯四書》改作「mergen」，意即「賢智」；「事父母幾諫」，《起居注冊》譯作「ama eme be weilere de nesuken i tafula,」句中「weilere」，意即「事親之事」，《御製繙譯四書》改作「uilere」，意即「事奉」；「事君數」《起居注冊》譯作「ejen be weilere de dalhi oci.」句中「weilere」，《御製繙譯四書》改作「uilere」；「公冶長篇」，內「吾未見剛者」《起居注冊》譯作「bi mangga niyalma be sara unde.」句中「mangga」，意即「剛強」，《御製繙譯四書》改作「ganggan」，意即「剛」；「孰謂微生高直」，《起居注冊》譯作「we, wei šeng g'ao be tondo.」句中「tondo」，意即物品曲直的「直」，《御製繙譯四書》改作「sijirhūn」，意即人品正直的「直」；「雍也篇」內「人之生也直」，《起居注冊》譯作「niyalma banjinarahangge tondo.」句中「tondo」，《御製繙譯四書》改作「sijirhūn」；「質勝文則野」，《起居注冊》譯作「gulu su be eteci bihan.」句中「bihan」，又作「bigan」，意即原野的「野」，《御製繙譯四書》改作「albatu」，意即粗

野的「野」；「述而篇」內「子之所慎」，《起居注冊》譯作「
fudz i olhorongge.」句中「olhorongge」，意即「畏懼」，《御
製繙譯四書》改作「olhošorongge」，意即「謹慎」；「天生德
於予」，《起居注冊》譯作「abka minde erdemu be banjibufi.」
「生」，康熙年間譯作「banjibufi」，意即「使之生」，《御製
繙譯四書》改作「salgabuha」，意即「賦與」；「子路篇」內
「樊遲請學爲稼，子曰，吾不如老農。」《清文日講四書解義》
譯作「fan cy, usin be taciki sere jakade, kungdz hendume, bi
usin i sakda de isirakū.」康熙年間將「稼」譯作「usin」，意
即「田地」，「老農」譯作「usin i sakda」，意即「田地的老
人」，《御製繙譯四書》將「usin」改譯爲「tarire」，意即「
種植的種」，「usin i sakda」改譯爲「sakda usisi」，意即「
老農夫」。大致而言，乾隆年間改譯《四書》時，所選擇的滿文
詞彙更能表達《四書》原文的含義，因此，改譯後的滿文更加恰
當。

　　乾隆年間刊印的《御製繙譯四書》，在句型語法上頗不同於
康熙年間的譯文。乾隆年間改譯《四書》時，有在滿文詞句中加
置介詞「de」（於）的例子，《論語》「八佾篇」內「君子無所
爭」，《起居注冊》譯作「ambasa saisa de temšen akū.」《御
製繙譯四書》譯作「ambasa saisa de temšen akū.」，句中加置
介詞「de」；「泰伯篇」內「學如不及」，《起居注冊》譯作「
tacime amcarakū i adali.」，《御製繙譯四書》譯作「tacire de
amcarakū i adali.」，句中亦加置介詞「de」。《御製繙譯四書》
改變滿文句型的例子很多，例如《論語》「八佾篇」內「哀公問
社於宰我」，《起居注冊》譯作「ai gung, še be, dzai o de fon-
jiha,」（見附錄一A），《御製繙譯四書》改作「ai gung dzai o

de boihoju be fonjire jakade.」（見附錄一 B）句中「社」，康熙年間按漢字音譯作「še」，乾隆年間改譯爲「boihoju」，「še」（社）是直接受詞，「dzai o」（宰我）是間接受詞，乾隆年間改譯《四書》時將直接受詞與間接受詞的位置加以調換；「述而篇」內「葉公問孔子於子路」，《起居注冊》譯作「še gung, kungdz be dz lu de fonjiha.」（見附錄二 A）《御製繙譯四書》改作「še gung, dz lu de, kungdz be fonjire jakade.」（見附錄二 B）同樣也將直接受詞和間接受詞的位置加以調換。康熙年間繙譯《四書》的滿文句型是按照漢文句型的結構而繙譯，即主詞後緊接直接受詞，然後爲間接受詞。乾隆年間改譯《四書》時，已脫離漢文句型的結構，在主詞之後緊接間接受詞，然後爲直接受詞。「泰伯篇」內「子曰，大哉堯之爲君也。」《起居注冊》譯作「kungdz i henduhe, amba kai, yoo i ejen ohongge.」（見附錄三 A）《御製繙譯四書》改譯作「fudz hendume, you han i ejen ohongge, amba kai.」（見附錄三 B）《起居注冊》的譯文，與漢文句型的結構相近，《御製繙譯四書》將「amba kai」（大哉）改置於句尾。「子罕篇」內「子曰，可與共學。」《起居注冊》譯作「tacin be emgi uheleci ombi.」（見附錄四 A）《御製繙譯四書》改作「fudz hendume, emgi tacin be uheleci ombi.」（見附錄四 B）句中「tacin be emgi」改譯爲「emgi tacin be」；「先進篇」內「子貢問師與商也孰賢」，《起居注冊》譯作「dz gung fonjime ši, šang we sain.」（見附錄五 A）其句型結構和漢文相近，《御製繙譯四書》改作「dz gung, ši šang be we sain seme fonjiha.」（見附錄四 B）句中於直接受詞後加介詞「be」（把），並且改變句型結構；「里仁篇」內「子曰，君子懷德。」《起居注冊》譯作「kungdz i henduhe

ambasa saisa erdemu be gūnimbi.」（見附錄六Ａ）《御製繙譯
四書》改作「fudz hendume, ambasa saisa erdemu be gūnin de
tebumbi.」（見附錄六Ｂ）句中「gūnimbi」（想）改譯為「gū-
nin de tebumbi」（留意）；「雍也篇」內「哀公問弟子孰為好
學？」《起居注冊》譯作「ai gung ni fonjiha šabisa we tacire
de amuran.」（見附錄七Ａ）《御製繙譯四書》改作「ai gung,
šabisa be, we tacire de amuran seme fonjiha.」（見附錄七Ｂ）
句中「šabisa」（弟子）為直接受詞，乾隆年間改譯時加介詞「
be」（把）；「子曰，回也，其心三月不違仁。」《起居注冊》
譯作「kungdz i henduhe, hūi, mujilen ilan biya gosin be jurc-
erakū.」（見附錄八Ａ）〔御製繙譯四書〕改作「fudz hen-
dume, hūi mujilen ilan biya otolo gosin de jurcerakū.」（見附
錄八Ｂ）句中「不違仁」，康熙年間譯作「gosin be jurcerakū」，
乾隆年間改譯作「gosin de jurcerakū」；「述而篇」內「子曰，
君子坦蕩。」《起居注冊》譯作「kungdz i henduhe ambasa
saisa an i elhe alahai.」（見附錄九Ａ）《御製繙譯四書》改作
「fudz hendume, ambasa saisa, elehun i ler ler sembi.」（見
附錄九Ｂ）句中「坦蕩蕩」，乾隆年間改譯作「elehun i ler ler
sembi」較為恰當。「泰伯篇」內「子曰，泰伯其可謂至德也已
矣。」《起居注冊》譯作「kungdz i henduhe, tai be be ten i
erdemu seci ombi.」（見附錄十Ａ）《御製繙譯四書》改作「
fudz hendume, tai be be, yala ten i erdemu seci ombikai.」（
見附錄十Ｂ）乾隆年間改譯《四書》時，對於漢文中的語助詞，
再三斟酌後，始譯成滿文，故其語氣輕重能充分的表現出來。「
子罕篇」內「子罕言利與命與仁」《起居注冊》譯作「fudz, aisi,
jai hesebun, gosin be tongga gisurembi.」（見附錄十一Ａ）《

御製繙譯四書》改作「fudz i asuru gisurerakūngge, aisi, jai hesebun jai gosin.」（見附錄十一 B）乾隆年間改譯後，語氣較順。「顏淵篇」內「齊景公問政於孔子，孔子對曰，君君，臣臣，父父，子子。公曰，善哉。」《清文日講四書解義》譯作「ci ging gung, dasan be kundz de fonjire jakade, kungdz jabume, ejen, ejen, amban, amban, ama, ama, jui, jui. gung hendume, mujangga kai.」（見附錄十二 A）句中「君君」直譯爲「ejen, ejen」，其義不可解，其下「臣臣」、「父父」、「子子」，亦據字面譯出滿文，俱不能表達漢文的含義。《御製繙譯四書》改作「ci gurun i ging gung, kungdz de dasan be fonjire jakade, kungdz jabume, ejen oci, ejen, amban oci, amban, ama oci, ama, jui oci, gung hendume, mujangga kai.」（見附錄十二 B）乾隆年間改譯本，一方面改變句型結構，一方面使文義更明晰易懂。句中「齊景公問政於孔子」，「政」是直接受詞，「孔子」是間接受詞。康熙年間的滿文繙譯，其語法接近漢文，即於主詞後先接直接受詞，然後接間接受詞，乾隆年間改譯滿文時，則於主詞後先接間接受詞，然後接直接受詞。至於句中「君君」，改譯爲「ejen oci, ejen」，「臣臣」，改譯爲「amban oci, amban」，「父父」，改譯爲「ama oci, ama」，「子子」，改譯爲「jui oci, jui」，既恰當，又明晰，乾隆年間改譯《四書》時，凡是文義、意旨、語氣方面未能脗合者，俱逐一更正，因此，乾隆年間的《四書》改譯本，大致而言是勝過康熙年間《起居注冊》及《清文日講四書解義》的滿文繙譯。

　　乾隆年間改譯《四書》時釐正的部分，除了將滿文虛字或介詞連寫的習慣外，主要是將康熙年間的漢文讀音直譯，改爲意譯，並且改變康熙年間滿文的語法句型結構。《四書》中所載古代官

名，康熙年間都按漢字音譯，乾隆年間則改爲意譯。《四書》文中所載邊疆少數民族，例如「夷狄蠻貊」字樣，康熙年間俱照漢字讀音譯成滿文，乾隆年間改譯《四書》時，則以「部落」或「外藩」等字樣代替，一方面是避諱使用夷狄字樣，一方面也是爲了將音譯改正爲意譯所致，並非只因狹義的種族意識而加以避諱。乾隆年間改變句型結構，使女眞語系的部族更能接受我國傳統文化的精華，乾隆年間刊印的《御製繙譯四書》，兼具信雅達的優點，就滿洲語文的繙譯而言，的確是難能可貴了。爲便於比較康熙年間與乾隆年間繙譯《四書》滿文句型的異同，特請滿族協會索文蔚先生謄錄滿文各十二條，作爲附錄，「Ａ」爲康熙朝滿文本《起居注冊》及《清文日講四書解義》的譯文，「Ｂ」爲乾隆年間刊印的《御製繙譯四書》的譯文，對照《四書》的原文，比較康熙年間與乾隆年間的滿文繙譯，於前後譯文的文義、意旨及語氣之異同，可供玩索。

七　哀公問弟子孰爲好學

六　子曰君子懷德

五　子貢問師與商也孰賢

四　子曰可與共學

三　子曰大哉堯之爲君也

二　葉公問孔子於子路

一　哀公問社於宰我

十二　齊景公問政於孔子孔子對曰君君臣臣父父子子

十一　子罕言利與命與仁

十　子曰泰伯其可謂至德也已矣

九　子曰君子坦蕩蕩

八　子曰回也其心三月不違仁

《四書》滿文繙譯

清代民間秘密宗教的寶卷
與無生老母信仰

一、現存檔案所見民間秘密宗教的寶卷

　　清代民間的秘密組織，因其生態環境、組織形態、思想信仰及社會功能，彼此不同，各有其社會經濟背景及特殊條件，為了研究上的方便，將秘密社會劃分為秘密會黨和秘密宗教兩個範疇，是有其必要的。秘密會黨是由民間異姓結拜組織發展而來的秘密團體，其成員以兄弟相稱，藉盟誓維持橫的散漫關係。秘密會黨的產生，主要是在閩粵人口密集已開發區域聚族而居的核心地區及地廣人稀開發中區域地緣意識較濃厚的邊陲地區。但因清初以來，朝廷已制訂刑律，查禁異姓結拜，所以各會黨的倡立，已與清廷律例相牴觸，各會黨的組織及其活動，都是不合法的，而遭到官方的取締。清代秘密宗教，是雜揉儒釋道的思想而產生的各種民間宗教團體，各教派藉教義信仰，師徒輾轉傳授，以建立縱的統屬關係。各教派的共同宗旨，主要在勸人燒香誦經，導人行善，求生淨土，其思想觀念，與佛教的教義最相切近。各教派多傳授坐功運氣，為村民療治時疾，其修真養性的方式，與道教頗相近似。各教派也具有宗教福利的性質，養生送死各種儀式，多由民間宗教的師徒主持，各教派在地方上扮演了重要的角色，具有生存、整合與認知的功能。但因各教派未經立法，並未得到官方的認可，其組織與活動，都是不合法的，對朝廷而言，各教派都是一種秘密性質的不合法宗教團體，所以同樣遭到官方的取締。

　　民間宗教由於遭受地方官的查禁，不能公開活動，只能在下層社會裡暗中傳佈。清代的民間宗教，就是建立在小傳統的一種社會制度，各教派的成員多以下層社會的民衆爲基礎，其經濟地位較低下，多爲生計窘迫的貧苦大衆，其中大都爲識字不多的善男信女，他們所接受的只是佛教輪廻果報的粗淺思想及道教運氣靜坐誦習經咒的方術。各教派爲了傳播其教義信仰，多編有寶卷，或誦習佛經書籍。民間宗教的寶卷是屬於變文的形式，敷衍故事，雜揉佛道經典、各種詞曲及戲文的形式與思想，通俗生動，容易爲下層社會識字不多的善男信女所接受。各種寶卷的抄寫翻刻，流傳頗廣，成爲下層社會裡常見的宗教讀物。但因各省地方大吏奉旨嚴厲查禁民間宗教，銷燬各種寶卷書籍，以致後世所見寶卷品類既少，數量亦有限。本文撰寫的旨趣，主要在於就現存清代檔案所見各教派誦習寶卷書本，列舉其名目，俾有助於民間秘密宗教的研究。

　　清代盛行的民間秘密宗教，源遠流長，各教派或爲白蓮教的本支，或爲白蓮教的別派，或由羅祖教轉化而來，有的則爲獨自產生的教派，到處創生，枝榦互生，衍生轉化，教派林立，名目繁多。順治年間（1644—1661），直省查獲白蓮教、大成教、混元教、無爲教、衣法教等教派；康熙年間（1662—1722），查獲大乘教、白蓮教、神捶教等教派；雍正年間（1723—1735），查獲順天教、儒理教、大成教、衣法教、無爲教、羅祖教、空子教、收元教、龍華會、皇天教、三乘教、三皇聖祖教、圓敦大乘教、白陽教、滋粑教等教派；乾隆年間（1736—1795），教派名目更多，除前舉各宗教團體外，又有八卦教、無爲救苦教、混元教、紅陽教、一炷香教、老理會、清水教、五葷道、明宗教、源洞教、收源教、牛八教、一字教、清茶門教、圓明教、長生教、

老官齋、觀音教、金童教、西來正宗等教派；嘉慶、道光年間（
1796—1850），除前舉教派外，又有天理會、榮華會、青陽教、
義和門教、清淨無爲教、清淨門教、三元教、如意教、天香教、
儒門聖會、龍天門教、先天教、九宮教、敬空教、未來教、天竹
教、天元正教、毛里教、西天老教、皇天道、大被教、青蓮教、
紅蓮教、黃蓮教、根化教、鳴鐘教、五郎會、滾單會、報恩會、
明天教、老天門教、添地會等等，名目繁多，新教派的出現，如
雨後春筍，各教派旋起旋滅，此仆彼起，屢禁不絕，芟而復生，
即所謂野火燒不盡，春風吹又生。各教派或以所供奉的神像命名，
或取寶卷名稱而立教，或採擷經文字義而倡教，或以信仰儀式而
取名，或因地而得名，或以姓氏拆字設教，或以其性質特徵而命
名，亦即所謂經非一卷，教不一名。有些教派誦習佛教經典，有
些教派自編寶卷，有些教派並無經咒，清代直省大吏查辦教案時，
多起出其寶卷書籍，就現存檔案所見名目，可列簡表如下：

清代民間秘密宗教寶卷書籍一覽表

年　　　　月	地　　　　點	教派	寶　卷　書　籍　名　稱
康熙四十四年（1705）	山西定襄縣	收元教	錦囊神仙論、八卦圖、五女傳道書、稟聖如來。
康熙六十一年（1722）	河南虞城縣	收元教	五女傳道書、八卦說、小兒喃孔子、蒙訓四書。
雍正七年（1729）九月	江西	羅祖教	淨心經、苦工經、去疑經、泰山經、破邪經。
雍正七年（1729）十月	福建汀州	羅祖教	苦心悟道經。
乾隆十年（1745）	山西定襄縣	收元教	錦囊神仙論、六甲天元。
乾隆十二年（1747）	山西安邑	收源教	萬言詩註、天佛寶卷。
乾隆十三年（1748）	山西代州	明宗教	明宗牟尼注解祖經。
乾隆十三年（1748）	山西	收元教	錦囊神仙論、稟聖如來。
乾隆十三年（1748）	直隸長垣縣	收元教	金丹還元寶卷、告妖魔狀式、五女傳道書。

乾隆十五年（1750）	廣東	羅祖教	人天眼目經。
乾隆十五年（1750）	江西贛州	三乘教	本名經、心經、金剛經。
乾隆二十五年（1760）	湖北應城縣	羅祖教	霧靈山人眼目經、扶教明宗。
乾隆三十三年（1768）九月	浙江仁和縣	羅祖教	苦工經、破邪經、正信經、金剛經。
乾隆三十六年（1771）	江西寧都州	羅祖教	苦功悟道經、巍巍不動泰山經、破邪顯證鑰匙經、嘆世無爲經、正心除疑經。
乾隆三十八年（1773）五月	江西寧都州	羅祖教	護道眞言、西來法寶經、明宗孝義經。
乾隆三十九年（1774）	河南鹿邑縣	青陽教	青陽經。
乾隆四十五年（1780）十一月	福建建寧縣	羅祖教	金剛經、蓮華經、黃庭經、楞伽經、護道眞言。
乾隆四十五年（1780）	山西平遙縣	紅陽教	觀音普門品經。
乾隆四十六年（1781）正月	江西寧都州	羅祖教	五公尊經、紅爐接續、護道榜文。
乾隆四十六年（1781）五月	湖北應城縣	大乘	大乘諸品經咒、銷釋金剛經科儀、大乘正性除疑無修證自在經、巍巍不動太山深根結果經、姚秦三藏西天取經解論、大乘嘆世無爲經、大乘苦功悟道經、大乘破邪顯證鑰匙經、霧靈山人天眼目序、扶教明宗。
乾隆四十六年（1781）	山西平遙縣	紅陽教	觀音普門品經。
乾隆四十八年（1783）	山西平遙縣	紅陽教	祖明經。
乾隆四十八年（1783）十二月		大乘教	大乘大戒經。
乾隆五十年（1785）五月	湖北襄陽縣	清茶門教	一心頂叩經。
乾隆五十一年（1786）閏七月	山東武定府	八卦教	苦功悟道經。
乾隆五十二年（1787）	直隸蠡縣	白陽會	收圓經、收元經、九蓮經。
乾隆五十五年（1790）	直隸衡水縣	大乘教	十王經。
乾隆五十六年（1791）	直隸衡水縣	紅陽教	十王經。
乾隆五十七年（1792）	山西曲沃縣	金丹門圓敦教	金丹九蓮經。
乾隆六十年（1795）八月	浙江山陰縣	長生教	四恩教、十報經、法華經、金剛經、妙法蓮華經。
乾隆末年	直隸蠡縣	收元教	收元經、收圓經、九蓮救度經

（1791—1795） 乾隆末年 （1791—1795）	直隸景州	混元紅 陽教	混元紅陽經。
乾隆末年 （1791—1795）	直隸通州	紅陽教	隨堂經、明心經、臨凡經、苦 功經、嘆世經、顯性經。
嘉慶二年（1797）	湖北江夏縣	大乘教	小乘大乘經咒。
嘉慶三年（1798）	江西鄱陽縣	大乘教	天緣經、十報經、苦功經、悟 道經、明宗經、孝義經、護道 榜文。
嘉慶三年（1798）	江蘇陽湖縣	大乘教	酬恩孝義無爲寶卷、破邪顯證 鑰匙寶卷、巍巍不動太山深根 寶卷、護道榜文。
嘉慶九年（1804）	江蘇陽湖縣	大乘教	明宗教義經。
嘉慶十年（1805）	江蘇陽湖縣	大乘教	明宗孝義經、去邪歸正經。
嘉慶十年（1805）	河南信陽州	震卦教	告竈經、科範。
嘉慶十二年（1807）	直隸安肅縣	五郎會	皇極卷。
嘉慶十三年（1808） 二月	江蘇銅山縣	離卦教	掃心經。
嘉慶十三年（1808）	直隸澤州	三元教	萬法歸宗。
嘉慶十三年（1808）	河南永城縣	收元教	掃心集。
嘉慶十四年（1809）	江蘇儀徵縣	大乘教	十報經、天緣經、大乘眞經。
嘉慶十四年（1809）	河南涉縣	清茶門 教	伏魔寶卷、金科玉律
嘉慶十六年（1811）	山東菏澤縣	大乘教	苦行悟道經、護道榜文。
嘉慶十七年（1812）	吉林伯都訥	紅陽教	報恩經、九蓮經、掃心經、明 宗卷、達本還元經、護道榜文
嘉慶十八年（1813）	吉林伯都訥	紅陽教	苦功悟道經。
嘉慶十九年（1814） 十二月	四川印州	鴻鈞教	北斗經。
嘉慶十九年（1814） 十二月	山西平定州	先天教	龍華經、藥王經、金丹九蓮經
嘉慶二十年（1815） 二月	山西趙城縣	先天教	龍華經、藥王經、九蓮經。
嘉慶二十年（1815） 三月	四川廣安縣	大乘教	三經課誦、大乘提綱、三教尊 經、醮科儀範。
嘉慶二十年（1815） 八月	湖北	清茶門 教	皇極寶卷眞經。
嘉慶二十年（1815） 十月	直隸盧龍縣	清茶門 教	九蓮如意皇極寶卷眞經、元亨 利貞鑰匙經。

嘉慶二十年（1815）十月	直隸束鹿縣	紅陽教	飄高老祖經。
嘉慶二十年（1815）十二月	江寧	清茶門教	金剛經、論百中經。
嘉慶二十年（1815）十二月	湖北武漢	清茶門教	九蓮皇極寶卷眞經、元亨利貞鑰匙經。
嘉慶二十年（1815）十二月	直隸邯鄲縣	清茶門教	三教應劫總觀通書、三教經、三皈五戒。
嘉慶二十年（1815）十二月	直隸灤州	清茶門教	皇極金丹九蓮正信皈眞還鄉寶卷。
嘉慶二十年（1815）	湖北江夏縣	大乘教	意旨了然。
嘉慶二十年（1815）	四川渠縣	大乘教	大乘提綱、三教尊經、醮科儀範、三教課誦、護道榜文。
嘉慶二十一年（1816）正月	湖北	清茶門教	金剛經、眞武經、三官經。
嘉慶二十一年（1816）正月	直隸灤州	清茶門教	銷釋木人開山寶卷、觀世音菩薩普度授記皈家寶卷、銷釋收圓行覺寶卷、銷釋顯性寶卷、銷釋圓通寶卷。
嘉慶二十一年（1816）二月	山東陵縣	紅陽教	紅陽經懺、普門經、太陽經。
嘉慶二十一年（1816）五月	山東菏澤縣	大乘教	苦行悟道經、鑰匙經、快樂隨佛經。
嘉慶二十一年（1816）五月	湖北	大乘教	苦功悟道寶卷、大乘眞經、明宗孝義、大乘十報經。
嘉慶二十一年（1816）五月	江蘇上海縣	無爲教	皇極經還鄉卷。
嘉慶二十一年（1816）六月	江蘇寶山縣	圓明會	金天寶藏經、延齡寶懺。
嘉慶二十一年（1816）六月	直隸灤州	三元教	推背圖。
嘉慶二十一年（1816）六月	江蘇陽湖縣	大乘教	破邪顯證經、嘆世無爲卷、明宗孝義經、觀音懺、三官經、護道榜文。
嘉慶二十一年（1816）閏六月	直隸武邑縣	紅陽教	混元紅陽經。
嘉慶二十一年（1816）十月	湖北孝感縣	大乘教	苦功悟道經、大乘經。
嘉慶二十一年（1816）	直隸慶雲縣	先天教	藥王經。

十二月			
嘉慶二十二年（1817）四月	直隸朝陽縣	清靜無為教	嘆世無爲經。
嘉慶二十二年（1817）六月	直隸新安縣	紅陽教	泰山東嶽十王寶卷、銷釋收圓行覺寶卷。
嘉慶二十二年（1817）六月	湖北安陸縣	大乘教	苦功悟道經、法華咒、皇極經、皇極金丹九蓮正信皈眞還鄉寶卷、血湖經、三官經。
嘉慶二十二年（1817）八月	直隸獻縣	紅陽教	混元紅陽經、三藏經、十字經、道場總抄、陽宅起首。
嘉慶二十三年（1818）	直隸大興縣	紅陽教	源流、菩薩送嬰兒經、伏魔經
道光六年（1826）	直隸昌平州	收源會	彌勒出細、金剛經、華嚴懺。
道光七年（1827）三月	四川華陽縣	青蓮教	開示眞經、唱道眞言、性命圭旨、三皈五戒、十報十懺。
道光七年（1827）五月	四川華陽縣	青蓮教	恩書、十參四報經。
道光八年（1828）	河南永城縣	收元教	掃心集、萬法歸宗、祝由科。
道光十二年（1832）五月	直隸三河縣	混元教	泰山經、娘娘經、源流經、伏魔經、竈王經。
道光十二年（1832）六月	直隸宛平縣	圓敦教	皇極經。
道光十二年（1832）十月	河南唐縣	天竹教	錦囊寶卷、五女傳道書。
道光十三年（1833）九月	湖南城步縣	青蓮教	無上妙品、三皈五戒。
道光十五年（1835）正月	湖南武岡州	青蓮教	龍華經、懺悔經。
道光十七年（1837）	湖南	青蓮教	悟性窮源。
道光十七年（1837）	直隸祁州	混元門教	混元飄高祖臨凡經、紅陽悟道經
道光十九年（1839）	湖南長沙	金丹道	東明律、風輪經、託天神圖、推背圖。
道光二十三年（1843）正月	湖北漢口	金丹道	九蓮寶讚。
道光二十三年（1843）二月	湖南善化縣	青蓮教	無生老母圓懺。
道光二十三年（1843）二月	湖南湘潭縣	金丹道	三皈五戒、愿懺、十報十懺。
道光二十三年（1843）	湖北漢陽府	青蓮教	斗牛宮規條、靈犀玉璣璇經。

二月			
道光二十三年（1843） 三月	廣西臨桂縣	青蓮教	悟性儀節。
道光二十四年（1844） 正月	湖北漢陽府	青蓮教	玉皇心印、十二圓覺、悟性窮源、慈航性理。
道光二十四年（1844） 四月	四川南部縣	青蓮教	開示眞經。
道光二十四年（1844） 四月	湖北漢陽府	青蓮教	三皈五戒、十恩十懺。
道光二十四年（1844） 七月	湖北漢陽府	青蓮教	玉皇心印。
道光二十四年（1844） 八月	甘肅蘭州	青蓮教	靈犀玉璣璇經、斗牛宮普度規條。
道光二十四年（1844） 十一月	四川南部縣	青蓮教	斗牛宮普度規條、乩詩寶光實錄、金丹口訣。
道光二十四年（1844） 十一月	廣西陽朔縣	青蓮教	三皈五戒。
道光二十五年（1845） 正月	貴州貴筑縣	青蓮教	無生老母經、愿懺經、開示眞經。
道光二十五年（1845） 正月	甘肅皋蘭縣	青蓮教	金丹口訣、斗牛宮普度規條。
道光二十五年（1845） 三月	雲南	青蓮教	無生老母經。
道光二十五年（1845） 四月	浙江仁和縣	青蓮教	梵王經、威德咒、悟性窮源、慈航性理、性命圭旨、劉香寶卷、註解心經、玉皇心印。
道光二十五年（1845） 五月	四川樂縣	青蓮教	開示眞經、玉皇心印、修眞寶傳、諭迷喚醒。

資料來源：宮中檔奏摺、軍機處檔月摺包、上諭檔、清實錄。

　　由前表所列各教派所誦習的寶卷中含有頗多佛教經卷，例如乾隆十五年（1750）江西贛州三乘教中所念誦的《心經》，就是《般若波羅蜜多心經》的簡稱，又作《般若心經》，《宋史》〈藝文志〉謂「般若波羅蜜多心經一卷，俗亦簡稱心經。」①《心經》主要在闡述大般若精要諸法皆空之理；《金剛經》即《金

剛般若經》，又稱《金剛般若波羅蜜經》，此經以空慧爲體，說一切法無我之理。乾隆四十五年（1708）十一月，福建建寧縣查禁羅祖教，起獲《金剛經》、《蓮華經》、《楞伽經》，同年，山西平遙縣查禁紅陽教，起獲《觀音普門品經》，即《觀世音菩薩普門品經》的簡稱。乾隆五十五年（1790），直隸衡水縣查禁大乘教，次年，查禁紅陽教，俱起獲《十王經》。乾隆六十年（1795）八月，浙江山陰縣查禁長生教，起獲《法華經》、《金剛經》、《妙法蓮華經》。嘉慶十九年（1814）十二月，四川印州查禁鴻鈞教，起獲《北斗經》，似即《北斗七星延命經》的簡稱。嘉慶十九年（1814）十二月，山西平定州查禁先天教，起獲《龍華經》、《藥王經》，嘉慶二十一年（1816）二月，山東陵縣查禁紅陽教，起獲《普門經》，即《觀世音菩薩普門品經》，由此可見民間秘密宗教日常念誦的經卷，含有頗多的佛經。

　　羅祖著有五部六冊，即《破邪顯證鑰匙經》上下二冊，《苦功悟道經》、《嘆世無爲經》、《正性除疑無修證自在寶卷》、《巍巍不動泰山深根結果經》各一冊，合計五部六冊。雍正七年（1729）九月，江西查禁羅祖教時所起獲的《淨心經》、《去疑經》，乾隆三十三年（1768）九月，浙江仁和縣查禁羅祖教所起獲的《正信經》，乾隆三十六年（1771），江西寧都州查禁羅祖教時所起獲的《正心除疑經》，俱爲《正性除疑無修證自在寶卷》的簡稱或別名；雍正七年（1729）九月，江西查禁羅祖教時所起獲的《苦工經》，同年十月，福建汀州查禁羅祖教時所起獲的《苦心悟道經》，嘉慶十六年（1811），山東菏澤縣查禁大乘教時所起獲的《苦行悟道經》，俱爲《苦功悟道經》的簡稱或別名；《泰山經》、《巍巍不動太山深根寶卷》，則爲《巍巍不動泰山深根結果經》的簡稱或別名；《破邪經》、《顯性

經》、《鑰匙經》、《破邪顯證經》等俱爲《破邪顯證鑰匙經》的簡稱；《嘆世經》爲《嘆世無爲經》的簡稱，質言之，各寶卷名稱，繁略不一，因時因地而異。

二、羅祖教的寶卷

雍正年間（1723—1735），江西、福建等地，羅祖教案已層出不窮。雍正七年（1729）九月，刑部移咨署理江西巡撫謝旻行令各府州縣查出羅祖教庵院後即拏解庵內住持教首，並將其經卷一併解送刑部。謝旻奉到諭旨後，即移札各屬遍行密查。旋據南安、贛州、吉安、瑞州、南昌、撫州等府查拏王耀聖等一百二十三人及僧人海照等六十八名，繳送寶卷四十一部，內含淨心、苦工、去疑、泰山、破邪五部②。同年十月，署福建汀州府邵武府同知王德純訪拏羅祖教信徒張維英等人，據供羅祖教是「羅明忠的祖上羅成就在正德年間傳下來的，封爲無爲教，誦的是一部苦心悟道經，吃齋點燭。」③

乾隆十五年（1750），兩廣總督碩色移送審題羅祖教要犯杜清謨等一案，其疏稿供單內有《人天眼目經卷》，寶卷內有「羅祖修行得道」等語。乾隆二十五年（1760），湖北應城縣人陳其才同陳佑相共赴漢川縣，向周圓如取回圖像寶卷，其中羅祖教抄本寶卷內含《霧靈山人天眼目》及《扶教明宗》各一本④。據湖廣總督舒常指出《人天眼目經》原係宗門語錄之名，羅祖教竊取後，冠以「霧靈」兩字，以明宗派的由來。乾隆三十三年（1768）九月，浙江仁和縣各羅祖教庵內起出寶卷共一百二十七卷，除《苦工》、《破邪》、《正信》等寶卷外，尚有《金剛經》。江西寧都州人廖廷瞻，平日行醫生理，乾隆三十二年（1767）六月，拜素識的寧都州人羅奕祥爲師，皈依羅祖教，聽受五戒。

乾隆三十六年（1771），廖廷瞻聞羅祖教信徒曾廷華藏有寶卷，即向曾廷華借抄寶卷，內含《苦功悟道經》一卷，《巍巍不動泰山經》一卷，《破邪顯證鑰匙經》上下二卷，《嘆世無為經》一卷，《正心除疑經》一卷，共計六本。乾隆三十七年（1772）二月，福建連城縣人沈本源到江西寧都州，拜廖廷瞻為師。同年八月，沈本源隨廖廷瞻往見教首詹明空，詹明空見沈本源年少心靈，頗為稱賞，沈本源遂拜詹明空為師。乾隆三十八年（1773）五月，詹明空將《護道真言》一本，及各寶卷，給與沈本源抄寫。地方官先後起出《西來法寶經》、《明宗孝義》抄本，共三冊。乾隆四十五年（1780）十一月，福建建寧縣起出羅祖教寶卷，福建巡撫富綱悉心檢閱後指出《金剛經》、《蓮華經》、《黃庭經》、《楞伽經》等經卷外，尚有羅祖《護道真言》抄本一冊。據《宋史》〈藝文志〉載，《黃庭經》一卷，其文初為五言四章，後皆七言，論人身扶養修治之理⑤。乾隆四十六年（1781）正月，江西按察使湯蕚棠在教犯吳慕周所藏寶卷內檢出《五公尊經》抄本一冊，《護道榜文》抄本一冊。護理贛南道方承保在吳慕周家所藏寶卷內查出《紅爐接續》抄本一冊。

　　清初直省起出的羅祖教寶卷，主要為明末清初的刻本，其中《苦功悟道經》有明正德四年（1509）原刻本，嘉靖二十八年（1549）、萬曆十二年（1584）、十四年（1586）、二十三年（1595）、二十四年（1596）等年重刻本。《嘆世無為經》有萬曆十二年（1584）、二十三年（1595）刻本，萬曆四十三年（1615）羅文舉校正本及萬曆年間（1573—1620）源靜重集本。《破邪顯證鑰匙經》上下二冊，有萬曆十二年（1584）、萬曆二十三年（1595）、二十五年（1597）、四十年（1612）、康熙十四年（1675）、三十七年（1698）等年刻本及萬曆四十三

年（1615）羅文舉校正本。《正信除疑無修證自在經》有正德
四年（1509）原刻本，萬曆十二年（1584）刻本，萬曆四十七
年（1619）羅文舉校正本。《巍巍不動泰山深根結果經》有正
德四年（1509）原刻本，萬曆十二年（1584）、二十五年（
1597）、四十年（1612）重刻本，萬曆四十三年（1615）羅文
舉校正本，崇禎二年（1629）王海潮會解本，康熙十四年（
1675）、三十七年（1698）重刻本。福建建寧縣起出的《護道
眞言》抄本，內書崇禎年間羅祖被拏問時有「大地山河化夷土」
字樣，而被指爲悖逆。江西巡撫郝碩督同司道將所獲寶卷逐一查
閱，其中《護道榜文》是乾隆四十年（1775）經廣西巡撫熊學
鵬奏明禁燬。《紅爐接續》所載崇禎年間羅祖被拏勘問及「大地
山河化夷土」之句，與福建所稱《護道眞言》內語意相同，但經
名互異。至於《五公尊經》是假託誌公、唐公、化公、朗公及觀
音大士偈言，被指爲「妖妄悖逆」⑥。

三、大乘教的寶卷

　　大乘教是因大乘經卷而得名，清初雍正年間（1723—1735），
直省查禁羅祖教案多起，乾隆初年以來，屢次破獲大乘教，地方
大吏遂以大乘教爲羅祖教的「餘孽」。江蘇巡撫彰寶查辦朱文顯
教案時指出「前明人羅孟浩以清淨無爲創教，稱爲羅祖，羅孟浩
之子名佛廣，及伊婿王蓋人另派流傳，又謂之大乘教。」⑦湖廣
總督舒常指出大乘教與羅祖教之名，雖然不同，仍屬羅孟浩一派
所流傳。湖北襄陽縣拏獲大乘教信徒周添華等供出其高祖周斯望
於康熙年間（1662—1722）拜大乘庵羅繼恆爲師，傳習大乘教，
喫齋念經，每遇齋期，即供奉圖像，懸掛布幡，諷誦經咒。周斯
望身故後，由其子周仲坤相沿傳習。康熙二十年（1681），雲

南景東府貢生張保太以同做龍華會爲名，傳習大乘教，在大理府雞足山開堂倡教，謂大乘教是陝西涇陽縣八寶山無生高老祖開派，流傳到四十八代祖師楊鵬翼，是雲南騰越州生員，張保太拜楊鵬翼爲師，皈依大乘教，自稱爲四十九代收圓祖師⑧。

大乘教聚會的經堂，到處可見，康熙二十五年（1686），廣東鄧姓建柴湖山經堂。康熙二十六年（1687），乳源縣生員何大成建眞武閣經堂。大乘教雲遊道人柯養會至廣東樂昌縣琵琶山建造洞頭庵。柯養會身故後，其徒黃國徽於康熙四十八年（1709）在乳源縣屬另造樂成仙經堂。康熙六十年（1721），謝之城建觀音閣經堂。雍正三年（1725），朱學文在樂昌縣建造蘇仙閣經堂。江蘇蘇州城外，大乘教經堂林立，康熙十六年（1677），徐士鸞始建削筋墩經堂，傳徒許士斌，乾隆四年（1739），朱文顯拜許士斌爲師，許士斌身故後，朱文顯即接管削筋墩經堂，康熙三十九年（1700），周元甫買地起造經堂，傳徒張華霄，乾隆十六年（1751），陳文高拜張華霄爲師，張華霄身故後，陳文高即接管經堂，稱爲南堂。康熙五十二年（1713），盛姓始建經堂，計屋二十一間，乾隆二十一年（1756），姜漢如拜陳聚升爲師，陳聚升身故後，姜漢如接管經堂，稱爲北堂，其餘各省經堂，不勝枚舉。

直省經堂林立，各經堂多收藏寶卷。乾隆二十年（1755），湖北應城縣人楊日緯向同縣人陳其才化緣，自稱在漢陽縣銅山頭長林南堡爲僧，告以若能喫齋持奉，則可消災獲福，陳其才拜楊日緯爲師，入大乘教。乾隆四十六年（1781）五月，查禁大乘教，並在陳輔相家搜獲寶卷圖像。據陳輔相家中所起出的大乘教寶卷清單所載經名數量，包括：刊本《大乘諸品經咒》一部上下二卷，《銷釋金剛經科儀》一部，《大乘正性除疑無修證自在經》

一部，《巍巍不動太山深根結果經》一部，《姚秦三藏西天取經解論》一部，《大乘歎世無爲經》一部，《大乘苦功悟道經》一部，《大乘破邪顯證鑰匙經》一部，計二套，《霧靈山人天眼目序》一本，《扶教明宗》一本⑨。英凌霄是直隸衡水縣已革武生，家中藏有祖遺印校《十王經》兩本及飄高老祖、無生老母圖像。乾隆五十五年（1790），胡德明見英凌霄之母英李氏燒香念佛，遂傳授大乘門教，每逢朔望教英李氏先用淨水洗臉，在桌上用白石灰畫天地人圖像，燒香磕頭，念誦《十王經》，並講解視聽言動四門，講畢，用淨水洗面，燒香磕頭⑩。以上寶卷多屬於羅祖教五部六冊，此外，在乾隆年間所起獲的《大乘大戒經》及《大乘菩薩戒經》，也是大乘教時常誦習的經卷，在《大乘大戒經》內載有「太祖洪武永樂高皇帝三次頒行天下大乘戒經永爲定例」字樣。

　　嘉慶二年（1797），湖北江夏縣人單萬成遭風覆舟遇救，有徽州人李松茂勸令喫齋，傳給《小乘大乘經咒》⑪。江蘇陽湖縣人顧考三拜江陰人盛泳寧爲師，並收張泳德等爲徒，傳習大乘教。嘉慶三年（1798），顧考三病故無後，張泳德前往送殮，見顧考三遺有抄白《酬恩孝義無爲寶卷》、《破邪顯證鑰匙寶卷》、《巍巍不動太山深根寶卷》、《護道榜文》及飄高老祖蓮花座圖像等，張泳德即行取回。江西餘干縣人盧晉士在鄱陽縣剃頭生理，因染患足疾，拜張起坤之徒劉鵬萬爲師，傳誦《天緣經》、《十報經》等寶卷，並傳授五戒及十二步教法。盧晉士隨後又拜張起坤爲師，給有《苦功經》、《悟道經》、《明宗經》、《孝義經》等寶卷及《護道榜文》，供奉觀音圖像。嘉慶十四年（1809），盧晉士在江南儀徵縣將《十報經》、《天緣經》、《大乘眞經》刊板十塊刷印九十餘本，將六十本散給各信徒，餘剩三十本及經

板存放教中萬順輝家內⑫。山東菏澤縣人張東安，自幼茹素，足
不出戶。乾隆四十年（1775），聞有同縣人王有先是曹縣人張
魯彥之徒，傳習大乘教，隨拜王有先爲師，王有先病故後，張東
安即拜張魯彥爲師。張東安以京錢三千文向同縣人高尙志購買寶
卷、《護道榜文》回家念誦。嘉慶十六年（1811），張魯彥病
故，張東安爲人念經治病。嘉慶二十一年（1816）七月，張東
安被捕，起出《護道榜文》、《苦行悟道經》等寶卷。山東巡撫
陳預指出在《苦行悟道經》內有「無生父母，眞空家鄉」等字樣，
及「無生父母本來眞空能變化，本是家鄉能變化」等句懺語⑬。

　　文時茂等籍隸四川廣安縣，僧開參等籍隸渠縣，彼此交好。
僧開參於乾隆五十四年（1789）在吳家庵披剃爲僧，有渠縣人
文陽生，曾與僧開參之父楊昇爵習念佛經，楊昇爵身故後，文陽
生出外貿易。嘉慶十九年（1814）七月間，文陽生返家，帶回
各種抄刻寶卷及《護道榜文》。文陽生供出在湖廣地方，遇見遊
方道人毛清虛，傳授大乘教，分給寶卷。嘉慶二十年（1815）
三月，文陽生病故，文時茂前往祭弔，索去寶卷二十餘本。後來
文陽生之子文仕善追憶其父一生善念泯滅無聞，遂將《三教課誦》
一本，刊成板片，以爲其父垂名之計。四川總督常明將各寶卷逐
一檢查後指出多係釋道兩家尋常念誦的經卷，惟《大乘提綱》、
《三教尊經》、《醮科儀範》等寶卷，是撫拾釋道之《金剛》、
《涅槃》、《圓覺》、《心經》、《彌陀》、《藥王》、《地藏》、
《道德》等經牽綴成句，並有「無爲教主」、「無生父母」等句，
所刻《三教課誦》的大意與《大乘提綱》等寶卷相似，「荒誕不
經」。在《護道榜文》內有「護持正教，普行天下」等字樣，文
陽生亦稱「自有大乘教以來，即有護道榜文保護本教」等語⑭。
是年，湖北江夏縣查辦大乘教，據教犯游南炳供稱所藏《意旨了

然》一本，是萬順富所給。

　　江蘇陽湖縣人費文眞等向來喫素，嘉慶九年（1804），會遇江陰縣人盛泳寧，盛泳寧告以向習大乘教，可以銷災獲福，費文眞即拜盛泳寧爲師，每逢朔望，懸掛蓮花座像，念誦《明宗孝義經》，令費文眞隨同禮拜，並告以所懸圖像，號爲飄高老祖。嘉慶十年（1805），盛泳寧身故，費文眞將蓮花座像及《明宗孝義經》二本，《去邪歸正經》一本，一併攜回。嘉慶二十一年（1816）六月，在費文眞等家中起出抄白《護道榜文》、《破邪顯證》、《嘆世無爲卷》、《明宗孝義經》、《觀音懺三官經》等寶卷，在《明宗孝義經》內有「龍華會」、「無生父母」等字樣⑮。山東菏澤縣境杜家莊居民季化民容留大乘教的教首張東安，嘉慶二十一年（1816）五月，季化民、張東安等被拏獲，並在季化民家起出張東安所存抄白《護道榜文》一冊，及《苦行悟道》等寶卷三本，在毛王氏家內起出《快樂隨佛》等寶卷四本，《鑰匙經》一部，山東巡撫陳預檢查所起寶卷，均係大板刊刻，爲明代萬曆年間及清初順治年間所刊，是明代開州人俗姓王姓，號空庵所撰⑯。是年五月，湖廣總督馬慧裕等將大乘教樊萬興、桂自榜二案內起出寶卷加封進呈，其中在盧勝才家起出《苦功悟道寶卷》一本，書後載有「嘉慶三年重刊」字樣，《明宗孝經義》一本，爲嘉慶四年所刻，《大乘眞經》一本，爲嘉慶十四年所刻，《苦功悟道寶卷》後載有「積善堂藏板」字樣，《大乘十報經》則爲嘉慶十四年盧晉士在江南儀徵縣所刻，兩面刻字，共板十塊⑰。

　　嘉慶二十一年（1816）十月，湖北孝感等縣查辦大乘教一案，在信徒周添華等家中起獲《苦功悟道》等寶卷，又在大慈庵內起獲《大乘》等經二部。次年六月，湖北安陸、應城兩縣交界

河口地方，有安陸縣民尹邦熙等人赴官自首稱，因惑於求福免禍之說，自祖上以來，信奉大乘教，遺有《苦功悟道》等經三十五部，抄經八本，《法華咒》一部，抄本二十二本，內有《皇極經》二本，刻本《皇極金丹九蓮正信皈眞還鄉寶卷》上、下共二部，《血湖經》一卷，《三官經》一部。其中《皇極金丹九蓮正信皈眞還鄉寶卷》係屬刊本，與嘉慶二十一年湖北審辦直隸清茶門教犯王秉衡供出家藏經名相似，在經本內粘有「康熙三十二年冬月姑蘇徐涵輝北寺南徑地方校正重刻」字樣，此項寶卷俱咨送軍機處查銷⑱。

四、收元教的寶卷

收元教是由收元寶卷而得名，清初康熙年間，已出現收元教的名稱。山西定襄縣人劉起鳳到山東單縣拜劉儒漢爲師，入收元教。康熙四十四年（1705），劉起鳳自山東返回原籍，收韓德榮爲徒，告以對天地燒香磕頭，投入收元教，可修來世富貴，不忌酒肉。韓德榮隨同劉起鳳前往山東單縣，拜劉儒漢爲師，抄有《錦囊神仙論》、《八卦圖》、《五女傳道書》、《稟聖如來》等書。王天賜的祖籍在直隸長垣縣，其後移居河南漢城縣，康熙五十三年（1714），王天賜到山東賣布生理，隨同劉起鳳往見劉儒漢，皈依收元教。康熙六十一年（1722），王天賜身故，遺下《五女傳道書》、《八卦說》、《小兒喃孔子》、《蒙訓四書》等，韓德榮由山東將各書攜回山西定襄縣原籍。

收元教，官方文書又作收源教。山西安邑縣人段思愛拜河南吳姓爲師，傳習收源教。康熙三十年（1691），段思愛身故，其繼子段而俊於墳園內建有佛堂，供奉圖像，雍正七年（1729），安邑縣知縣將經像佛堂改燬究辦。段而俊身故後，其子段文琳因生

計貧困，憶及永寧州人景福奇原係其祖段思愛徒弟，乾隆十二年
（1747），段文琳赴永寧州拜景福奇爲師，景福奇身故後，段
文琳將景福奇所遺《萬言詩註》手抄本，同《天佛寶卷》等收存，
復行傳教⑲。韓德榮在山西定襄縣傳習收元教，揚言甲子年爲末
劫，有水火刀兵，入其教者可免災難，信從者日衆。甲子年相當
於乾隆九年（1744），至乾隆十年（1745），衆信徒見甲子年
已過，不但無水火刀兵，反而年豐物阜，始悟韓德榮所言荒謬，
信徒遂散。山西五台縣人田大元先已拜韓德榮爲師，是時，田大
元見教中信徒渙散，遂以寶卷內「十口」即爲「田」字的隱語，
倡言應合田姓護法傳教，並以繼承韓德榮自居，而稱爲太子。田
大元平日藉修橋鋪路行善爲名，以誆誘村民，信徒日衆。山西巡
撫準泰將起出收元教各書翻閱後指出《錦囊神仙論》及《六甲天
元》內有「太平有道之世」等字樣，爲異端邪說。乾隆十三年（
1748）正月，山西定襄、五台、崞縣及忻、代各州縣文武員弁
挐獲韓德榮、田大元等人，搜出收元教寶卷書籍，如《錦囊神仙
論》、《槀聖如來》、《同念佛曲》及《八卦圖》等。直隸長垣
縣人徐國甫曾與王天賜在同處做過生意，並拜王天賜爲師，王天
賜身故後，徐國甫帶領同縣人徐文美等拜王天賜之子王之卿爲師，
並取回《金丹還元寶卷》、《告妖魔狀式》、《五女傳道書》等
經卷書籍。同年五月，山西代州平城村民鄭祥自首供出《明宗牟
尼注解祖經》一部，據稱崞縣田家莊劉姓所傳，稱爲明宗教，入
教之人，俱喫齋燒香，求福免災。乾隆年間，直隸蠡縣人董敏，
自幼喫齋讀書，其祖父董可亮遺有《收元》、《收圓》及《九蓮
救度》等經，董敏欲以誦經爲由，歛財使用，起意將收元教各寶
卷抄襲成曲，以便歌唱。乾隆五十一年（1786）閏七月，山東
武定府挐獲八卦教要犯李文功等人，搜出《苦功悟道經》抄本一

冊⑳。

直隸昌平州屯店村外華塔山上，有一和平寺，寺內供奉故僧
收源塑像，村民徐萬蒼等前往燒香時，念誦《彌勒出細》等寶卷，
因教中供奉收源塑像，故稱為收源會，教中以村民張二為教首。
道光六年（1826），張二病故，由徐萬蒼接充教首，並將張二
遺留的《彌勒出細》等寶卷交由村內地藏寺僧幅興收藏。寺中習
念的經卷有《金剛經》、《華嚴懺》等項㉑。聶士貞籍隸江南蕭
縣，王柱、耿泳升籍隸碭山縣，嘉慶十三年（1808），聶士貞、
王柱聞知耿泳升之子耿孜元傳習收元教，擅長運氣卻病，即與陳
逢年等往拜耿孜元為師，耿孜元傳給聶士貞《掃心集》三本，多
為習靜勸善之語。道光五年（1825）正月間，聶士貞因貧難度，
起意收徒斂錢。道光八年（1828），在信徒白珩家中起獲《萬
法歸宗》、《掃心集》及醫書《祝由科》等，河南巡撫楊國楨指
出各書多係假聖賢仙佛之說，雜以鄙俚市井之詞，妄談修真醫病，
均無違碍字跡。是年二月間，在河南歸德府永城縣拏獲白珩等人
㉒。

五、三陽教的寶卷

混元教因供奉混元老祖，故又稱混元祖教，創立於明神宗萬
曆年間，其教主是飄高祖，即山西洪洞縣人高揚。因飄高祖編造
《紅陽經》，所以混元教又叫紅陽教，此外又有白陽、青陽名目，
合稱三陽教。飄高老祖憑藉宮中太監的勢力，傳徒眾多，滿洲入
關後，嚴禁混元等教，順治四年（1647），高揚被凌遲處死。
乾隆十一年（1746）六月，直隸順天府等處拏獲紅陽教犯董應
科等人，據順天府尹蔣炳奏稱紅陽教傳習已百餘年之久。乾隆三
十九年（1774），河南歸德府鹿邑縣人趙文申傳習青陽教，每

月朔望焚香念誦歌句，磕拜太陽，以求消災免禍，不受輪迴之苦，教中傳有《青陽經》。山西平遙縣人渠閏甫，平日喫齋念佛，乾隆四十五年（1780），拜同村人王增元爲師，皈依紅陽教，每年七月初四日，做會一次，供奉飄高老祖，持誦《觀音普門品經》。乾隆四十六年（1781）七月初四日，山西平遙縣人王毓山等人在王增元家共同做會，供奉飄高老祖，念誦《觀音普門品經》。乾隆四十八年（1783）十月間，渠閏甫見南政村外龍天廟內有房屋地畝，欲充該廟住持，恐因無經本攜帶，不能入廟，憶及曾見許福貴藏有王增元所給的《祖明經》一本，經本封面書明「京都薰家老舖造賣經文」字樣㉓。

　　紅陽教因燒一炷香，故又稱一炷香紅陽教，直隸衡水縣已革武生英凌霄，其家藏有祖遺印板《十王經》兩本，圖像兩軸，一軸是飄高老祖像及佩像，一軸是繪畫無生老母像。乾隆五十六年（1891），英凌霄親戚胡德明因見英凌霄之母英李氏燒香念佛，遂傳給大乘門教，又名一炷香紅陽教，做會時念誦《十王經》。乾隆末年，直隸景州人嬰添誠，莊農度日，嬰添誠先因父病，延請州人趙堂醫治痊癒，趙堂即勸嬰添誠學習其祖傳混元紅陽教。嬰添誠拜趙堂爲師，學習喫茶醫病，趙堂送給《混元紅陽經》一部。其治病方法是令病人將茶葉放在碗內設供燒香磕頭後煎服。嬰添誠入教後，常替村人念誦《紅陽經》，聲稱可以消災延年。乾隆五十九年（1794），趙堂身故，嬰添誠等繼續傳習混元紅陽教㉔。直隸通州人邢文秀傳習紅陽教，收張法惠等五人爲徒，傳授的寶卷是《隨堂經》、《明心經》、《臨凡經》、《苦功經》、《嘆世經》、《顯性經》等，每逢念經，俱供奉飄高老祖。

　　直隸人辛存仁，移居吉林伯都訥，嘉慶十七年（1812），其母牟氏患病，適有吉林三道嶺眞武廟住持僧王慶環，法名廣慶

遊方至辛存仁家。王慶環告以供奉飄高老祖，習誦紅陽教《九蓮經》，並用黃紙書寫無生老父無生老母牌位，信心供奉，日久能以無中生有，有中消無，混元一氣，病即痊癒。辛存仁隨拜王慶環爲師，王慶環給與《秉教沙門》篆字木印一顆，《九蓮經》一本，《報恩經》二本，《掃心經》一本，《明宗卷》一本，《護道榜文》、《達本還元經》各一本，令其供奉牌前，每月初一、十五日燒香十二炷，誦讀經卷，並教人打坐三回九轉運氣功夫咒語㉕。嘉慶十八年（1813），王慶環收陳立功等人爲徒，給與《苦功悟道》等經。嘉慶二十年（1815）十月十九日，奉上諭，據那彥成奏，直隸束鹿縣馬楊氏傳習紅陽教，搜獲《飄高老祖經》㉖。

　　山東陵縣陳謹教案內，曾起出《紅陽經懺》、《太陽經》等多本，據陳謹供稱其父陳學孟在日，因年老多病，曾從外地攜回經卷圖像一箱，獨自在家供奉誦念，乾隆四十六年（1781），陳學孟病重，囑咐陳謹將經像封鎖箱內收藏，如遇災病，供像念經，即可消除。嘉慶二十一年（1816）二月，陳謹因染患瘧疾，日久未癒，始開箱取出紅陽經卷，供像誦經，隨後病痊。陳謹家中有土房三間，其西廂供有神像一幅。陳謹被捕時，在西廂牆下搜出木箱一隻，內含神像五軸，《紅陽經懺》十六套，《普門經》六套，《太陽經》二十五本㉗。直隸武邑縣人郝太來因身體多病，曾拜北石村僧人大通爲師，入紅陽教。嘉慶二十一年（1816）閏六月，捕獲大通徒弟僧人春山，起出《混元紅陽經》十套，內有「飄高祖無生老母」字樣。嘉慶二十二年（1817）六月，直隸新安縣民劉師達等出首任永興等傳習紅陽教一案，起出木印一顆，刻有「紅陽寺寶」四字，直隸提督徐錕將印模咨送軍機處存查。

　　除「紅陽寺寶」木印外，又起出墨寫及刊印寶卷五本，即：墨抄《泰山東嶽十王寶卷》二本，刊印《泰山東嶽十王寶卷》二

本，刊印《銷釋收圓行覺寶卷》一本㉘。在《泰山東嶽十王寶卷》內有「臨清縣景泰六年」及「黃村呂祖立，至今得興隆天下眾善人掛號對合同」等字樣，在《銷釋收圓行覺寶卷》內有明代萬曆年號，及「眞空」、「無生老母」字樣。同年八月，在直隸獻縣拏獲紅陽教教首王存來等人，起出寶卷箱一隻，內裝刻本《混元紅陽經》九本，又在信徒杜學成家起出抄本《三藏經》一本，不全《十字經》一本，天師符一張。在王宋氏家起出抄本《道場總抄》一本，《陽宅起首》一本㉙。直隸大興人周應麒，自幼隨從同縣薛店莊人王二樓學習紅陽教，嘉慶二十三年（1818），王二樓病故，由周應麒接充教首，莊中有菩薩廟，周應麒等每逢正月十四、十五、十六等日在菩薩廟前殿念誦《源流經》，二月十九日，念誦《菩薩送嬰兒經》，五月十三日、六月二十四日、十二月初八日，念誦《伏魔經》，爲同莊人消災祈福㉚。

　　《青陽經》是青陽教的主要寶卷，是禮拜太陽時所念誦的經文，每月朔望焚香念誦經內「奉母親命祖萬篇，安天立地總收元，替父完結立後世，眞金女子保團圓」等歌詞，向太陽虔心禮拜，今生可以消災免禍，來世託生好人，不受輪迴之苦㉛。三陽教中，以紅陽教的寶卷流傳最廣，現存《軍機處檔・月摺包》內含有嘉慶末年紅陽教寶卷清單，開列各寶卷書籍名稱，即：《墨寫泰山東嶽十王寶卷》、《混元弘陽悟道明心經》、《混元弘陽顯性結果經》、《混元弘陽苦功悟道經》、《混元弘陽嘆世眞經》、《混元弘陽飄高祖臨凡經》、《混元弘陽血湖寶懺》、《混元弘陽中華寶懺》、《混元弘陽明心寶懺》、《混元弘陽觀燈讚》、《銷釋混元無上大道玄妙眞經》、《銷釋混元無上普化慈悲眞經》、《銷釋混元無上拔罪救苦眞經》、《銷釋混元弘陽拔罪地獄寶懺》、《銷釋混元弘陽救苦生天寶懺》、《銷釋混元弘陽大法祖明經》、

《銷釋歸依弘陽覺願眞經》、《弘陽妙道玉華隨堂眞經》、《清靜無爲妙道眞經》、《無爲勸世了義寶卷》、《普明如來無爲了義寶卷》、《華嚴寶懺》、《嘆世無爲卷》、《大方廣佛華嚴經》、《銷釋金剛科儀》、《佛說利生了義寶卷》、《巍巍不動泰山深根結果寶卷》、《正信除疑無修證自在寶卷》、《太上說平安皂經》、《姚秦三藏西天取清解論》、《靈應泰山娘娘寶卷》、《護國佑民伏魔寶卷》、《金光明經》、《金光明最勝王經》、《大般涅槃經》、《地藏經》、《大乘本生心地觀經》、《華嚴經》、《金剛經》等經卷㉜。以上各寶卷中《銷釋混元弘陽大法祖明經》簡稱《祖明經》，《收圓行覺寶卷》簡稱《收圓經》，《弘陽妙道玉華隨堂眞經》簡稱《隨堂經》，《混元弘陽悟道明心經》簡稱《明心經》，《混元弘陽飄高祖臨凡經》簡稱《臨凡經》，或簡稱《飄高老祖經》。嘉慶年間，直隸祁州人李丙辰因患病，經張進忠引進，拜晉州人楊盛堂爲師，入混元門教，學習畫茶治病，楊盛堂因年老無子，將《混元飄高祖臨凡經》、《紅陽悟道經》兩部交給李丙辰收藏。道光十二年（1832），順天府查辦三河縣民張景山等傳習混元教一案，同年五月十二日，奉旨將張景山等解交刑部，在張景山等人家中起出《泰山》、《娘娘》、《源流》、《伏魔》、《竈王》等經，俱係紅陽教沿用的寶卷㉝。三陽教的寶卷，或沿用羅祖教寶卷，或沿用釋道經卷，或自行編造，各寶卷自萬曆年間以降，輾轉抄寫翻刻，流傳頗廣。在各寶卷內有「眞空家鄉，無生老母」、「飄高老祖」、「紅蓮」、「白蓮」等字樣。

六、清茶門教的寶卷

薊州人王森，移居直隸灤州石佛口，傳習白蓮教，傳說王森

曾得妖狐異香，自稱聞香教主，萬曆四十二年（1614），王森被捕，五年後斃於獄中，其子王好賢及其徒徐鴻儒等繼續傳教，徒黨益眾。喻松青教授撰〈清茶門教考析〉一文指出「王森死後，其子王好賢和徒弟徐鴻儒于天啓二年起義失敗後，相繼被明廷捕獲處死。聞香教受到嚴重打擊，但仍在民間秘密流傳，大約此後即改名爲清茶門。」㉞清茶門教是因教中以清茶奉佛而得名，又稱爲清茶會，此教派傳自直隸灤州石佛口王姓的說法是可以採信的，惟清茶門教或清茶會的名稱究竟始自何時？其名稱如何更易？仍待商榷。據兩江總督百齡具摺奏稱「王殿魁故父王亨功，昔年曾至江南、安徽傳習大乘教。乾隆五十七年，王殿魁由原籍灤州來至江南踵傳父教，改名清茶門。」㉟王亨功原名王亨恭，與王亨仲、王秉衡俱係王森後裔第八代子孫，王亨功族祖王敏迪於雍正年間犯案，王亨功祖父王懌遂改稱清淨無爲教。乾隆二十九年（1764）九月，王亨恭因家道漸貧，又見其祖王懌所奉清淨無爲教無人信奉，起意改立白陽教，自稱是彌勒轉世。據湖北襄陽縣教犯張建謨等供稱，乾隆五十年（1785），有河南新野縣人張蒲蘭帶引直隸石佛口人王姓到張建謨家，告以王姓世習白蓮教，後改爲清茶門教，又號清淨法門㊱，由此可知在清茶門教的名稱正式出現以前，曾數度改易，名目繁多。

　　乾隆五十年（1785），張建謨將河南新野縣人張蒲蘭所給刻本《一心頂叩經》一卷，令彭兆蕙共抄爲一本，其原刻本則交還張蒲蘭。河南涉縣人李延春拜石佛口王姓爲師，同縣人李秋元拜李延春爲師，入清茶會。嘉慶十四年（1809），李秋元收劉景寬等人爲徒，每年三月初三、七月初十、十二月初八等日，齊至李秋元家三次聚會，懸掛彌勒佛圖像，供清茶三杯，並念誦《伏魔寶卷》、《金科玉律》戒文。嘉慶十七年（1812）五月，

李延春身故，嘉慶十九年（1814）三月，李秋元身故。嘉慶二十年（1815）七月間，劉景寬因貧難度，起意復興清茶會，收徒歛錢，同年七月二十九日，拏獲劉景寬，並在其家起出《伏魔寶卷》及《金科玉律》等書㉟。

王秉衡原籍直隸灤州石佛口，遷居盧龍縣，世習清茶門教，嘉慶二十年（1815）八月間，湖北拏獲王秉衡，據供其原籍家中藏有《皇極寶卷眞經》等項寶卷。同年十月二十九日，因那彥成奏直隸緝獲王殿魁等犯，頒佈上諭，在諭旨中指出在王殿魁家中搜出《九蓮如意皇極寶卷眞經》、《元亨利貞鑰匙經》等寶卷。王殿魁曾於乾隆五十六年（1791）、嘉慶三年（1798），先後兩次到江寧傳佈清茶會，又稱清淨門教，供奉觀音，喫齋禮拜。嘉慶二十年（1815）十二月初十日，據江蘇巡撫張師誠奏稱，在王殿魁信徒徐萬志等家中搜出《金剛經》、《論百中經》及舊抄佛曲歌詞。是月十四等日，直隸總督那彥成奏稱，在王克勤家搜出《三教應劫總觀通書》及抄寫經卷各一本。王克勤是直隸邯鄲縣上壁村人，自幼跟隨母親喫齋，學習清茶門教。王克勤供稱，「我母親是已故外祖楊殿揆傳的教，楊殿揆是河南滑縣人已故張城甫的徒弟，張城甫是灤州石佛口人已故王度的徒弟。這《三教應劫總觀通書》、《三教經》兩本，是王度傳給張城甫，張城甫傳給楊殿揆，楊殿揆又傳給我母親的。」㊳直隸清河道韓文綺曾派員到石佛口二里許圍峰山壽峰寺內查獲《皇極金丹九蓮正信皈眞還鄉寶卷》一部，共二本。

嘉慶二十一年（1816）正月，湖廣總督馬慧裕查辦清茶門教，據教犯夏王氏供稱，《金剛經》、《眞武經》等經卷，是平日從各廟內取來供奉的。據張士貴供稱，《三官經》是道士張志榜遺下的。在直隸石佛口空廟內陸續查獲寶卷多種，是年正月十

四日，據直隸布政使司呈送軍機處寶卷清單所列名稱，計：《銷釋木人開山寶卷》二本，《觀世音菩薩普度授記皈家寶卷》二本，《銷釋收圓行覺寶卷》一本，《銷釋顯性寶卷》一本，《銷釋圓通寶卷》一本㊴。

七、青蓮教的寶卷

　　一葦渡江，白蓮東來。晉代慧遠法師在廬山虎溪東林寺所創立的白蓮社，是以寺院多植白蓮而得名。元代欒城韓山童父子託言白蓮花開，彌勒佛降生而創立白蓮會。有清一代，除白蓮教以外，尚破獲青蓮、黃蓮、紅蓮等教派，其中青蓮教的寶卷頗多，在道光年間屢有破獲。四川新都縣人楊守一平日算命營生，購有《性命圭旨》、《唱道眞言》各一本，茹素念誦，並學習坐功運氣。道光七年（1827）三月，楊守一到華陽縣新街地方，開設命館，街民徐繼蘭等頗爲信服，常相往來。同年五月間，貴州龍里縣人袁無欺到四川售賣土紬，亦與楊守一彼此相好。袁無欺告以供奉飄高老祖及無生老母牌位，每月燒香念誦，可以消災獲福，並給與《開示眞經》一本。楊守一起意做會傳徒，因官府查禁供奉飄高老祖，遂因《唱道眞言》爲青華道祖講道之書，而用黃紙書寫青華老祖及無生老母牌位供奉，即取名爲報恩會，並將《開示眞經》改名爲《恩書》，宣稱會中念誦報答父母恩經典，以引人入會，祈神保佑。華陽縣民尹正等拜楊守一爲師，傳習《十參四報經》。報恩會供奉青華老祖及無生老母，習稱青蓮教，楊守一就是青蓮教主。新都縣人陳汶海、南部縣人李一元俱拜楊守一爲師，傳習青蓮教，供奉無生老母，持齋戒殺，念誦《三皈五戒》、《十報十懺》、《開示眞經》等寶卷，李一元轉收夏長春爲徒。

　　道光十三年（1833）九月，湖南清泉縣人周位掄拜城步縣

人呂文炳爲師，皈依青蓮教，念誦《三皈五戒》、《無上妙品》等經。道光十五年（1835）正月，四川成都人王又名到湖南武岡州，向程孔固言及青蓮教是金丹大道，如能學習，可以成仙成佛，程孔固聽信其言，即拜王又名爲師，念誦《龍華經》、《懺悔經》，在家中設立無生老母牌位，早晚焚香念經，每逢佛誕日做龍華會供佛。道光十七年（1737），湖南人徐萬倡等拜湖北沔陽縣人彭超凡爲師皈依青蓮教，供奉無生老母，抄藏禮拜表偈懺語及刻本《悟性窮源》等書。青蓮教以十地的地位較高，其次爲頂航，再次爲引恩、保恩、證恩、添恩等名稱。道光十九年（1839），周位掄欲出外傳教，遂自充頂航，號摘光祖師，並在各處古廟及荒貨擔上檢取或收購《東明律》、《風輪經》、《託天神圖》及《推背圖》等書。道光二十三年（1842）正月，周位掄在湖北漢口靜坐出神，揚言世人不久遭劫，遂編成七十二種「魔道」，未來三災八難，名爲《九蓮寶讚》，抄寫散佈。周位掄與彭超凡等不合，另傳金丹道，彼此爭利。同年二月，湖南清泉縣人劉隆恩在湘潭縣拜周位掄爲師，念誦《三皈五戒》、《愿懺》等經文。湖南常寧縣人廖德拜周燦爲師，入金丹道，念誦《十報十懺》經語。

　　陳汶海與莫光點等人在湖南善化縣傳習青蓮教，江寧人劉瑛拜莫光點爲師，皈依青蓮教，念誦《無生老母圓懺》。夏長春等在湖北漢陽府城外設立乩壇，畫無生老母神像供奉扶乩，教中有《斗牛宮規條》、《靈犀玉璣璇經》等書。道光二十三年（1843）三月間，湖南零陵縣人羅士選前往廣西臨桂縣縫衣度日，拜范臻爲師，默叩無生老母，皈依青蓮教，范臻給與《悟性儀節》一本，令其照依誦習⑩。道光二十四年（1844）正月，李一元、陳汶海到湖北漢陽府設立乩壇，將無生老母捏稱瑤池金母，倩人

繪畫神像二幅，懸掛供奉，稱爲雲城，又名紫微堂。陳汶海假託聖賢仙佛轉世，編造喫齋行善，可以致福延年，不遭水火劫難等語作爲乩筆判出。善男信女初次入教，先給勸善書本，例如《玉皇心印》、《十二圓覺》、《悟性窮源》、《慈航性理》等書，就是教中習誦的寶卷。同年四月，四川仁壽縣人蕭剛等在四川南部縣拜李一元爲師，傳習青蓮教，念誦《開示眞經》等寶卷。

　　道光二十四年（1844）四月，雲南宜良縣人夏繼春到湖北漢陽府孟家巷，拜林祝官爲師，林祝官教令供奉無生老母，茹素念經，並抄給《三皈五戒》、《十恩十懺》等寶卷，令其誦習。同年七月，江西德化縣人戴理釗赴湖北貿易，拜范臻爲師，皈依青蓮教，范臻設立無生老母牌位，令戴理釗禮拜，送給《玉皇心印》等寶卷，囑令時常念誦，或轉送其他徒衆。李一元、陳汶海等人爲了避免與周位掄金丹道教相混，乃設壇扶乩，依照鸞語定出「元秘精微道法專眞果成」十字派，編成道號，分派取名，俱用「依」字加首，叫做「十依」。四川南部縣人李一元，道號李依微，將所管四川、陝西、甘肅教區分列名號，令夏長春、毛智源攜帶《斗牛宮普度規條》、《靈犀玉璣璇經》各一本，同赴甘肅開道，廣收徒衆。道光二十四年（1844）八月，毛智源等收陝西咸寧縣人趙洪順等人爲徒，令各信徒抄寫《靈犀玉璣璇經》等寶卷習誦。同年十一月，李一元令其信徒蕭剛等攜帶《斗牛宮普度規條》、《乩詩寶光寶錄》、《金丹口訣》等寶卷，以便各自傳徒。道光二十五年（1845）正月，甘肅皋蘭縣拏獲毛智源等人，起出寶卷、歌訣二本，《金丹口訣》九十八張，及《斗牛宮普度規條》等寶卷。貴州貴筑縣人李元倖拜雲南人史青爲師，入青蓮教，史青傳給《無生老母經》、《愿懺經》、《開示眞經》各一本。同年四月，浙江仁和縣會同錢塘縣在閘口地方盤獲青蓮

教要犯鄧依元，在其屋內搜出《梵王經》、《威德咒》各一本，在信徒許海幅名下起出《悟性窮源》、《慈航性理》、《性命圭旨》等書㊶。同年五月，四川樂縣拏獲李一元等人，起出《修眞寶傳》、《諭迷喚醒》等書。

八、其他教派的寶卷

廖景泮籍隸江西贛州，自幼持齋誦經，乾隆十五年（1750），從信豐縣齋公蕭維志受戒，皈依羅祖三乘正教，教中相傳於康熙年間奉旨頒給《護道榜文》。廖景泮又將榜文借給胞伯廖秀林抄寫，並給與《本名經》七本，在《本名經》內即有三乘教名目，此外，又念誦《心經》、《金剛經》等經卷。

山西曲沃縣人任景翰，向習金丹門圓敦教，相傳此教傳自直隸灤州石佛口王姓暨陝西西安府觀音堂劉姓二處。乾隆二十七年（1762），任景翰病故，其姪任進德年甫二週，經任景翰之妻呂氏承繼撫養。任進德自幼隨嗣母呂氏喫齋，迨後漸次長成，呂氏遂將習教原委告知。乾隆五十七年（1792），任進德因家道貧難，起意傳教斂錢，即依照任景翰所習金丹門圓敦教收徒傳授，並自起樂善堂名目，仍供奉三清觀音北極祖師諸佛像暨如來、韋陀各銅佛，又刷印寶卷售賣，每年定期二月、十月望日兩次佛會，以仁義禮智信為主，大意在戒殺、戒盜、戒淫、戒酒、戒妄、遇有入教之人，先令在佛前受此五戒。嘉慶二十年（1815）七月，任進德被捕，在家中起獲《金丹九蓮經》一部，及《護道榜文》一本㊷。

浙江蕭山縣人葉禹功，因年老無子，隨時檢收字紙，燒化求福。乾隆六十年（1795）八月，葉禹功在收回字紙內檢出鈔寫《四恩經》、《十報經》二本，在經卷內書寫「天地日月王土父

母師父宗門護法善友祖宗聖人十恩當報」等字樣，又有攢十字佛曲及一切勸善歌詞。葉禹功時常念誦。同年九月，葉禹功起意開堂設教，因素識的柳士信表弟倪錫鳳在山陰縣外沙居住，地處僻靜，即在倪錫鳳屋後搭蓋草房五間，並在雜貨攤上陸續購買《法華經》、《金剛經》，及觀音、韋陀各像，設立經堂，倡立長生教，聲稱誦經即可延年益壽。葉禹功等被捕時，起出刊刻《妙法蓮華經》十三本、《金剛經》一本，鈔錄《四恩經》一本、《大十報經》一本㊸。

　　河南信陽州人樊應新，幼曾讀書識字，向無恒業，於嘉慶二年（1797）出外算命卜卦營生，至嘉慶十年（1805）間回家，帶有東方震卦經咒一本，聲稱死後得赴龍華會，來世總有好處，每月三次禮拜太陽。樊應新之兄樊應城希圖求福，遂入震卦教，誦習經咒。樊應城被捕時，搜獲《告竈經》及道家《科範》各一本。直隸安肅縣人梁畛等供奉彌勒佛，念誦《皇極卷》，因鄉俗傳聞彌勒佛是直隸完縣五郎村人，因此，梁畛等遂設立五郎會，梁畛自稱會首。嘉慶十二年（1807），梁畛病故，由其子梁好禮接充會首，每年四月初八、六月初六、七月二十等日，村民搭棚供奉神牌，念誦《皇極卷》㊹。嘉慶十三年（1808）二月，江蘇銅山縣人耿孜元等至直隸清河縣拜離卦教張東瞻為師，張東瞻執香向日磕頭焚香爐內，念誦咒語，取出《掃心經》一本，給耿孜元等閱看，告以《掃心經》為其家珍藏，不肯相贈㊺。

　　嘉慶十九年（1814）十二月，據署四川印州知州戴三錫稟報下鄉稽查保甲訪聞黃子賢捏稱曾遇異人學道，借治病為名，倡立鴻鈞教，隨將黃子賢等拏獲，起出《北斗經》一本。教中相傳黃子賢曾遇川主二郎神，述及北斗是鴻鈞道人，令黃子賢時常打坐，念誦《北斗真經》，聲稱日久能知過去未來，凡人信奉，亦

可消災，黃子賢自稱鴻鈞教主㊻。

　　傅濟原籍直隸鉅鹿縣，向在山西平定州栢井驛寄居，是一位獸醫。嘉慶四年（1799）十月，傅濟染患疾病，其母舅趙其祥自鉅鹿到山西探望，勸令傅濟學好修善，口授孝子點化歌詞一首，囑令朔望燒香念誦，以求卻病消災。同年十一月，趙其祥邀同縣人侯岡玉至傅濟家，令傅濟拜侯岡玉為師，侯岡玉即教以所習離卦門下無為救苦教內坐功運氣之法，教中遵奉無生老母，聲稱坐功運氣習煉長久，可免三災八難，死後免入輪迴。嘉慶五年（1800）春間，平定州人葉生寬聽從傅濟學習坐功運氣之法。嘉慶六年（1801），寄居趙城縣的忻州人王寧，拜葉生寬為師，葉生寬將傅濟所給《龍華經》一部交給王寧習誦，王寧又在村內新唐寺向僧人普銳借得《藥王經》、《九蓮經》二部，一併習誦。嘉慶十九年（1814）十二月，葉生寬見人多信服，於是附會《龍華經》內「無生老母立先天，收源結果憑虛號」等語，倡立先天教，又名收源教㊼。山西巡撫衡齡將先天教寶卷進呈御覽後，清仁宗查閱《藥王經》後載有「慶雲縣東北宗家莊宗應時妻徐氏發心造卷」字樣，即諭令熱河總管嵩年派員訪查《藥王經》板片，嘉慶二十一年（1816）十二月，嵩年查出《藥王經》殘本一件。

　　裴景義籍隸灤州，行醫度日，與在逃的山東臨清縣人陳攻玉先未認識，嘉慶十三年（1808），裴景義族叔裴元端引領陳攻玉到村內與裴雲布醫眼，旋即痊癒，陳攻玉勸令裴景義等學習三元教，聲稱日久功深，可以長生不老，每年正月十五日為上元，七月十五日為中元，十月十五日為下元，三元聚會，所以稱為三元教。每逢會期，上供燒香磕頭念咒坐功運氣。嘉慶二十年（1815）十一月，拏獲裴景義等人，並起出違禁《推背圖》及《萬法歸宗》各一本㊽。

江蘇上海縣所轄徐家場民徐幗泰供認拜上海縣人陸雲章爲師，傳習無爲教。據稱無爲教是崇明縣人陳元伯之父陳尚恩所傳，徐幗泰所藏《皇極經還鄉卷》上半本是陸雲章傳自陳元伯的，下半本是在寶山朱銘紹家中抄錄的。教中相信喫素念經，可以消災獲福。嘉慶二十年（1815）六月，川沙廳、上海縣會營將徐幗泰等拏獲，起出《皇極經還鄉卷》，內有「無生老母，天外家鄉」等字樣㊾。熱河朝陽縣貢子等人是土默特貝勒旗學莊頭，有祖傳清靜無爲教，各家存有《無爲》等寶卷，並供奉釋迦、羅祖佛像。嘉慶二十二年（1817），三座塔司員吉昌會同朝陽縣知縣德興拏獲貢子等人，起獲《嘆世無爲》等寶卷，司員吉昌等指出寶卷內容「俱係鄙俚語句，並無違悖字跡」㊿。

江蘇寶山縣有圓明會，嘉慶二十一年（1816）六月，拏獲圓明會信徒駱敬行，起出《金天寶藏經》二本，《延齡寶懺上下卷》四本(51)。直隸宛平縣有圓頓教，村民韓興之母蘇氏，曾拜山東人徐文秀爲師，學習圓頓教，念誦「南無天圓太寶阿彌陀佛」，稱爲十字佛號，每年四月初八日、七月十五日、十月十五日，各做會一次，供奉彌勒佛，念誦《皇極經》，以祈福消災。嘉慶十三年（1808），徐文秀病故，由其徒宋張氏接管教務。嘉慶十五年（1810），韓興拜宋張氏爲師，宋張氏給與傳教單一紙，開寫「祖是皇極祖，教是圓頓教，門是萬法總收源門，道是包羅道，法是皈一法，會是九蓮會，最上一乘紅梅第一枝」等語。道光十二年（1832）六月，韓興等人被捕，起出《皇極經》。河南南陽府唐縣人戴義於道光八年（1828）拜楊三宰把爲師，傳習天竹教，爲人念咒治病，陸續傳徒。道光十二年（1832）冬間，王元亨偶患手足不仁，經戴義治癒，王元亨等拜戴義爲師，皈依天竹教(52)。教中誦習的寶卷主要爲《錦囊寶卷》、《五女傳

道書》等。道光十三年（1833）十二月，唐縣貢生李上林等入
京控告破案[53]。

九、無生老母的信仰

　　有清一代，民間秘密宗教案件，層出不窮，地方大吏查辦教
案時所起出的寶卷書籍，爲數相當可觀，各寶卷中多有「無生老
母」或「無生父母」字樣，例如《苦行悟道經》內有「無生父母，
眞空家鄉」字樣，及「無生父母本來眞空能變化，本是家鄉能變
化」等句懺語；《銷釋收圓行覺寶卷》內有「眞空」、「無生老
母」字樣；青蓮教設立無生老母牌位供奉；《皇極經還鄉卷》內
有「無生老母，天外家鄉」字樣。至於無生老母廟宇，亦到處可
見，道光十九年（1839）四月初八日諭旨內指出河南省各州縣
查出無生老母廟三十九處，山東曹縣等地查出舊有無生老母廟像
共十處，附近居民皆不知其廟創立於何年？僅存斷碣殘碑，其上
所鐫年月，有建自明代天啓三年者，有建自清初康熙年間者。道
光十八年（1838）七月，據鴻臚寺卿黃爵滋奏稱「臣近訪得邪
教所奉之無生老母，在河南汲縣潞州屯地方，有墳有塔有廟有碑，
實爲邪教祖庭，每歲正月初八日，遠近邪匪百十爲群，先一日到
墳，男女混雜，繞墳朝拜，晚即蜂聚廟中，緊閉大門，終夜有聲，
不知作何邪術。」黃爵滋原摺附呈「邪教根源實蹟」，略謂無生
老母相傳是明代滑縣何姓之女，未嫁時即著「醜聲」，爲父母所
逐，自此流轉內黃新縣輝淇等縣，自稱是無生老母轉世，串惑山
西人高揚，稱飄高老祖，造作經咒，勾通明季內廷太監，煽惑愚
民，遂爲教主。無生老母墳在汲縣城北三十里潞州屯地方。潞州
屯是明代潞王開國衛郡信用太監池沼所在，無生老母是潞王太監
所崇奉，故歿後即建潞州屯西南南向，用石甃作寶頂，圍圓約三

丈，高二尺餘，墳正南石面刻字一行云：「莊嚴原寂居士何老祖
神位」，兩旁復刻四語云：「初建寄信遺留後，雲庵整裏又重修，
偶遇今朝來讚祖，週而復始一番新。」無生老母墳前塔南向六面，
每面嵌石一方，約尺餘，正南面刻一房內一婦人作欲出不出狀，
其餘五石各鐫一字，即：「還」、「原」、「寂」、「塔」，塔
字左有「龍興乙酉仲秋重修」字樣。無生老母墳前碑南向，高七
尺餘，寬三尺餘，碑額字四行，碑文前一行與後一行，文意相聯，
中正文直書，計三十六句，其碑額云：「羅祖借凡，九迴母收圓，
歸空傳六教，萬古永流芳。」碑前一行云：「無極能分先天氣，
嗼呾哆囉嗼，邱倉魁孔朱，西域劉古林奉母一篇文。」碑正文三
十六句云：「上三無影通中三，一粒須彌在西川，元始判開鴻濛
體，纔與後三盤古王，盤古初分羅合灝，盤古太清始先羅，纔顯
太清神通廣，又顯盤卜治人倫，無極能治先羅氣，太極產開錦乾
坤，無名之師太極掌，有名萬物羅母生，後有盤陽治月日，高元
老君治五行，羅羅五行生水火，羅有五行萬物生，伏羲女媧爲領
袖，都是後三來現身，散光東土這裏轉，轉到末劫苦輪迴，右佛
讚嘆眾生苦，留經三藏救爾身，先留嗼呾哆囉嗼，又留唵嘛叭哪
吽，眾生不認嗼呾哆，囉公又留華嚴經，眾生不認西來意，乾州
脫化禪州名，三十二分金剛卷，羅什吞眞歸了空，內裏吞眞歸空
去，掃名絕相金剛經，眾生迷了本來面，大國城裏又留經，九部
眞經未圓滿，留經七部母歸空。」㊹碑後一行云：「太極產開錦
乾坤，若通上三事除非呂聖人，八月十四日涅盤歸眞空。」無生
老母廟在墳之北，大門三間，匾額是「三藏菴」，兩旁塑大像四
尊，有足踏裸婦人者。初進一層爲三教堂，中塑如來，東塑老子，
西塑儒童菩薩，俱南向。兩旁東西十像，貌皆兇惡。中間後牆連
一塔，塔分三層，以板隔開，各塑小神無數，以女像爲多，東西

廂各塑衆神。後一層爲無爲無生老母大殿，正中一龕，塑作老婦人像，金身被黃龍袞，旁侍四像，有童子捧經，老者背袱等形，龕內及神前供案上小神，自尺餘至寸餘者，不可勝數，院西迤後三間，亦有神像。西一大院爲廚廐庖湢等舊址，中有井，爲作會時取水之用，向來作會，不用村中一物，即用水亦不外取。廟內地面可容千人，每當作會時，緊閉廟門，不許本村人窺看。除河南外，直隸亦於道光十九年（1839）四月，查出無生老母廟十餘處，以及飄高老祖墳塚碑記㊺，此外起出寶卷二百數十種，圖像一百數十軸。《破邪詳弁》一書的作者黃育楩，於道光十三年（1833）調任直隸鉅鹿縣知縣。道光十九年（1839）春初，陞任滄州，與吏目喬邦哲遍閱各地廟宇，查得城內有無生廟碑一座，廟已無存，碑猶如故。在滄州南捷地鎮有無生廟一座，滄州東南舊州集亦查得無生廟一座㊻。無生老母信仰的徒衆相傳無生老母的骨骸是存放在直隸清苑縣城東二十五里的磚塔內。信徒王法中供稱「無生老母，於康熙年間轉世在清苑縣之國公營。既出嫁，生一子。後被其夫休棄，而所生之子，又被雷殛。因在國公營之大寺內，習教傳徒，迨至身死。其徒於寺後修一磚塔，以藏骨骸。」㊼對照鴻臚寺卿黃爵滋奏摺後，可知所謂「無生老母者相傳明代滑縣何姓之女」云云，似即指無生轉世而言。至於「未嫁即著醜聲，其父母逐之」等語，與王法中供詞中「既出嫁，生一子，後被其夫休棄」等語，亦屬相合。

　　羅祖教的教義信仰，可以從不同的程度加以討論，五部六冊採用民間通俗性說書、唱曲的表現方式，藉以宣導其教義思想，其所關心的是鄉土百姓對人世間的社會秩序、政治制度、現實生活中有關生老病死與自然環境變遷的理解及其處理方式，透過宗教的情懷，以無生老母的呼喚來消除生存的恐慌，以來生的逍遙

自在遙應衆生的希冀與願望，是有其特殊的民間文化意識與社會功能的價值存在⑱。羅祖教所傳佈的救世福音，主要是源自佛教禪宗與淨土宗的教義，其基本概念是無極，而無極所指的就是「眞空家鄉」，是阿彌陀佛的極樂世界，回到淨土之目的是要瞭解無極，認識自己的本來面目。羅祖教就是將無極與眞空、人人皆可成佛的思想，加上劫變的觀念，概括出「眞空家鄉，無生父母」八字眞言，而成爲各教派所接受的基本思想信仰。世人生生死死，生死受苦不盡，既得返回眞空家鄉，則永無生死。「無生」似倣佛經「無生無滅」而來⑲，無生父母又作無生老母，無生老母系的教派，以無生老母爲創世祖，也是救世祖，拯救沉淪於苦海中的人類，同返眞空家鄉。「眞空」似倣佛經「四大皆空」而言，習教之人就是無生父母的兒女，其初皆生長天宮，故以天宮爲「家鄉」。《古佛天眞考證龍華寶經》分爲元亨利貞四卷，共二十四品，其第一品「混沌初分品」云：「無始以來，無天地，無日月，無人物，從眞空中，化出一尊無極天眞古佛來。」又云：「古佛出現安天地，無生老母立先天。」第二十一品「排造法船品」云：「無生老母令太上老君，在無影山前，排造大法船一隻，大金船三千六百隻，中金船一萬二千隻，小法船八萬四千隻，小孤舟十萬八千隻，又令五千數百佛祖、佛母、眞人，及九十六億皇胎兒女，八萬四千金童玉女，十萬八千護法善神，齊領船隻，救度衆生。」⑳嘉慶年間，江蘇上海縣人徐幗泰傳習無爲教一案，在徐幗泰家中起出《皇極經還鄉卷》，當即《皇極金丹九蓮正信皈眞還鄉寶卷》的簡稱，後世存二卷，二十四品，內有「無生老母，外家鄉」，「無生老母差遣彌陀下界，轉爲無爲老祖，隱姓埋名，度救衆生」，此外有「白陽、紅陽、無影山埋名姓、龍華會彌勒當極、暗生八卦、五盤四貴、暗釣賢良」等字樣。據徐幗

泰供稱「經內大意是言無生老母在天外家鄉，憫念失鄉兒女，救度殘靈，男婦吃素，出貲入教，即可將靈性逐漸復還，死後不墮輪迴。至經內白陽會、紅陽會同赴龍華等句，據陸雲章告以白陽是仙境，享清淨之福，紅陽是紅塵，享人間之福，齊赴散花天會，謂之同赴龍華。又無影山埋名姓等句，無影山是天付之性，凡人不能看見，並非世上眞有此山。又彌勒當極句，彌勒是佛名，當極是過去燃燈佛，現在是釋迦佛，未來是彌勒佛，輪流掌教」[61]。

在佛經中，劫是一種時空的觀念，將宇宙和人類的歷程分爲若干階段，每個階段就是一個大劫，每一大劫中又包括若干小劫，劫數和災變有著密切的關係，每一劫的末尾，稱爲劫末，必有大小的災難，大則水火風而爲災，小則刀兵、饑饉、疫癘以爲害。民間秘密宗教宣傳劫數的觀念，以青陽、紅陽、白陽分別代表過去、現在、未來三個階段。《混元弘陽顯性結果經》內云：「混元一氣所化，現在釋迦佛掌教，爲紅陽教主，過去青陽，現在紅陽，未來纔白陽。」又云：「永信時時認家鄉，永信心開亮堂堂。」《混元弘陽飄高祖臨凡經》「序文」亦云：「燃燈掌青陽教，釋迦掌紅陽教，彌勒掌白陽教。」[62]

清茶門教的主要寶卷是《三教應劫總觀通書》，據學者考證，八卦教的《三佛應劫書》就是根據《三教應劫總觀通書》作了部分的增改而來的[63]。《三教應劫總觀通書》又簡稱《三教應劫書》，直隸總督那彥成詳細檢閱寶卷，內有「青山石佛口」字樣，臚列三皈五戒，記載天盤三副：過去是燃燈佛掌教，每年六個月，每日六個時；現在是釋迦佛掌教，每年十二個月，每日十二個時；將來是未來佛掌教，未來佛即彌勒佛掌教，每年十八個月，每日十八個時。清茶門教以燃燈佛、釋迦佛、彌勒佛輪掌天盤，所以稱爲三教應劫。王三顧在湖北傳教時聲稱其祖上現在天上掌盤，

有一聚仙宮在西方，凡入教喫齋者，身故以後度往聚仙宮，享清淨之福，免受刀兵水火之劫⑥。湖北教犯張建謨供稱王姓傳教時曾言過去燃燈佛所管天盤是每年四十日為一月，六個月為一年；現在釋迦佛所管天盤是每三十日為一月，十二個月為一年；未來彌勒佛所管天盤是四十五日為一個月，十八個月為一年⑥。清茶門教要犯樊萬興對三世佛輪管天盤的說法，敘述較詳。據樊萬興供稱「王秉衡等說起他是直隸灤州石佛口人，祖傳習教，從前有人吃齋的，只到他家祖先牌位前磕頭，就算皈依名下為徒，送錢與他使用。後因犯案查抄，遷居盧龍縣安家樓居住，弟兄同族各自四出傳教收徒。捏說世界上是過去、現在、未來三佛輪管天盤：過去是燃燈佛，管上元子丑寅卯四個時辰，度道人道姑，是三葉金蓮，為蒼天；現在者是釋迦佛，管中元辰巳午未四個時辰，度僧人尼僧，是五葉金蓮，為青天；未來者是彌勒佛，管下元申酉戌亥四個時辰，度貧男貧女，是九葉金蓮，為黃天。他們王姓祖上即是彌勒佛托生，世傳清淨門齋，到他已有八代。此時吃的現在佛的飯，修的未來佛的道，將來彌勒佛仍要轉生到他家。凡皈依他吃齋的，可避刀兵水火之劫，免墮輪迴，不入四生六道。」⑥湖北人嚴士隴是方榮升的徒弟，嚴士隴被捕時，在其家中搜出《定劫寶卷》一本，據供方榮升曾說天上是彌勒佛掌管天盤，將二十八宿增添「如會針袁辰蒙赤正眞全陰榮玉生昇花」十六字，減去「張井」二宿，共四十二宿，八卦重畫，四卦增為十二卦，十二支增「元紐宙脣未酵」六字，共為十八支，以支屬干，既有十八支，應有九甲，以四十五日為一月，以十八個月為一年，而私自重造萬年時憲書。方榮升聲稱天上換盤，人間亦當末劫，應廣勸世人持齋，可避劫難。方榮升又稱燃燈佛為初祖，坐三葉金蓮；釋迦佛為二祖，坐五葉金蓮；彌勒佛為三祖，坐九葉金蓮。

現在世界是五濁惡世，彌勒佛治世，天下皆吃素，即換爲香騰世界⑥。直隸總督那彥成指出方榮升造曆法爲十八個月，就是以三教應劫分掌天盤爲本。

在直隸石佛口二里許的圍峰山壽峰寺是王姓祖上所建香火廟，直隸清河道韓文綺派員在壽峰寺內查出《皇極金丹九蓮正信皈眞還鄉寶卷》一部，共二本，簡稱《九蓮寶卷》，經內以「無極、太極、皇極」爲三教，有「九蓮如意」及「過去、未來、眞空、無生、九宮、八卦、清陽、紅陽」等字樣，散敍經內。直隸總督那彥成指出王姓累代傳教，就是做此寶卷編造三教應劫分掌天盤的說法⑥。據方榮升供稱，《三教應劫書》以彌勒佛掌世爲皇極，所以編造「太極退位，皇極當興」等語。王殿魁被捕後亦供稱「記得祖母講過，教內過去的是燃燈佛，九劫，一年六個月，一日六個時；現在是釋迦佛，十八劫，一年十二個月，一日十二個時；未來的彌勒佛，八十一劫，一年十八個月，一日十八個時，並相傳未來佛將來出在王姓。」又稱「龍華會就是上供，後天就是未來佛，無生父母是無極，以前三會總收源是過去、現在、未來三會，統在一起爲收源，續紅陽會是青陽、紅陽、白陽三教，未來收源，未來天盤，未來皇極，俱是彌勒掌教的意思。」⑥

青蓮教誦習的寶卷，主要是《無生老母經》、《龍華經》、《悟性窮源》、《懺悔經》、《玉皇心印經》、《慈航性理經》、《性命圭旨》、《三皈五戒》、《十報十懺》、《靈犀玉璣璇》、《諭迷喚醒》、《唱道眞言》、《無上妙品》、《開示眞經》、《九蓮寶讚》、《十二圓覺》、《梵王經》、《斗牛宮普度規條》等。四川總督戴三錫查閱各寶卷後指出《性命圭旨》、《唱道眞言》二書，俱係道家之言，爲原有經卷，《開示眞經》則爲鄙俗常言編成禳災祈福語句，並無違悖字樣⑦。在《開示眞經》內有

「萬法流通在世間，金丹大道至極元，八牛普度開群品，丙午丁未大收圓」等字樣。《靈犀玉璣璇》內載有「無生老母降乩之言」。青蓮教的教義，主要在宣傳「未末申初當滅六十億萬生靈，入教者可以邀福免禍」的思想⑦。

　　民間秘密宗教多接受三世佛輪管天盤的說法，燃燈佛九劫，管天盤十萬八千年；釋迦佛十八劫；彌勒佛八十一劫，天上換盤，人間亦當末劫。無生老母曾留下兒女共有九十六億，這些失鄉兒女，盡染紅塵，飽嘗苦難，無生老母有時化爲觀世音菩薩或呂祖，有時差遣諸佛下臨世間，將失鄉兒女收回天宮，過去青陽劫內燃燈佛收回二億，紅陽劫內釋迦佛又收回二億，未來白陽劫彌勒佛要收回十億，眾生供奉無生老母，喫齋誦經，學習坐功運氣，便可以獲福延年，不遭劫難，免墮輪迴，不入四生六道，無生老母信仰的盛行，充分反映下層社會對未來千福年理想境界的憧憬與渴望⑫。

【註　釋】

① 《宋史》（臺北，鼎文書局，民國六十九年五月）〈藝文志〉，卷二〇五，頁5187。

② 《史料旬刊》（臺北，國風出版社，民國五十二年六月）第二期，天四九，雍正七年十二月初六日，江西巡撫謝旻奏摺。

③ 《宮中檔雍正朝奏摺》，第十四輯（臺北，國立故宮博物院，民國六十八年二月），頁698，雍正七年十月十三日，福建巡撫劉世明奏摺。

④ 《軍機處檔·月摺包》（臺北，國立故宮博物院），第2705箱，135包，31665號，乾隆四十六年八月初八日，咨呈。

⑤ 《宋史》，「藝文志」，卷二〇五，頁5189。

⑥　《軍機處檔‧月摺包》，第2705箱，128包，29660號，乾隆四十六年正月二十四日，江西巡撫郝碩奏摺錄副。

⑦　《軍機處檔‧月摺包》，第2705箱，136包，32025號，湖廣總督舒常等摺稿。

⑧　《清高宗純皇帝實錄》，卷二七三，頁4，乾隆十一年八月辛巳，上諭。

⑨　《軍機處檔‧月摺包》，第2705箱，135包，31665號，乾隆四十六年八月初八日，湖北巡撫鄭大進咨呈。

⑩　《軍機處檔‧月摺包》，第2751箱，9包，18690號，嘉慶二十一年八月初四日，直隸總督方受疇奏摺錄副。

⑪　《宮中檔》，第2723箱，99包，19397號，嘉慶二十年七月二十三日，湖廣總督馬慧裕奏摺。

⑫　《軍機處檔‧月摺包》，第2751箱，11包，49214號，嘉慶二十一年八月二十七日，江西巡撫錢臻奏摺錄副。

⑬　《軍機處檔‧月摺包》，第2751箱，7包，48327號，嘉慶二十一年七月初一日，山東巡撫陳預奏摺錄副。

⑭　《軍機處檔‧月摺包》，第2751箱，19包，50698號，嘉慶二十二年正月二十五日，四川總督常明奏摺錄副。

⑮　《軍機處檔‧月摺包》，第2751箱，5包，47998號，嘉慶二十一年六月十六日，兩江總督百齡奏摺錄副。

⑯　《軍機處檔‧月摺包》，第2751箱，2包，47500號，嘉慶二十一年五月初十日，山東巡撫陳預奏摺錄副。

⑰　《軍機處檔‧月摺包》，第2751箱，3包，47602號，嘉慶二十一年五月二十一日，兩江總督百齡奏摺錄副。

⑱　《軍機處檔‧月摺包》，第2751箱，28包，52207號，嘉慶二十二年七月初九日，湖廣總督阮元奏片錄副。

⑲　《軍機處檔‧月摺包》，第2764箱，103包，22056號，乾隆四十三年十二月十一日，山西巡撫覺羅巴延三奏摺錄副。

⑳　《宮中檔》，第2774箱，202包，50189號，乾隆五十二年二月十四日，山東巡撫明興奏摺。

㉑　《上諭檔》，方本，道光十二年二月十二日，頁101，曹振鏞等奏稿。

㉒　《軍機處檔‧月摺包》，第2747箱，37包，59940號，道光八年五月初七日，河南巡撫楊國楨奏摺錄副。

㉓　《宮中檔》，第2741箱，192包，47408號，乾隆四十九年三月初七日，山西巡撫農起奏摺。

㉔　《軍機處檔‧月摺包》，第2751箱，16包，50027號，嘉慶二十一年十二月十六日，直隸總督方受疇奏摺錄副。

㉕　《軍機處檔‧月摺包》，第2747箱，9包，55254號，道光七年三月二十五日，富俊奏摺錄副。

㉖　《清代檔案史料叢編》，第三輯（北京，中華書局，一九七九年十一月），頁8，嘉慶二十年十一月初三日，直隸總督那彥成奏摺。

㉗　《軍機處檔‧月摺包》，第2751箱，1包，47337號，嘉慶二十一年四月二十四日，山東巡撫陳預奏摺錄副。

㉘　《軍機處檔‧月摺包》，第2751箱，27包，51919號，嘉慶二十二年六月十五日，直隸提督徐錕奏摺錄副；第2751箱，27包，52032號，嘉慶二十二年六月二十三日，直隸總督方受疇咨呈。

㉙　《軍機處檔‧月摺包》，第2751箱，32包，52891號，嘉慶二十二年八月三十日，直隸總督方受疇奏摺錄副。

㉚　《上諭檔》，方本，道光十二年二月初八日，頁64，曹振鏞等奏稿。

㉛　《史料旬刊》，第二七期，天九九三，乾隆四十年閏十月十五日，河南巡撫徐績奏摺。

㉜　《軍機處檔‧月摺包》，第2751箱，28包，52303號，紅陽教寶卷清單。

㉝　《上諭檔》，方本，道光十二年六月初六日，頁49，曹振鏞等奏稿。

㉞　喻松青撰〈清茶門教考析〉，《明清史國際學術討論會論文集》（天津，天津出版社，一九八二年七月），頁1088。

㉟　《軍機處檔‧月摺包》，第2751箱，1包，47264號，嘉慶二十一年四月十二日，兩江總督百齡奏摺錄副。

㊱　《軍機處檔‧月摺包》，第2751箱，3包，47551號，嘉慶二十一年五月十八日，湖廣總督馬慧裕奏摺錄副。

㊲　《清代檔案史料》，第三輯，頁21，嘉慶二十年十一月二十七日，河南巡撫方受疇奏摺錄副。

㊳　《清代檔案史料叢編》，第三輯，頁51，王克勤供詞。

㊴　《清代史料叢編》，第三輯，頁59，嘉慶二十一年正月十四日，直隸布政使司咨呈。

㊵　《宮中檔》，第2731箱，45包，8007號，道光二十五年八月初四日，湖南巡撫陸費瑔奏摺。

㊶　《宮中檔》，第2731箱，41包，7435號，道光二十五年四月二十二日，梁寶常奏摺。

㊷　《宮中檔》，第2723箱，99包，19418號，嘉慶二十年七月二十六日，山西巡撫衡齡奏摺。

㊸　《宮中檔》，第2706箱，3包，338號，嘉慶元年三月十九日，浙江巡撫覺羅吉慶奏摺。

㊹　《上諭檔》，方本，道光十二年二月十六日，頁158，曹振鏞奏稿。

㊺　《軍機處檔‧月摺包》，第2751箱，17包，50202號，嘉慶二十一年十二月二十三日，浙江巡撫孫玉庭奏稿。

㊻　《宮中檔》，第2723箱，94包，17815號，嘉慶二十年二月十一日，

四川總督常明奏摺。

㊼ 《軍機處檔・月摺包》，第2751箱，18包，50537號，嘉慶二十二年二月初五日，山西巡撫衡齡奏摺錄副，又見同檔15包，49790號，嘉慶二十一年十一月二十七日，衡齡奏摺錄副。

㊽ 《軍機處檔・月摺包》，第2751箱，8包，48587號，嘉慶二十一年六月二十六日，直隸總督那彥成奏摺錄副。

㊾ 《軍機處檔・月摺包》，第2751箱，8包，48454號，嘉慶二十一年六月十六日，兩江總督百齡奏摺錄副。

㊿ 《軍機處檔・月摺包》，第2751箱，23包，51455號，嘉慶二十二年四月二十六日，慶祥奏摺錄副。

(51) 《軍機處檔・月摺包》，第2751箱，5包，48001號，嘉慶二十一年六月十四日，署理江蘇巡撫楊護奏摺錄副。

(52) 《清宣宗成皇帝實錄》，卷二四六，頁15，道光十三年十二月戊申，寄信上諭。

(53) 《軍機處檔・月摺包》，第2743箱，70包，66092號，道光十三年十二月十二日，耆英奏摺。

(54) 《月摺檔》，道光十八年七月二十二日，鴻臚寺卿黃爵滋奏。

(55) 《宮中檔》，第2726箱，18包，2699號，道光十九年四月初三日，署直隸總督琦善奏摺。

(56) 澤田瑞穗著《校注破邪詳辯》（日本東京，道教刊行會，昭和四十七年三月），頁89。

(57) 《校注破邪詳辯》，頁77。

(58) 鄭志明著《無生老母信仰溯源》（臺北，文史哲出版社，民國七十四年七月），頁39。

(59) 《校注破邪詳辯》，頁62。

(60) 《校注破邪詳辯》，頁30。

(61) 《軍機處檔・月摺包》，第2751箱，8包，48454號，嘉慶二十一年六月十六日，兩江總督百齡奏摺錄副。

(62) 《校注破邪詳辯》，頁121。

(63) 《明清史國際學術討論會論文集》，頁1105。

(64) 《軍機處檔・月摺包》，第2751箱，1包，47135號，嘉慶二十一年四月十三日，晉昌奏摺錄副。

(65) 《軍機處檔・月摺包》，第2751箱，3包，47551號，嘉慶二十一年五月十八日，湖廣總督馬慧裕奏摺錄副。

(66) 《清代檔案史料叢編》，第三輯，頁65，嘉慶二十一年一月二十八日，湖廣總督馬慧裕奏摺錄副。

(67) 《宮中檔》，第2723箱，100包，19642號，嘉慶二十年八月二十二日，兩江總督百齡奏摺。

(68) 《清代檔案史料叢編》，第三輯，頁45，嘉慶二十年十二月二十一日，直隸總督那彥成奏摺。

(69) 《清代檔案史料叢編》，第三輯，頁47，王殿魁供詞。

(70) 《軍機處檔・月摺包》，第2747箱，43包，60885號，道光七年六月十六日，四川總督戴三錫奏摺錄副。

(71) 《軍機處檔・月摺包》，第2752箱，129包，76470號，道光二十五年十二月初九日，鴻臚寺卿董瀛山奏摺。

(72) 莊吉發撰「清代民間宗教信仰的社會功能」，《國立中央圖書館館刊》，新十八卷，第二期（臺北，國立中央圖書館，民國七十四年十二月），頁148。

紅陽寺寶印模

清初閩粵人口壓迫與偷渡臺灣

一、前　言

　　清朝初年，經過長期的休養生息，戶口日增，食指愈多。由於人口與土地的分配已經失去均衡的比例，地區性的人口壓迫問題逐日趨嚴重。所謂偷渡，就是無照移民，廣義的偷渡，應指國內的移殖與潛渡外洋而言。民人爲衣食所迫，竟不惜潛往人口稀少的省分，或偷渡出洋以謀生計。直省內部移民，除東三省外，以移入四川者爲數最多。四川省經過明末張獻忠等大肆屠殺後，地廣人稀，故能容納外省大量過剩人口的移入①。其次如廣西、臺灣等地，移入的人口，亦增加甚速。雍正六年（1728）正月，廣州將軍署理廣東巡撫印務石禮哈具摺指出粵省民人紛紛飄流川省的原因云「祇緣川省浮於地，粵省滿於人，川地米肉賤於粵，所以無識愚民趨利日至衆多。」②曲江山邨民人自川省回鄉後稱川米三錢一石，肉一錢七勆，以致鄉民紛紛變產潛往四川。其中廣、惠、南、韶等府及南雄、保昌、始興各縣民人多經樂昌縣，過湖南，由客頭包攬入蜀。廣東總督鄂彌達亦曾奏稱廣東在雍正五年以前疊遭水患，無籍貧民多移徙廣西、四川二省及渡海至臺灣謀生，其中多屬於惠州興寧、長樂、龍川、和平、永安及潮州程鄉、羅定州西寧七縣的貧民。携老挈幼，每日二三百或四五百名口不等，相繼前往四川覓食傭工種地③。就閩粵兩省而言，移入廣西、四川的人口，以廣東爲最多，福建次之；移入臺灣的人口，則以福建爲最多，廣東次之。本文撰寫的目的即在就現藏清

代宮中檔奏摺原件及軍機處月摺包奏摺錄副等資料以探討清初閩粵民人偷渡臺灣的背景、經過,並分析清廷禁止偷渡的原因。

二、偷渡的背景

　　閩粵民人移居臺灣,對臺灣的開發與經營,具有重大的意義。明朝末葉,內地漢人已因避難而紛紛移入臺灣。荷人據有臺灣後,商務日趨繁盛,漢人渡臺者與日俱增。據巴達維亞日誌的記載,荷人進入臺灣之初,臺南一帶,若干漢人,散居於各土著村落之間,從事米鹽的生意。因漢人尚無長期定居的企圖,所以並無從事農業者。自從天啓四年(1624),荷人佔據臺南一帶以後,由於勞力的需要,而獎勵漢人的移住。崇禎九年(1636)以後,荷人獎勵農業,尤其是獎勵蔗糖的生產,因此,漢人的移殖不斷增加。據統計在荷人統治末期,漢人男丁已有二萬五千人,在鄭氏時代,增至十二萬人以上。鄭成功實施寓兵於農的政策,更奠定了漢族在臺灣經營的基礎④。

　　閩粵民人偷渡臺灣,與地理背景有密切關係。福建地方,依山濱海,山多田少。其中福州、興化、漳州、泉州、汀州等府,地狹民稠,濱河地方,水陸兵額本多,又有應給戌台班兵眷米,內地產米不敷食用,沿海小民,計圖覓食,遂多私渡外域。廣東各府,山海交錯,非山即海,貧窮居多,其所以輕蹈法網,雖因人情澆薄,亦由於無田可耕,無業可守。怠惰之徒,流爲盜賊,勤奮良民,迫於生計,相繼向外圖謀發展。臺灣與閩粵內地,一衣帶水,地土膏腴,物產饒裕。內地兵糧、民食、積儲,歲多取給於台地所產米穀。雍正二年(1724)九月,福建水師提督藍廷珍奏陳臺灣善後事宜一摺略謂「遡自歸入版圖以來,其地所出米穀豆麥,閩省數十年來民食,大有收賴,即如浙江米價騰昂,

督臣覺羅滿保亦係雇備商船買糴，源源運赴接濟。再如江浙兩省民間所需糖貨，均為仰賴台地帆販貿易。」⑤閩省下游泉漳等府，戶口殷繁，常年所產米穀，不敷半歲之用，全賴臺米運濟，若台船數月到稀，米價隨即騰貴。雍正四年（1726）五月，福建巡撫毛文銓奏稱「查閩省山海多而田疇少，原鮮蓋藏，惟藉本地年穀順成，并江西及粵省潮州等處豐穰，則兩游數百萬生靈，即無乏食之虞。今本省收成既薄，而江西一省，疊准據汀州鎮臣陳祖訓、汀州府知府何國棟咨報民間遏糴，不容來閩，故汀州鹽米俱遭光棍糾眾搶奪。至於潮州不但不能望其接濟，反日至泉、漳搬運，以致米價日騰。」⑥閩粵地方民食維艱，台地土膏衍沃，人烟稀少，謀生容易，內地民人遂紛紛冒險渡台耕種或貿易。

　　閩粵民人渡台者，起初俱於春時往耕，秋成回籍，隻身去來，習以為常。其後由於海禁漸嚴，一歸不能復往，其在台立有產業者，既不願棄其田園，遂就地住居，漸成聚落。巡臺御史赫碩色曾指出流寓民人，在城者佔少數，散處者居多數，成家者少，單丁獨漢者多。其有田地者稱為業主，召募流民種地研糖，稱為佃丁，又叫僱工，內地民人渡臺餬口者，大致不出此二途⑦。雍正五年（1727）七月，福建總督高其倬經詳細詢訪後奏稱臺灣府所屬四縣之中，臺灣一縣皆為老本住台之人，原有妻眷，其餘諸羅、鳳山、彰化三縣，俱係新住之民，全無妻子，間有在臺灣縣娶妻者，但不過佔千百中什一而已，其餘皆為無室家者。在三縣移民中，閩粵參半，除開田耕食外，或從事貿易，或充當雇工，亦有飄蕩寄住全無行業者。其中耕田之人可以分為二種：一種為自墾田土自身承種者；一種為承種他人田土而為佃戶者。各佃戶所承種的田數多寡不等，年分久暫亦有別⑧。臺地沃壤日闢，利之所趨，偷渡益盛。內地民人隻身在臺，居住日久，為搬移眷屬，

偷渡案件遂層出不窮。清廷向來禁止携帶婦女的原因,就是由於
臺地遠隔重洋,形勢險要,民人衆多,良奸不一,恐爲地方之害。
高其倬即曾指出其中緣故,「細思臺地所以較內地多曠土,可以
留容人民者,以各民皆無妻室戶口,不能繁滋。若家家生聚,歲
歲增添,亦自有土滿之患矣。」朝廷功令雖然森嚴,爲搬移眷屬,
乃千方百計偷渡過臺。易言之,閩粵民人偷渡盛行,除地理背景
外,政策方面也是一個不可忽視的因素。

雍正初年,閩粵歷任官員條陳台地事宜時曾論及內地民人移
居台地,既無家室,心無繫念,故敢於爲非,若令搬眷成家,則
人人各守其田廬,各顧養贍妻子,不敢妄爲不法之事,不失爲安
靜台境之一策。雍正五年七月,高其倬條陳搬眷事宜,除貿易、
雇工、無業游民不准搬移外,其開墾田土滿一甲,並有房廬者,
俱准呈明地方官給照搬眷。雍正十年(1732),廣東總督鄂彌
達條奏流寓之人,既願爲臺民,凡有妻子在內地者,許其呈明給
照搬眷入臺,編甲爲民。同年五月,經大學士鄂爾泰等議准,查
明有田產生業平日安分循良情願携眷赴臺入籍者,地方官申詳道
府查實給照搬眷入臺⑨,此爲清廷准令携眷過臺之始。但因臺地
客民與日俱增,不法之徒乘機携帶親人,食指浩繁,雍正十一年
(1733)二月,福建總督郝玉麟、福建巡撫趙國麟會銜具奏,
限於搬取內地妻子,其餘親人概不許携帶。乾隆四年(1739),
郝玉麟以流寓良民眷口均已搬取,奏請定限一年,於乾隆五年停
止給照,不准搬移。乾隆九年(1744),巡視臺灣給事中六十
七以內地民人聞臺地父母年老欲來侍奉,或因內地父母孤獨無依,
欲往臺地就養,奏請給照搬眷,入甲安插。乾隆十一年(1746)
四月,奉旨依議。但未定年限,流弊滋多,而且過臺人數自雍正
十二年起至乾隆五年止,給照大小男婦不下二萬餘人,已有地窄

人稠之虞。乾隆十二年（1747）五月，閩浙總督喀爾吉善奏請自是年五月為始，定限一年，准許搬眷，逾限不准給照⑩。自此以後仍禁止搬眷，內地民人遂無從影射過臺，惟包攬接引偷渡的流弊卻更甚於前。據喀爾吉善奏稱自乾隆十三年四月起至六月底止，閩省沿海文武拿獲偷渡過臺人犯共十五起，每起男婦多至七八十人，最少亦有一二十人。清廷對搬眷禁令時弛時嚴，既不許內地隻身游民出海渡臺，復禁止搬取眷屬過臺，於是民人甘蹈偷渡之愆，冒險東渡，以就食臺地。

三、偷渡的港口

閩粵兩省，處處瀕臨海口，港汊紛歧，船隻往來絡繹。臺灣西海岸則隨處可上岸，偷渡容易。因此，禁者自禁，渡者自渡。福建沿海口岸，自福寧以迄漳州，無處不可出海。其中泉州廈門是赴臺的總路，但其他小口極多，如大小擔、崇武、安海、青崎、浯崎、赤碼、檳榔崎、劉武店等。至於福州府屬的閩安、福寧府屬的南鎮、興化府屬的涵江口及廣東惠、潮各州所屬海岸，船隻皆可出口，偷渡尤易。

臺地日用貨物，大半取資於內地，而閩粵兵糈民食則多賴赴臺商船配運。康熙年間，臺灣設郡縣之初，即設鹿耳門一口，以對渡廈門。惟除鹿耳門外，其他沿海小港甚多，如淡水廳的八里坌、淡水港、小雞籠、八尺門、吞霄、竹塹、南崁、中港、後壠港、大安港，彰化所屬海豐港、水裏港、二林港、三林港、鹿仔港，諸羅即嘉義所屬虎尾澳、八掌溪、笨港、猴樹港、鹽水港、蚊港、布袋澳、海翁崛，鳳山所屬竹仔港、泉港、打鼓港、茄藤港、萬丹港等；或可容哨船出入，或可容杉板船及舶仔小船進出⑪，俱為偷渡捷徑。無照民人多在各處小港登岸，原設汛兵因塘

汛傾圮，營制廢弛，並不各歸汛地，甚或得賄縱放，任聽出入。

　　內地船隻由廈門大擔口正路出海者多屬船主舵工，計圖漁利，招引無照民人頂冒水手，潛往臺灣。其由青嶼、浯嶼、赤碼、檳榔嶼等小路偷渡者爲各地客頭所包攬的客民，先在海澄、龍溪、詔安等縣招引聚集小船，由石碼等處潛至廈門，乘夜載赴大船出海。定例廈門船隻應對渡鹿耳門，惟自廈門至鹿仔港，航路亦近，風順之時，不過一二日即可入口。在鹿仔港正式設口以前，廈門向有白底艍船駛往鹿仔港購買米穀運回內地銷售，獲利頗豐，其後蚶江私販亦多偷渡鹿仔港。乾隆四十九年（1784），福州將軍永德奏請臺灣北路於鹿仔港增開口岸，內地泉州於蚶江開設口岸，議定廈門船隻掛驗後對渡鹿耳門，蚶江船隻對渡鹿仔港。乾隆五十三年（1788），議准開設八里坌，對渡福州五虎門。其後由於鹿仔港口泥沙淤積，港道淺狹，船隻出入頗爲不便，舊有海豐港界在嘉義、彰化之間，距彰化縣城七十里，距鹿仔港六十餘里，其港口初本狹隘，但由於溪水匯注沖刷，日漸深廣，當地民人稱爲五條港。此外噶瑪蘭烏石港、加禮遠港亦可通小船，在道光六年（1826）始議准開設口岸。臺灣沿海正式開設的口岸雖少，但因港汊紛歧，隨處皆可上岸。閩粵地方，人稠地狹，臺地尚可容納內地過剩的人口，清廷既禁止內地民人移居，不得不冒犯法網，無照私渡。

四、偷渡的方式

　　清初嚴查偷渡，禁令綦嚴，閩粵居民格於成例，利用種種方式偷渡臺灣，百弊叢生，甘受奸梢愚弄。閩浙總督喀爾吉善曾指出內地民人偷渡，其弊端雖層出不窮，而緊要情節，不過兩端：一在內地客頭的包攬；一在臺地民人的接引。偷渡民人散處各方，

若無客頭包攬，斷難渡海。至於內地民人雖欲赴臺謀生，若無在臺客民的接引，亦不敢冒然前往⑫。偷渡日盛，督撫遂引爲地方的隱患。閩浙總督高其倬亦曾指出民人偷渡的主要工具爲短擺及自備哨船，其原摺略謂「偷渡一節大爲臺灣隱憂，而短擺之船及自備哨船二種，實爲偷渡之津梁。蓋自臺灣至廈門，自廈門至臺灣，俱必到澎湖，此實臺廈之咽喉。凡一切往來人貨，自臺灣至澎湖可用杉板小船，自廈門至大擔門外，亦可用杉板小船，惟自澎湖至大擔門外，此中間一段洋面，水寬浪大，杉板船不敢行走，必用大船方能渡過。向有泉漳一帶奸刁船戶借稱往澎湖貿易，駕駛趕鱝大船，名曰短擺，既不到臺灣掛號，又不到廈門掛號，終年逗遛澎湖，往來于大擔門外，有廈門不法店家客頭包攬廣東及福建無照偷渡之人，用杉板小船載出大擔門外，送上短擺大船，渡到澎湖，又用杉板小船裝載，不入鹿耳門，以避巡查，徑至臺灣北路之笨港、鹿仔港一帶小港幽僻無人之處上岸，散入臺地。」⑬因此，高其倬認爲欲杜偷渡，必須禁止短擺及自備哨船。不肖客頭奸梢，往往將船隻駛至外洋荒島或沙洲，詭稱到臺，逼迫客民登岸，坐以待斃，甚至盡歸魚腹。原任臺灣縣知縣魯鼎梅所纂《臺灣縣誌》曾云「內地窮民在臺營生者數十萬，其父母妻子俯仰乏資，急欲赴臺就養，格於例禁，群賄舡戶，頂冒水手姓名掛驗，女眷則用小漁船夜載出口，私上大舡，抵臺，復有漁舡乘夜接載，名曰灌水。經汛口覺察，奸梢照律問遣，固刑當其罪，而杖逐回籍之民，室廬拋棄，器物一空矣。更有客頭串通習水積匪，用濕漏之舡，收載數百人，擠入艙中，將艙蓋封釘；不使上下，乘黑夜出洋，偶值風濤，盡入魚腹。比到岸，恐人知覺，遇有沙汕，輒趕騙離舡，名曰放生。沙汕斷頭，距岸尚遠，行至深處，全身陷入泥淖中，名曰種芋。或潮流適漲，隨波漂溺，名曰餌魚。窮

民迫於飢寒，罔顧行險，相率陷阱，言之痛心。」⑭內地民人迫於飢寒，急不擇音，賄通船戶，頂冒水手，乘黑夜出海，亦於黑夜抵臺上岸，此即最常見的偷渡方式。福建巡撫潘思榘亦曾指出偷渡民人悉由客頭潛藏接引，得財包攬，其不法船戶慣用破爛船隻，誆騙男婦入艙，一出大洋即鑿破船底，將客民沈入海中，自駕小舟而回，稱為救生船，其兇惡遠過於盜賊。雍正七年（1729），清廷禁止偷渡，主要就是嚴禁不法客頭船戶包攬客民。是年十月，福建觀風整俗使劉師恕具摺稱「閩省過臺之禁，遵行已久，然禁者自禁，渡者自渡，究未能絕也。蓋由愚民無知，貪臺地肥饒，往可獲利，故不惜背鄉井，賣房產，冒風波，干功令，而為偷渡之計，地方不法棍徒，因而引誘包攬，名曰客頭。每客一人，索銀六七八兩不等。先分匿於荒僻鄉村，迨有一二百人，乃將大船停泊澳口之外，乘夜用小船載出，復上大船而去。沿海地方廣闊，隨處可以上船，本難稽查，而澳甲地保通同私縱者，又復不少，其被拿獲者，偷渡男婦遞回原籍，而客頭僅坐杖徒，且許折贖，出所得百分之一，便可脫然無事，利重罪輕，彼亦何憚而不為也。且又有一種奸惡之徒，既取重利，復圖泯迹，遂用朽壞之船，將人客不分男女共填艙內，以板蓋定，行至海中，鑿船沉之，自駕小舟而回。又或遇沙洲荒島，即詭云到臺，呼客上岸。客纔出艙，不辨何處，歡欣登岸，彼已揚帆而去，謂之放生，迨其知覺，呼號莫救。念此愚民，本欲趨利，乃不沉溺於海，即枯槁於山，雖禍由自取，而客頭之罪，已不容誅矣。」⑮為杜偷渡之端，劉師恕奏請將被獲客頭應擬充軍，為從者減一等，倘有中途謀害情事，則照強盜傷人得財律擬處。清廷禁止偷渡，立法非不周詳，但弊端仍多，偷渡伎倆，變換多端，福州將軍新柱訪知臺郡小船私由小港偷運米穀，前往漳泉及廣東等處售賣，內地

民人乘其回棹，暗搭過臺。由廈門前往臺郡的船隻，稱爲橫洋船，
其舵水額配過多，故分賄兵役，頂冒偷渡。除商漁船戶貪圖財物
勾引裝載外，據閩浙總督喀爾吉善指出更有一種客頭，假充商漁，
本身並不在船上，惟在四路招攬，復於營汛口岸層層安頓，另僱
舵水撐駕偷渡，不肖兵丁及地保澳甲等一氣串通，得錢賣放，以
致偷渡之弊，永難杜絕。

　　乾隆十四年（1749）四月初六日，福建右營水師把總林國
寶等率領兵丁扮作商人，在浯嶼外洋追獲趕繪船一隻，內載客民
男婦共一百八十一名，舵水二人。此船樑頭僅九尺七寸，船身朽
爛，帆維椗索，俱爲草繩，男婦百餘人擁擠同艙，水深及膝，所
謂放生船，即指此類船隻。另有小舟一隻，因見官兵追捕，水手
四人即躍下小舟，飛駕逃脫。據所獲偷渡客民供稱是由客頭陳湖
勾引，總客頭爲江老，住海澄縣大涇地方，各地客民陸續聚集江
老家中，每人出大番錢三四圓不等，約計騙銀四百餘兩⑯。自乾
隆二十三年十二月起至二十四年十月止一年期間，閩省共盤獲偷
渡客民共二十五起，老幼男婦計九百九十九名，溺斃男婦三十四
名。乾隆五十二年分，閩省拏獲偷渡人犯共二百十八名，臺灣汛
兵在鹿耳門外拏獲李淡無照船一隻，共載張挑等男婦二百四十餘
名。乾隆五十五年五月，淡水同知袁秉義詳報拏獲包攬偷渡船戶
陳水等十四名，據供陳水籍隸海澄縣，於乾隆四十四年到臺灣，
五十四年，置買雙桅商船一隻，領給嘉義縣牌照，牌名陳發金，
僱陳盛爲舵工，林柏、林篆、馮笑、孫古爲水手。五十五年四月
二十四日，在鹿耳門掛牌出口，往淡水生理。二十六日夜，陡遇
東南風，將船漂至泉州府晉江縣宮下港收泊。因船桅損壞，次早，
陳水上岸，僱船匠修理時，有民人許貴携帶妻吳氏，弟婦顏氏，
嬸母老吳氏，堂弟許用，又蔡東同母洪氏，吳遠同妻林氏，又陳

老同妻施氏，又莊寬同孀母吳氏，又耿助一人，共男婦十四名，均欲往臺灣尋親生活，懇求陳水搭載。陳水應允，當即議定男客每名交番銀一圓，女客每名錢八百文。五月初一日傍晚，陳水將船駛至僻靜處所，許貴等先後登船，即於是日晚開駕出洋，初三日午刻到淡水廳大安港南埔海面，旋被兵役拏獲⑰。不僅商船攬載客民偷渡，水師兵船亦有私載客民偷渡者。乾隆五十五年六月，嘉義縣笨港拏獲偷渡客民沈堯等二十七名。據供沈堯等因欲渡臺找尋親戚，於是年五月十七日見有素識哨舡要往臺灣，即央求舡上水兵附渡。隨有水兵黃得元等攬載上船，每人應允給舡錢番銀三四圓。五月十八日傍晚時分，沈堯等先後上舡，次日放洋，二十六日，被風打到海豐港附近地方，沈堯等上岸，水兵黃得元等則駕舡到鹿耳門進口。同年三月二十七日晨，鳳山縣東港有小船二隻，載貨上岸，拏獲偷渡人犯四名，內含舵工蔡牙等人，其大船停泊於東港汕外，當汛弁往拏時，其大船已駕逃。船主為福建同安縣人陳次，其妻舅王金山僱蔡牙在船上把舵。蔡牙亦籍隸同安縣，與王金山認識。陳次舊置商船一隻，領給同安縣牌照，牌名為陳裕金。乾隆五十四年五月，陳次身故。五十五年二月，其母陳蘇氏將牌照赴縣繳換，仍係陳裕金姓名。是年三月，陳蘇氏託王金山置買布疋往海山銷售。王金山聽聞臺灣布疋價昂，地瓜價賤，起意偷渡，欲將布疋在臺灣變賣，置買地瓜，運回內地，希圖獲利。三月十五日，王金山與姊丈陳次之姪陳鼎商定出海，邀蔡牙把舵，議給工食番銀六圓，先付二圓，又僱蔡江等七人為水手。王金山將空船駕至劉五店汛掛號出口，旋將布疋運載上船。水手陳內亦買烟布紙扇棕簑各貨附搭上船，蔡牙攬客陳文滔一名，議出船價番銀三圓，錢二百文，言明抵臺時交給，蔡牙即於是夜開船出海。二十六日，駛近鳳山縣屬東港汕外，將船停泊僻靜處

所，次日早，蔡牙等分駕小船二隻，裝載烟布等貨上岸時被汛兵盤獲，陳鼎等聞知後將船駕逃。

　　乾隆五十六年五月二十七日，在淡水廳中港口外查獲廣東紅頭船一隻，內含船戶黃阿扶，舵工趙田，水手林士青等六名，偷渡客民余富等九名。五月二十九日，在彰化縣武絡洋查獲船一隻，內含舵手鄭智、水手陳明等四名，偷渡客民林喜等二十四名。六月初七日，在淡水廳吞霄洋面盤獲船一隻，拏獲舵工潘參等五名，偷渡客民吳敬等十六名。其中鄭智籍隸廣東海豐縣，乾隆五十六年二月內，受雇在船戶施奇會船上把舵。施奇會因捕魚不敷食用，與鄭智商定攬客偷渡，陸續攬得客民林喜等二十四名，每人許給船租番銀二三圓不等，先付番銀一圓，其餘約定到臺後找給。五月二十三日，由海豐牌竹港出口，二十九日，抵彰化武絡洋面被獲。五十七年五月二十六日，淡水廳大安港南埔海垵地方盤獲偷渡商船一隻，船戶為吳好。據供吳好籍隸南安縣，乾隆五十五年，承買馬巷廳民黃萬興小商船一隻，在各港貿易。五十七年閏四月內，有素識的陳烈同親族十餘人欲往臺灣，倩吳好載送，每名許給番銀二圓，吳好允從，並自攬鄭舊等男婦四名，在家等候。五月初八日，空船赴井汛掛驗出口，收泊南安縣內湖港荒僻地方。十八日，陳烈等十九人登舟，吳好則引鄭舊等上船，共載男婦客民二十七名。十九日，放洋。二十一日，望見臺灣，吳好令水手王朝等乘坐杉板小船探路，被巡洋兵役拏獲，吳好望見，將船駕逃。二十三日晚，駛至不知地方海灘，吳好即令陳烈等上岸，將船駕逃，二十六日晚，收泊南埔海垵時被兵役盤獲。乾隆五十七年八月初六日，大雞籠港拏獲偷渡商船一隻，船戶為馬輔。據供馬輔籍隸廣東潮陽縣，與鄰居曾紹化素好。曾紹化與詔安縣民何尊合買小商船一隻，是年五月初間，曾紹化在福建裝載木料回至

潮州府澄海縣塗弼澳地方卸賣貨物回家，馬輔即向曾紹化租賃船隻，每日船租錢五十文。馬輔因無本置貨，起意攬客偷渡，先後攬得同鄉劉叟等十人，每名付給船租四圓。五月二十二日，由塗弼澳出口，因風信不順，收回灣泊，七月二十二日，復行開駕，八月初六日被拏獲。閩粵偷渡案件，層見疊出，不勝枚舉，客頭船戶以攬載客民爲業，希圖重利，偷渡之風並不因功令森嚴而稍戢。偷渡民人甚至不由商船搭載，竟相互糾約數十人，或數百人，合置船隻，由沿海僻靜小口偷渡到臺，棄船登岸，如此可以避免被各汛并兵丁查拏。閩粵民人偷渡方式既多，防範難周，臺地客民與日俱增，督撫遂引爲隱憂，渡臺禁令迄未解除，並訂定章程，雷厲風行，嚴查偷渡，欲藉朝廷法令以遏止臺地戶口的增加。

五、禁止偷渡的原因

臺灣雖然孤懸海外，但地位重要，可以說是江浙閩粵等省的屏障。惟自明季以降，因海疆不靖，向嚴海禁。清世祖順治十八年（1661），泉漳二郡，將沿海居民徙入內地，蕩析離居⑱。康熙二十二年（1683），清廷雖領有臺灣，但對臺民的反滿活動，仍存戒心，一方面開放海禁，一方面頒佈偷渡禁令，船隻過臺者必先領取原籍地方的照單，不准携帶家眷，業經渡臺者亦不得招致，潛渡者嚴處⑲。康熙二十三年（1684），閩粵展界，沿海居民復歸故土，貿易捕魚，各安生業⑳。惟對內地民人渡臺，仍懸爲厲禁，清廷禁止民人偷渡臺灣，有其經濟與政治的因素。閩粵兵民所食既需取資於臺地所產米穀，臺民生齒日繁，則內地民食日少。郝玉麟在福建總督任內曾具摺奏稱「查現在許搬眷口，此時約計雖止十餘萬人，日久生齒必繁，食指倍增。向來臺粟價賤，除本地食用外，餘者悉運至內地接濟，亦緣粟米充足之故。漳泉

一帶沿海居民，賴以資生，其來已久，若臺粟三五日不至，而漳泉米價即行騰貴。今臺地人民既增，將來臺粟，必難充足，價值必至高昂，運入內地者，勢必稀少，沿海一帶百姓，捕海爲生，耕田者少，臺粟之豐絀，實有關內地民食也。」㉑戶口日增，糧食生產，供不應求，造成米貴的現象。雍正四年（1726）七月，世宗諭內閣云「凡各省地方，有缺米或米價昂貴者，必係其地上年荒歉所致。今歲楊文乾奏，廣東米貴，駐防兵丁有不許巡撫減糶之事。宜兆熊、毛文銓又奏，福建缺米，有土棍搶米之事。此二省，上年俱奏稱豐收，竝未云荒歉也（下略）。」㉒生齒益繁，地不加廣，以致米貴。易言之，閩粵民食不敷的原因，「良由地土之所產如舊，而民間之食指愈多，所入不足以供所出，是以米少而價昂，此亦理勢之必然者也。」㉓據九卿會議具奏稱「福建地處海濱，福興泉漳四府，人多田少，皆仰給臺灣之米，自嚴禁姦商販米出境之後，民食常苦不足。雍正二年，奉旨飭發臺灣倉穀，每年碾米五萬石，運赴泉漳平糶。今請再動正項錢糧，運米十萬石，存貯邊海地方。至臺灣商販，仍許至福泉等府貿米，其米船出入海口，設禁巡防。」㉔閩粵濱海，山多田少，生產面積非常有限，兵民所食，望濟於臺粟者甚殷。因此，亦恐臺地戶口眾多，而影響內地民食的稀少。清廷解決閩省米貴的消極辦法就是禁止偷渡臺灣，以限制臺地人口的增加。鎮守南澳總兵官張天駿亦奏稱「臺灣地土雖廣，而出米是有定數，況漳泉等郡，咸爲取資，若查拿稍懈，則偷渡愈眾，不但奸頑莫辦，有擾地方，且慮聚食人多，臺地米貴，所係匪細，是以奉旨嚴禁。」㉕臺地人多米貴，直接受到影響的是閩粵民生問題。閩浙總督喀爾吉善進一步指出「臺郡生聚日眾，恐有人滿之患，若不及早限制，不特於臺郡民番生計日蹙，更於內地各郡接濟無資，偷渡一事，實爲臺郡第一要

務，不得不力加整頓。」㉖質言之，清初內地人口的壓迫，就是閩粵民人甘觸法網偷渡臺灣的主要原因，而朝廷爲解決閩粵民食，限制臺地人口的膨脹，因此，嚴禁內地民人偷渡臺灣，結果禁令愈嚴，而偷渡者接踵，至道光年間，據估計內地移殖到臺灣的人口至少已有二百五十餘萬人之多㉗。

　　清初海禁政策的實施，除經濟因素外，其政治因素，亦不容忽視。禁止內地民人偷渡臺灣，就是清廷執行海禁政策的重要措施。康熙年間，定例商民船隻，限令在沿海五省及東洋貿易，其南洋呂宋、噶喇吧等處，不許商船前往貿易。高其倬在福建總督任內，以閩省沿海各府州縣產米不敷民食，洋船多帶米糧而歸，曾密陳開洋，奏請弛禁。但由於閩粵民人在外洋居住年久，婚娶成家，或接受外國職官，或領取外國貲本爲之貿易，往來於呂宋、臺灣之間，朝廷遂以爲隱憂。康熙五十五年（1716）十月，聖祖曾諭大學士九卿稱海防爲國家要務，船廠每年造船出海貿易，多達千餘隻，返回者不過十之五六，其餘悉賣給外國。海外呂宋、噶喇吧等處，「常留漢人，自明代以來有之，此即海賊之藪也。」漢人心不齊一，聖祖御極多年，每以漢人爲難治。「臺灣之人，時與呂宋地方人，互相往來，亦須豫爲措置。」㉘據被獲偷渡人犯沈德萬供稱船戶黃龍於雍正十年十二月在廈門攬貨掛號到呂宋，次年九月間，黃龍裝載貨物前往臺灣，並未返回廈門。至於福安縣民蔡祝則勾引呂宋「番人」，携帶銀兩，潛至內地，欲在漳泉招人皈依天主教。據閩浙總督喀爾吉善奏稱臺地遠隔重洋，偷渡船隻於放洋以後，即可任意揚帆他往。所以「偷渡臺灣，實與私越外番之禁相爲表裏。」㉙郝玉麟在福建總督任內亦具摺奏稱自從准令開洋貿易以來，閩省民人私越呂宋等地者日衆，爲患日深，並訪得臺灣、漳、泉不法之徒，亦有覬覦呂宋之謀㉚。除南洋外，與

閩浙最近者爲東洋日本。浙江總督李衛經多方查訪後密奏稱日本不惜重貲，招致內地「無賴」，教習中國弓箭技藝，無故打造中國式樣的戰船，「奸懷叵測」，而且「久有窺伺臺灣之意。」清世宗於原摺批諭云「當年聖祖亦曾風聞此事，特遣織造烏林大麥而森假辦商人往日本探聽，回總言些假捏虛奉之詞，極言其恭順懦弱，此後隨不介意，而開洋之舉，亦由此起。朕即位後亦有意，尚未及諭卿，今此奏深合朕心。又聞得噶剌巴、呂宋亦有漢奸不下數萬人之論，朕亦數次密諭，面諭閩廣該督撫密訪矣。向又聞得日本與朝鮮交好往踪跡甚密云云，總言撫外之道，固本防禦，盡人事，聽天命，第一良策也。」㉛李衛又移咨廣東總督孔毓珣，略謂東洋地方訪有廣東年滿千總陳龍光，籍隸潮州府潛同奸商出洋，在日本打造戰船，操演水師，密封咨擧。福建水師提督藍廷珍亦咨開洋商郭裕觀曾招僧人前赴東洋，其本人仍在廈門，請即訪擧。就清廷而言，內地民人偷渡臺地，與潛往南洋或東洋並無不同。巡臺御史覺羅栢修等即曾指出臺地孤懸海外，五方雜處，土著之民少，流寓漢人甚多，「流寓之人，非係迫於飢寒，即屬犯罪脫逃，單身獨旅，寄寓臺灣，居無定處，出無定方，往往不安本分，呼朋引類，嘯聚爲奸，而考臺地變亂數次，皆係此等烏合之徒爲之倡首。」㉜流寓漢人既富於冒險犯難的精神，結盟拜會，豎旗起事的案件，層出不窮，清初諸帝遂將臺地目爲「反側不常之所」，爲杜亂源，以靖海疆，故屢申禁令，嚴查偷渡。

六、禁止偷渡的章程

　　清廷爲防止內地民人潛渡臺郡，曾頒佈禁令，議定章程。康熙二十三年（1684），清廷頒佈渡臺條例，內地商漁船隻欲渡臺地者，先給原籍地方照單，經分巡臺廈兵備道稽查，由臺灣海

防同知查驗批准；渡臺者不准携帶家眷；粵地屢為海盜淵藪，禁止粵民渡臺㉝。但商販行私偷越，民人貪利竊留臺地，偷渡之風益盛。康熙五十七年（1718）二月，閩浙總督覺羅滿保奏請限定商船水手人數，嚴禁漁船裝載貨物，接渡人口。凡往臺地船隻，必令至廈門盤驗，由澎而臺。其往來臺地之人，俱由地方官給照，方許渡載，單身游民無照單者不許潛渡㉞，內地民人渡臺謀生的機會，遂大受限制。

　　內地民人渡海來臺，例給印照，規定由廈門出口，至鹿耳門入口，俱由同知查驗，惟偷渡民人多不由正口出入，而由沿海小口出入，各汛口無從查核，為清根本，以除流弊，巡視臺灣吏科掌印給事中赫碩色於雍正六年（1728）五月間奏請凡給照渡臺者，令海防同知及各地方官將民人來歷註明冊內，其從前至臺者，亦於保甲牌內註明來臺年月，遇有事故，先查從前來歷，如牌冊無名，即為偷渡，各口汛官弁則照失察例處分㉟。過臺禁令，地方官弁遵行已久，然而禁者自禁，渡者自渡，始終未能禁絕，其弊端甚多，客頭包攬，澳甲地保通同隱瞞，都是重要原因。雍正七年（1729）十月，福建觀風整俗使劉師恕奏請嚴法懲治，查獲偷渡人犯時，客頭應擬充軍，澳甲地保知而不舉者連坐，偷渡船隻經由水汛及本地文武各員俱照失察例參處。鹿耳門為入臺要港，向設有海防同知，駐守稽查，因官微職小，不足以彈壓，偷渡民人私頂水手姓名，口岸官弁往往被矇混。高其倬在福建總督任內曾屢飭商船舵手墳註箕斗，查驗相符，始准放行，船戶以其不便，呈請免墳。雍正十三年（1735）十月，閩浙總督郝玉麟為加強盤驗，奏請於臺協所屬將備內酌議輪班駐箚鹿耳門，把守督察，以消弭偷渡積弊。並令地方官於商人給照時，喚齊在船人等，逐加親驗，將出海舵工水手的姓名、年貌、籍貫、箕斗、疤

志，逐一開列，填註明白，仍取澳甲地保甘結存案。船隻經過沿海各汛，及抵臺汛口，文武各官細加盤驗，倘使查出偷渡情弊，即將出口內地汛守文武各官，照失察奸民下海爲匪例參處㊱。但商船出口動輒以百計，少亦五六十隻，每船舵水自十餘人至二十餘人不等，各官不能逐一親驗，不得不假手胥役，各胥役借端需索，稍有不遂，即指羅爲箕，以箕爲羅。乾隆元年（1736）十二月，巡臺御史白起圖以查驗箕斗，更增弊病，奏請飭令地方官於商船過臺，祇令原籍各縣將舵水的年貌鄉貫填明照中，免其查驗箕斗，以便商民㊲。

　　清廷爲嚴禁偷渡，立法已極詳密，惟因偏港僻汊甚多，防範難周。乾隆十二年（1747）八月，閩浙總督喀爾吉善等參酌舊有成規，釐剔當時積弊，訂定章程。移文水陸各提鎭於偏僻港口及大小津隘派撥員弁，輪替周巡。並飭令臺廈同知，凡船隻出口進口，必須票照相符，始准驗放。若奉行有成效，即分別記功議敍，若有疏縱，則行指參，照例議處。向來人口偷渡，皆責成各官稽查，其追擒訪緝的任務，全在兵役。但兵丁祇有治罪條例，並無獎勵辦法，以致兵丁多觀望因循奉行不力。喀爾吉善奏請兵役拏獲偷渡人犯後，按照人數多寡，於船隻變價入官項內酌動銀兩賞給兵役，以示鼓勵㊳。福建巡撫潘思榘旋亦奏稱沿海弁兵澳甲拏獲偷渡人犯每起或十餘人或數十人不等，故請於客頭包攬贓銀，及奸梢船隻追變銀兩內酌量動支獎賞。閩浙總督喀爾吉善遵旨會同潘思榘悉心妥議後亦指出偷渡船隻在昏夜裡揚帆於波濤駭浪之中，汛兵澳甲必須晝夜巡查探訪，始能弋獲，其偷渡人犯一次被獲者往往多達十餘人至三四十人不等，必須僱覓多人押解赴縣署審訊。倘離縣窵遠不能當日解到時，另需暫給飯食，所以各屬將偷渡人犯審結後，於追變入官銀兩內酌量賞給，不失爲策勵

辦公之意。雍正十二年（1734），總督郝玉麟條奏洋船往外番
貿易，如有攬載無照偷渡人犯，兵役拏獲十人以上者各賞銀二兩，
每十名遞加二兩，經部議覆允行。喀爾吉善等以偷渡台地與私越
外番，其情形相似，游巡兵役在洪波巨浪中追逐擒拏，實屬冒險
出力。因此，喀爾吉善等奏陳偷渡船隻在沿海口岸被拏獲者不必
給賞，如兵目在洋面追獲偷渡人船者，即比照雍正十二年奏定章
程辦理，意即按照獲犯人數於審明之日十人以上者賞銀二兩，每
十名以上遞加二兩。若偷渡船隻尚未出洋，而經別汛兵目澳甲盤
獲者，則減半給賞，其賞銀俱於該案追變贓銀船價內支給㊴。清
廷一方面嚴禁偷渡，加強防範，屢次重申法令，飭令汛口文武員
弁嚴密盤驗稽查，一方面訂定獎勵章程，按拏獲人犯多寡量予獎
賞，其主要目的就是想藉朝廷法令的力量，以遏止偷渡的浪潮，
此種消極的措施，必然導致清廷封禁政策的失敗。

七、結　論

　　中華民族在臺灣的拓展，雖爲時甚早，惟大規模的移民，則
遲至明末清初。康熙二十二年（1683），臺灣正式歸入清朝的
版圖，次年，設一府三縣，即臺灣府與臺灣、鳳山、諸羅三縣。
雍正元年（1723），增設彰化一縣，淡水一廳。但清廷對臺地
的經營，其態度及政策，並不積極，祇是消極的防守與封禁而已
㊵。閩粵先民在這種背景下冒險渡臺，積極移殖，篳路藍縷，以
啓山林，終於奠定臺郡的開發基礎，其意義極爲重大。

　　在清朝初年，臺灣一府四縣一廳，土沃人稀，謀生容易，尚
可容納內地過剩的人口。閩粵兩省地狹民稠，生計維艱，於是航
海來臺者絡繹不絕。無照私渡，例禁綦嚴，地方文武各員亦屢次
重申禁令，然而偷渡案件，仍層出不窮，一方面是由於沿海遼闊，

港汊多歧，防範難周；一方面則由於官渡必經官方給照，海口查驗放行。惟胥役兵丁每多留難，勒索錢文。而私渡則僅須與客頭船戶說合，即可登舟載渡，其費較官渡為省，無手續之繁，其行實較官渡為速。質言之，私渡便於官渡，偷渡風氣，迄未稍戢，此亦為主要原因之一。閩粵民人渡臺後，或藉傭工為活，或倚親戚而居，或墾種番地，或從事貿易，無形中解決內地部分人口壓迫的問題。然而一方面基於經濟因素，閩省兵民所食，多仰賴臺地米穀的接濟；一方面卻有其政治因素，即清朝對漢人的防範，為限制臺地漢人的增加，所以嚴禁偷渡。東三省與南洋的移殖既被封鎖，渡臺覓食的機會亦受限制，解決人口過剩的措施，竟在清廷的消極封禁政策下被漠視了。閩粵先民偷渡臺郡，人口的壓迫，就是最主要的推動力，清廷頒佈偷渡律例，嚴加懲治，欲藉法令的力量以限制移民的嘗試，終歸失敗，於是禁者自禁，渡者自渡，閩粵民人偷渡臺灣者依然接踵而至。

【註　釋】

① 羅爾綱撰〈太平天國革命前的人口壓迫問題〉，《中國近代史論叢》，第二輯（臺北，正中書局，民國四十七年三月），第二冊，頁57。

② 《宮中檔》（臺北，國立故宮博物院），第78箱，490包，17652號。雍正六年正月初八日，石禮哈奏摺。

③ 《宮中檔》，第75箱，380包，10620號。雍正十一年五月初十日，鄂彌達奏摺。

④ 陳奇祿撰〈中華民族在臺灣的拓展〉，《臺灣文獻》，第二七卷，第二期（臺灣，臺灣文獻委員會，民國六十五年六月），頁1。

⑤ 《宮中檔》，第79箱，350包，8495號。雍正二年九月初三日，藍廷珍奏摺。

⑥　《宮中檔》，第78箱，500包，18423號。雍正四年五月十四日，毛文銓奏摺。

⑦　《宮中檔》，第77箱，381包，11244號。雍正六年八月十八日，赫碩色奏摺。

⑧　《宮中檔》，第79箱，320包，6435號。雍正五年七月初八日，高其倬奏摺。

⑨　《明清史料》（臺北，中央研究院歷史語言研究所，民國五十四年十一月），戊編，第二本，頁107。乾隆二十五年二月初二日，據吳士功奏。

⑩　《軍機處檔·月摺包》（臺北，國立故宮博物院），第2772箱，6包，753號。乾隆十二年五月二十一日，喀爾吉善奏摺錄副。

⑪　《臺灣府志》（乾隆二十八年刊本），卷二，海防，頁30。

⑫　《軍機處檔·月摺包》，第2772箱，19包，2735號。乾隆十三年七月初五日，喀爾吉善奏摺錄副。

⑬　《宮中檔》，第79箱，319包，6392號。雍正四年九月初二日，高其倬奏摺。

⑭　《明清史料》，戊編，第二本，頁107。乾隆二十五年二月初二日，據吳士功奏。

⑮　《宮中檔》，第76箱，30包，2258號。雍正七年十月十六日，劉師恕奏摺。

⑯　《軍機處檔·月摺包》，第2740箱，32包，4540號。乾隆十四年六月十五日，潘思榘奏摺錄副。

⑰　《明清史料》，戊編，第二本，頁147。乾隆五十五年七月二十七日，據奎林等奏。

⑱　薛紹元纂輯《臺灣通志》，下冊，頁511。《臺灣叢書》，第一輯（臺北，民國五十七年十月）。

⑲　林衡道編《臺灣史》（臺北，眾文圖書公司，民國六十八年二月），
　　頁290。

⑳　《清聖祖仁皇帝實錄》，卷一一六，頁3。康熙二十三年七月乙亥，
　　據席柱奏。

㉑　《宮中檔》，第75箱，402包，12183號。雍正十一年二月二十日，
　　郝玉麟奏摺。

㉒　《清世宗憲皇帝實錄》，卷四六，頁1。雍正四年七月辛卯，上諭。

㉓　《清世宗憲皇帝實錄》，卷五四，頁3。雍正五年三月庚寅，上諭。

㉔　《清世宗憲皇帝實錄》，卷四六，頁2。雍正四年七月辛卯，上諭。

㉕　《宮中檔》，第76箱，132包，3435號。雍正十三年五月二十八日，
　　張天駿奏摺。

㉖　《軍機處檔・月摺包》，第2772箱，19包，2735號。乾隆十三年七
　　月初五日，喀爾吉善奏摺錄副。

㉗　《中國近代史論叢》，第二輯，第二冊，頁62。

㉘　《清聖祖仁皇帝實錄》，卷二七〇，頁16。康熙五十五年十月壬子，
　　上諭。

㉙　《軍機處檔・月摺包》，第2772箱，23包，3481號。乾隆十三年十
　　月初二日，喀爾吉善奏摺錄副。

㉚　《宮中檔》，第75箱，402包，12198號。雍正十一年四月初五日，
　　郝玉麟奏摺。

㉛　《宮中檔》，第79箱，337包，7685號。雍正六年八月初八日，李
　　衛奏摺。

㉜　《宮中檔》，第78箱，242包，3993號。雍正十一年三月初三日，
　　覺羅栢修奏摺。

㉝　莊金德撰〈清初嚴禁沿海人民偷渡來臺始末〉，《臺灣文獻》，第
　　十五卷，第三期（民國五十三年九月），頁2。

㉞　《清聖祖仁皇帝實錄》，卷二七七，頁19。康熙五十七年二月甲申，
　　據覺羅滿保奏。

㉟　《宮中檔》，第77箱，387包，11242號。雍正六年五月初六日，赫
　　碩色奏摺。

㊱　《明清史料》，戊編，第一本，頁30。雍正十三年十月二十日，據
　　郝玉麟奏。

㊲　《明清史料》，戊編，第一本，頁38。據白起圖奏。

㊳　《軍機處檔·月摺包》，第2772箱，8包，1095號。乾隆十二年七
　　月二十四日，喀爾吉善奏摺錄副。

㊴　《軍機處檔·月摺包》，第2772箱，23包，3481號。乾隆十三年十
　　月初二日，喀爾吉善奏摺錄副。

㊵　《臺灣文獻》，第十五卷，第三期，頁1。

清朝政府對天主教從容教政策
到禁教政策的轉變

一、前　言

宗教是一種歷史現象，有它自身發展的客觀規律，宗教史的研究，是屬於宗教學的縱向研究，以編年體的方法來分析宗教的階段性和歷史的發展變遷，以重現過去宗教的本來面目，進而說明宗教史發展的規律。宗教信仰的長期存在，是一種客觀的事實，我國明清時期，在儒釋道三教以外，還有一部源遠流長錯綜複雜的天主教史。

明清之際，中西海道大通，西洋耶穌會士接踵東來，他們不僅富於宗教熱忱，亦具備豐富的西方科學知識，他們以學術為傳教媒介，或任職於欽天監，或供奉於內廷，或幫辦外交，耶穌會士在清初的歷史舞台上確實扮演了重要的角色。清朝君主亦多嚮往西學，善遇西士，曲賜優容，天主教的傳教事業，遂欣欣向榮。

康熙帝親政以來，是中國天主教的黃金時代，西學亦源源不絕的輸入中國，是中西文化交流史上最值得大書特書的時代，何以在康熙後期清廷對天主教開始從容教政策轉變為禁教政策，雍正、乾隆、嘉慶歷朝君主如何執行禁教政策？都是值得重視的問題。清代前期的禁教背景，與清代後期迥不相同，清初國勢鼎盛，中央政權鞏固，中外之間並未簽訂不平等條約，西洋傳教士冒險犯難，以傳播福音，並未以不平等條約為護符，其傳教事業固未摻入侵略特質，更不至威脅地方縉紳的尊嚴和利益，在崇奉天主

教的內地教徒，其出身於監生者不勝枚舉，並無仇教排外的行動。本文撰寫的主要目的，是在利用現存清代檔案如《宮中檔》硃批奏摺、《軍機處檔》奏摺錄副、《上諭檔》、《外紀簿》等原始資料，以探討清初耶穌會士在中國的活動，天主教在中國的發展，康熙年間，清廷對天主教態度的轉變，雍正年間以來，查禁天主教的經過，並分析清廷取締天主教的原因，俾有助於了解清代前期天主教在中國的發展歷史。

二、耶穌會士在中國的活動

　　明清之際，中西海道交通大開，西洋傳教士絡繹東來，其中多屬天主教耶穌會士。他們大都是聰明特達的飽學之士，不求利祿，專意行教。為博取中國官方及士大夫的同情與合作，多以學術為傳播福音的媒介。他們博通天文、地理、曆法、算學、物理、化學、醫學、工藝等，西學遂源源不絕地輸入中國。

　　滿洲入關後，耶穌會士大都為新政權效力，他們供職於內廷，扮演著重要的角色。清世祖順治二年（1645）八月，清廷下令廢止大統曆，以湯若望所製新曆頒行於全中國及各屬邦，稱為時憲曆書。同年十一月，清廷任命湯若望掌欽天監。順治十七年（1660）五月，南懷仁奉召入京，佐理曆政，纂修曆法。康熙帝親政後，奉召進京供職於內廷的耶穌會士，更是絡繹於途。康熙帝嚮往西學，善遇西士，曲賜優容，耶穌會士的傳教事業，遂蒸蒸日上。康熙年間（1662—1722），是天主教在中國發展較迅速的時期，也是天主教在中國的黃金時代。為了便於了解天主教在中國的發展，可將康熙年間耶穌會士來華入京在中國的活動情形列出簡表如下：

清代康熙年間耶穌會士在華活動簡表

年　　月　　日	活　　　動　　　記　　　要
1年	利類思、安文思作《天學傳概》。
2年	柏應理自湖廣抵江南。
3年	楊光先叩閽，興起曆獄。
8年	清廷復還湯若望原官職銜，南懷仁授欽天監監副。
9年	利類思著《彌撒經典》出版。
10年	召恩理格、閔明我入京。
11年	召徐日昇入京供職。
13年	南懷仁製造儀器告成，並成《靈台儀象志》十六卷
14年	利類思譯《聖事禮典》出版。
17年	南懷仁撰《康熙永年曆法》告成。
18年	李守謙奉召進京，佐理曆政。
20年	南懷仁進呈《神威圖說》。
22年	南懷仁、閔明我奉命隨駕北塞。
23年	康熙帝南巡江寧，傳見畢嘉、汪汝望。
24年	命閔明我赴澳門召安多進京效力。
26年　4月14日	康熙帝令地方官在禁教條約內刪除「天主教同於白蓮教謀叛」等字樣。
27年　1月 6日	洪若翰、白晉、李明、張誠、劉應五人抵達北京。
27年　2月20日	洪若翰等五人進呈渾天器、象顯器、千里鏡、量天器、天文經書。
27年　2月21日	徐日昇帶領洪若翰等五人在乾清宮謁見康熙帝。
27年　2月29日	命閔明我頂補南懷仁治理曆法。
27年　3月13日	命徐日昇往說羅剎。召江寧府天主堂蘇霖進京。
28年　2月	康熙帝南巡，耶穌會士殷鐸澤、潘國良、畢嘉、洪若翰往迎。
28年　3月	康熙帝回鑾，途經山東，利國安往迎。

28年	5月 1日	徐日昇、張誠奉命隨內大臣索額圖往尼布楚會晤俄國使臣。
28年	9月	康熙帝召見徐日昇、張誠於內廷。
28年	12月25日	諭徐日昇、張誠、白晉、安多等人輪班至養心殿以滿語授講西學。
29年	4月17日	畢嘉送驗氣管等儀器至京進呈。
30年閏	7月14日	諭令西洋人羅里珊、蘇霖進京。
30年	12月16日	浙江地方官禁止天主教，徐日昇、安多等具題，懇請解禁。
31年	2月 2日	禮部尚書顧八代題請天主堂照舊存留，供奉信徒不必禁止。
31年	2月 5日	奉旨各省居住西洋人仍許照常行走，不必禁止。
31年	5月 9日	康熙帝召見殷鐸澤於乾清宮。
32年	5月	康熙帝患瘧疾，張誠、白晉、洪若翰進金雞納霜治癒。
32年	6月 9日	賜皇城西安門內廣廈一所，以修救世主堂。
33年		紀理安奉召入京佐理曆政。
35年	3月30日	康熙帝親征準噶爾，命徐日昇、張誠、安多扈從。
35年	9月19日	康熙帝巡行塞北，命張誠扈從。
36年	2月 6日	康熙帝視師寧夏，命張誠扈從。
37年	3月16日	直隸巡撫于成龍奏偕安多履勘渾河、幫修挑濬，繪圖進呈。
37年	4月15日	康熙帝遣張誠、安多隨欽差大臣同往喀爾喀。是年，巴多明來華。
38年	3月12日	康熙帝南巡至鎮江金山，巴多明等九名傳教士奉命登上御艦。
38年	3月14日	康熙帝駕幸無錫，潘國良往迎。
38年	3月24日	康熙帝駕幸杭州，潘國良進呈渾天儀。是年，羅德先使用自製西藥為康熙帝治癒心臟病。

39年	10月20日	閔明我等奏請指示祭拜天地祖先孔子之本意。
40年	11月 4日	白晉致函萊布尼茲討論中國哲學及禮俗。
42年		耶穌會代表衛方濟、龐嘉賓至羅馬向教皇進呈意見書。
44年	5月27日	教皇欽差特使多羅抵廣州，命張誠、雷孝思等前往天津迎候。
44年	10月29日	多羅抵北京，住西安門內天主堂。
44年	11月16日	多羅觀見康熙帝。
45年	5月18日	康熙帝第二次接見多羅。是年冬，駐京西洋人奉命齊集於內廷。
46年	3月	召龍安國、薄賢士一同進京。
46年	8月	召龐嘉賓、石可聖、林濟各三人進京。
47年	4月	雷孝思、白晉、杜德美奉命測繪萬里長城位置及附近河流。
47年	10月29日	費隱、雷孝思、杜德美奉命往北直隸各地測繪地圖
49年	6月26日	費隱、雷孝思、杜德美奉派前往黑龍江一帶測繪地圖。
49年閏	7月14日	廣東總督進呈馬國賢所畫山水、人物及臨摹理學名臣陳獻璋遺像。
49年	12月18日	德理格、馬國賢、山遙瞻入京。
50年	2月 4日	德理格、馬國賢、山遙瞻觀見康熙帝。
50年	6月 3日	傅聖澤進京，奉命與白晉共同學習《易經》。
50年	6月 6日	德理格、馬國賢等隨康熙帝出關。是年，杜德美、費隱、山遙瞻奉命測繪長城西部晉陝甘直抵哈密地圖。
51年		馮秉正、德瑪諾、雷孝思奉命測繪河南、江南、浙江、福建地圖。德理格、馬國賢隨康熙帝出關。
52年	5月	命馮秉正、德瑪諾、雷孝思測繪浙江、福建、臺灣

		地圖；命麥大成測繪江西、廣東、廣西地圖；命費隱、山遙瞻測繪四川、雲南、貴州、廣西地圖。
53年	2月19日	雷孝思、德瑪諾、馮秉正三人赴澎湖、臺灣測繪地圖。
54年	3月	雷孝思、常保奉命同往雲南測繪輿圖。
54年	6月	費隱等繪製完成雲南全省輿圖。
54年	8月 6日	意大利畫家郎世寧、外科大夫羅懷忠抵達廣州。
54年	10月30日	雷孝思、費隱繪成貴州地圖。
55年	4月	康熙帝幸熱河，楊秉義奉旨扈駕。
55年	9月26日	戴進賢、嚴嘉樂、倪天爵與廣東琺瑯工匠潘淳由廣州起程進京。
55年	9月29日	康熙帝召見德理格及在京西洋人。
58年	2月12日	奉旨頒發皇輿全覽圖。
58年	6月	外科安泰、會燒琺瑯藝人格雷弗雷奉命進京。
58年	10月22日	福建住堂西洋人利國安進京陛見。
58年	11月29日	戴進賢奉旨補放紀理安員缺。
59年	9月16日	費理伯、何濟格親齎教皇進呈清廷表文到京。
59年	9月17日	教皇特使嘉樂由廣州起程入京。
59年	11月18日	康熙帝召見在京西洋人巴多明等十八人至乾清宮西暖閣。
59年	11月27日	伊都立等奉旨禁止天主教。
59年	12月 5日	教皇特使嘉樂進獻方物。
59年	12月13日	召嘉樂同駐京西洋人至清溪書屋。
60年	7月20日	西洋人法良、利白明進京效力。是年，費隱建造聖若瑟教堂。
61年		戴進賢著《策算》刻於北京。

資料來源：宮中檔硃批奏摺；顧保鵠編著《中國天主教史大事年表》（臺北，光啓出版社，民國五十九年十二月）；〈清宮廷畫家郎世寧年譜—兼在華耶穌會士史事稽年〉，《故宮博物院院刊》，一九八八年，第二期，（北京，1988年5月）。

　　由前列簡表可知康熙年間來華的西洋傳教士，凡有一技之長者，多召入京中，供職於內廷，或佐理曆政，或纂修曆法，或幫辦外交，或測繪地圖，或扈駕巡幸，或進講西學，或製作工藝，或治療疾病，內廷之中，一時濟濟多士。南懷仁在康熙初年，先後纂成《靈台儀象志》、《康熙永年曆法》，改造觀象台儀器，進呈《神威圖說》，奉命至盛京，測量北極高度。閔明我（Philippus Maria Grima Idi）是意大利人，康熙八年（1669）來華，十年（1671）奉召入京，經南懷仁推荐，從事修曆和機械工程等工作，南懷仁去世後，由他接掌治理曆法工作。他曾兩度扈從康熙帝出關巡幸，亦曾參與外交事務，與沙俄進行過交涉。

　　康熙二十七年（1688）正月初六日，法國傳教士洪若翰（Joannes de Fontaney）、白晉（Joachim Bouvet）、李明（L. Le Comte）、張誠（Joannes Franciscus Gerbillon）、劉應（Claudius de Visdelou）五人到達北京，他們精通天文、曆法、輿地等西學。康熙二十八年（1689）五月，張誠、徐日昇（Thomas Pereira）奉命隨內大臣索額圖等前往尼布楚會晤俄國使臣，勘議兩國疆界。

　　白晉、杜德美、雷孝思（J. B. Regis）、費隱（Frideli Xavier）、山遙瞻（Bonjour, Guilaume）、安多（Antonius Thomas）等人，擅長測繪地圖。康熙三十七年（1698），安多履勘渾河，幫修挑濬，繪圖呈覽，由直隸巡撫于成龍具奏進呈。渾河是發源於山西朔縣的洪濤泉，東入察哈爾境，折東南穿長城，入河北省境，至天津浦口入運河。水流湍急，在宛平以下，潰決時聞，河道遷徙無定，故有無定河之稱，因河水泥沙渾濁，又名渾河。康熙帝命于成龍偕安多履勘挑濬，築長堤以捍之，河流始定，於是賜名永定河。康熙四十七年（1708）四月，雷孝思、

白晉、杜德美三人奉命測繪萬里長城位置，以及附近河流。同年
十月，費隱、雷孝思、杜德美奉命往北直隸各地測繪地圖。康熙
四十九年（1710）六月，費隱、雷孝思、杜德美奉命前往黑龍
江一帶測繪地圖。康熙五十年（1711），雷孝思與新到中國的
麥大成（Joannes Fr. Cardoso）奉命前往山東，杜德美、費隱、
白晉、山遙瞻等前往長城西部即山西、陝西、甘肅等省測繪地圖，
直抵哈密。除山遙瞻屬於奧斯定會外，其也都是耶穌會士。測繪
技術的指導，全由耶穌會士指導。康熙五十一年（1712），雷
孝思、德瑪諾、馮秉正奉命測繪河南、江南、浙江、福建地圖。
康熙五十二年（1713）五月，命雷孝思、德瑪諾、馮秉正測繪
完河南、江南輿圖後即往浙江舟山及福建、臺灣等處測繪輿圖。
命麥大成等往山西、廣東、廣西測繪地圖，又命費隱、山遙瞻等
前往四川、雲南、貴州、湖廣測繪輿圖。康熙五十三年（1714）
二月十九日，雷孝思、德瑪諾、馮秉正三人在廈門上船，赴澎湖
群島及臺灣測繪地圖。是年十一月十九日，山遙瞻因辛勞過度，
爲瘴氣所襲殉職，康熙五十四年（1715）三月，命雷孝思前往
雲南繪圖，以繼續山遙瞻未竟的事業①。康熙五十六年（1717），赴
各省繪製地圖的耶穌會士陸續返回北京，將所繪地圖交由杜德美
進行整理編纂。康熙五十八年（1719），清廷頒發《皇輿全覽
圖》及分省地圖，由馬國賢（Matteo Ripa）攜往歐洲，製成銅
版，共四十一幅。

　　耶穌會士來華進京後，除進獻方物外，也常進呈各種儀器，
例如康熙二十七年（1688）二月二十日，洪若翰等五人進呈渾
天器、象顯器、千里鏡、量天器、天文經書等件，大中小共計三
十箱。康熙二十九年（1690）四月十七日，耶穌會士畢嘉送驗
氣管等儀器到京，由徐日昇等引見。康熙三十八年（1699）三

月二十二日，康熙帝駕幸杭州，二十四日，杭州天主堂傳教士潘國良進呈渾天儀。康熙帝常召見耶穌會士，賞賜蟒袍、大緞、貂帽等件。康熙二十八年十二月二十五日（1690年2月3日），康熙帝召徐日昇、張誠、白晉、安多等人至內廷，諭以自後每日輪班至養心殿，以滿語授講西學。康熙三十二年（1693）五月，康熙帝染患瘧疾，張誠、白晉、洪若翰等進金雞霜，不日即康復。康熙四十一年（1702）七月二十三日傳旨指出康熙帝坐湯凡二十二處，所至俱令西洋人以銀碗盛水，以驗水質，或硫或硝，或鹽或鹼，各處不同，大抵坐湯可舒筋骨，養療人疾，多為南人所未知。

　　康熙帝在位期間，多次南巡，駕幸關外，輒令耶穌會士扈駕隨行。康熙三十五年（1696）三月三十日，康熙帝親征準噶爾，命徐日昇、張誠、安多扈從。同年九月十九日，康熙帝巡行北塞，命張誠扈從。康熙三十六年（1697）二月初六日，康熙帝視師寧夏，命張誠扈從。康熙五十年（1711）六月初六日，康熙帝出關，德理格、馬國賢等隨行。由於康熙帝與耶穌會士的密切接觸，傳教士不僅傳入西方科學技術知識，同時也將西方的政治、歷史、地理及風土人情方面的知識介紹到中國來。法國籍耶穌會士巴多明（Dominicus Parrenin）就常以世界各國的政治、風土人情，西洋各國的利害關係向康熙帝報告，耶穌會士不僅可以自由的出入宮廷，也能各獻所長，中西文化在基本上並非不能相容。耶穌會士為傳教工作的便利，固然將西學輸入中國，同時也將中國學術介紹給西方，中國的經籍、繪畫、建築、瓷器、綢緞等先後由耶穌會士傳入歐洲，西方學者亦多熱愛中國文化，天主教的傳入中國，西學的輸入中國，康熙年間是中西交通史上最值得大書特書的時代。

三、禮儀之爭與康熙帝對天主教態度的轉變

東來的耶穌會士，不僅富於殉道精神，其學問道德，尤足以為人表率。他們來華後，除進京供職外，其他傳教士則紛紛進入內地建堂開教，天主教的傳教事業，遂欣欣向榮。據統計，在康熙初年，全國已有耶穌會士所建教堂一五九所，康熙年間迅速增加，至康熙末年，增加為三百所②。截至康熙四十年（1701），在直隸、江南、山東、山西、陝西、河南、湖廣、江西、浙江、福建、廣西、廣東等十二省區傳播福音的西洋教士共有一一九人，其中耶穌會士共六十五人，約佔百分之五十五，方濟各會士二十五人，約佔百分之二十一，多明我會士八人，約佔百分之七，奧斯定會士六人，約佔百分之五，無會籍教士十五人，約佔百分之十二③。東南沿海地區天主教傳播極為迅速，康熙三年（1664），上海附近的鄉村，已建教堂六十六所，教徒達到五萬人，其中崇明島就有教徒三千人之多，在南京地區的教徒多達六萬人以上。截至康熙三十九年（1700），全國已有教徒三十萬人以上。康熙帝在位期間，可以說是天主教在華傳播的黃金時代。

耶穌會士來華傳教，雖然以學術為傳道媒介，但他們所傳入的科技成果和西學新知識，多集中於宮廷，為內廷服務，大半是為了滿足以皇帝為首的少數人的興趣和要求的，不曾推廣到民間，並未得到地方大吏的同情與合作，康熙年間的取締天主教，首先就起自地方督撫。康熙三十年（1691）九月，浙江巡撫張鵬翮飭令府縣官員欲將杭州府天主堂拆燬，書板損壞，視天主教為邪教，以逐出境外。住堂傳教士殷鐸澤差人至京告知欽天監治理曆法大臣徐日昇、安多。同年十二月十六日，徐日昇、安多具題，懇請解禁，十二月十八日，奉旨：該部議奏。康熙三十一年（

1692）二月初二日，大學士伊桑阿等奉上諭：「前部議得各處
天主堂照舊存留，止今無西洋人供奉，已經准行。現在西洋人治
理曆法，前用兵之際，製造軍器，效力勤勞，近隨征阿羅素，亦
有勞績，並無爲惡亂行之處，將伊等之教目爲邪教禁止，殊屬無
辜，爾內閣會同禮部議奏。」④經禮部尙書顧八代等會題，略謂：

> 臣等會議得查得西洋人仰慕聖化，由萬里航海而來，現今
> 治理曆法，用兵之際，力造軍器火砲，差阿羅素，誠心效
> 力，克成其事，勞績甚多，各有〔省〕居住西洋人，並無
> 爲惡作亂之處，又並非左道惑眾異端生事。喇嘛僧道等寺
> 廟，尚容人燒香行走，西洋人並無違法之事，及行禁止，
> 似屬不宜，相應將各處天主堂，俱照舊存留，凡進香供奉
> 之人，仍許照常行走，不必禁止，俟命下之日，隨行直隸
> 各省可也⑤。

禮部尙書顧八代等會題的題本，於二月初五日奉旨：依議。四月
三十日，殷鐸澤入京，五月初一日，奏謝解除禁教令之恩，五月
初九日，康熙帝召見殷鐸澤於乾清宮。從浙江查禁天主教一案可
知地方大吏已將天主教與民間秘密宗教相提並論，俱視爲左道異
端的「邪教」，而飭令禁止。康熙帝和廷臣認爲天主教是左道異
端，目爲「邪教」，殊屬無辜，而採取寬容天主教的容教政策。
由此可以看出在康熙年間，朝廷與地方大吏對待天主教的態度，
並不一致。

　　《清代全史》一書指出康熙帝對天主教從實行「容教」政策
改變爲「禁教」政策，究其原因，主要有兩個方面：一方面是當
時中國國內局勢比較穩定，不需要也不怕傳教士與之對抗。相反，
怕的是天主教在民間迅速傳播，會動搖其中央集權利的統治；另
一方面，也是最主要的一方面，即所謂「禮儀之爭」的問題，這

是明清之際發生在傳教士間，進而擴大到羅馬教廷與清廷之間關
於如何對待中國傳統禮儀的一場大辯論⑥。中西教案交涉主要就
是起於地方民間，不僅地方大吏怕天主教在民間迅速傳播，康熙
帝也防範天主教在民間的傳播。

　　祭天、敬孔、祀祖是中國傳統禮俗，所謂禮儀之爭，就是誣
指耶穌會士對於中國禮俗採取寬容態度而引起的紛爭。教皇發表
教書，斥責耶穌會士的不當，並派多羅（Garlo Tommaso Ma-
illard de Tournon）爲特使，攜帶教皇禁約，來華交涉。康熙四
十四年（1705）十月二十九日，多羅抵達北京。十一月十六日，
多羅覲見康熙帝。翌年五月十二日，康熙帝曉諭多羅云：

> 近日自西洋所來者甚雜，亦有行道者，亦有白人借名爲行
> 道者，難以分辨是非。如今爾來之際，若不定一規矩，惟
> 恐後來惹出是非，也覺得教化王處有關係，只得將定例先
> 明白曉諭，命後來之人謹守法度，不能少違方好。以後凡
> 自西洋來者，再不回去的人，許他內地居住；若今年來明
> 年去的人，不可叫他許住。此等人譬如立於大門之前，論
> 人屋內之事，眾人何以服之？況且多事。更有做生意、點
> 買賣等人，益不可留住。凡各國各會，皆以敬天主者，何
> 得論比此，一概同居同住，則永無爭競矣⑦。

前引諭旨內已明白指出來華長期定居的西洋人，始准他在內地居
住，今年來明年去的西洋人，不許他居住。這道諭旨對西洋傳教
士來華居住十分不便，使往來傳教的西洋人裹足不前。同年五月
十八、十九兩日，康熙帝第二次接見多羅，堅決表示西洋人若反
對敬孔祭祖，就很難留居中國。同時規定所有在華西洋傳教士必
須領取永居票，始能長期居住中國，規定「凡不回去的西洋人等，
寫票用內務府印給發。票上寫西洋某國人，年若干，在某會，來

中國若干年，永不復回西洋，已經來京朝覲陛見，爲此給票，兼滿漢字，將千字文編成號數，挨次存記。」⑧願意領取永居票的傳教士，由本人自動申請，親自進京陛見，陳述自己永久留居中國的決心，然後呈遞履歷，經內務府批准發給永居票，凡不願領票的西洋人，一律押解廣州天主堂居住。影印永居票式樣二張如下：

資料來源：《故宮博物院院刊》（故宮博物院，北京，1988年），1988年，
　　　　　第二期，頁34。

多羅入京交涉教務，康熙帝認爲是教廷干涉中國禮俗。康熙四十六年（1707）三月十七日，因西洋人孟由義等九人請安求票，呈遞履歷摺子，直郡王胤禔等具奏，康熙帝頒諭云：

諭眾西洋人，自今以後，若不遵利瑪竇的規矩，斷不准在中國住，必逐回去。若教化王因此不准爾等傳教，爾等既

是出家人，就在中國住著修道。教化王若再怪你們遵利瑪竇，不依教化王的話，教你們回西洋去，朕不教你們回去。倘教化王聽了多羅的話說你們不遵教化王的話，得罪天主，必定教你們回去，那時朕自然有話說。說你們在中國年久，服朕水土，就如中國人一樣，必不肯打發去。教化王若說你們有罪，必定教你門回去，朕帶信與他說徐日昇等在中國，服朕水土，出力年久，你必定教他們回去，朕斷不肯將他們活打發回去，將西洋人等頭割回去。朕如此帶信去，爾教化王萬一再說爾等得罪天主殺了罷，朕就將中國所有西洋人等都查出來，盡行將頭帶與西洋去。設是如此，你們的教化王也就成個教化王了。你們領過票的就如中國人一樣，爾等放心，不要害怕領票，俟回鑾時，在寶塔灣同江寧府方西滿等十一人一同賜票⑨。

所謂「利瑪竇的規矩」，就是順從中國禮俗，對於教徒敬天祭祖祀孔均不禁止，不遵此規矩的西洋人，斷不准在中國居住。凡在中國居住的西洋人，必須領取永居票，領過票的西洋就如中國人一樣，中外一視同仁。教皇對在華耶穌會士雖欲執行禁令，但康熙帝態度強硬，不容許教皇立於大門之前，論人屋內之事，斷不肯讓效力年久的耶穌會士因教皇禁令而退出中國。

　　多羅來華交涉教務後，康熙帝對來華傳教的西洋人，限制益嚴。康熙四十六年（1707）三月，康熙帝命西洋人穆德我等五人俱留在廣州修道，俟龍安國等人來華時一同進京，但不准傳教。同年八月，新來廣州人十一名，康熙帝命將有技藝的龐嘉賓等三人送往北京，其餘衛方濟等八人，因係傳教之人，俱留於廣州，不許出省。康熙四十九年（1710）四月十五日，命兩廣總督趙弘燦將送到的西洋人依格安當、畢天祥、高廷用等三人嚴加看守，

不許往來。康熙五十七年（1718）二月初七日，因兩廣總督楊琳疏請禁止天主教，兵部議覆稱「至於西洋人立堂設教，仍照康熙五十六年九卿原議禁止，再行嚴飭，均應如所請。」奉旨依議，西洋人之處，著俟數年，候旨再行禁止⑩。九卿、兵部均先後議准禁止西洋人在內地立堂設教，廷臣與地方大吏均持一致態度，這是一種不可忽視的轉變。

康熙五十八年（1719），教皇再度發佈教令，凡不服從康熙四十三年（1704）教書的教士，一概處以破門律，同時任命嘉樂（Carlo Mezzabarba）為出使中國的特使。康熙五十九年（1720）九月十一日，嘉樂抵達廣州。九月二十七日，兩廣總督楊琳委員伴送，跟隨員外郎李秉忠啟程入京。十一月二十六日，嘉樂抵達琉璃河，員外郎伊都立等傳旨給嘉樂，嘉樂提出兩件事：一件請求康熙帝允許嘉樂管理在中國傳教的眾西洋人；一件請求康熙帝允准中國入教之人俱依教皇發來條約內禁止之事。十一月二十七日，康熙帝令伊都立等傳旨給嘉樂，略謂：

> 爾教王所求二事，朕俱俯賜允准，但爾教王條約，與中國道理大相悖戾，爾天主教在中國行不得，務必禁止，教既不行，在中國傳教之西洋人，亦屬無用，除會技藝之人留用，再年老有病不能回去之人，仍准存留，其餘在中國傳教之人，爾俱帶回西洋去。且爾教王條約，只可禁止爾西洋人，中國人非爾教王所可禁止，其准留之西洋人，著依爾教王條約，自行修道，不許傳教，此即准爾教王所求之二事。此旨既傳，爾亦不可再行乞恩奏⑪。

康熙帝態度強硬，表示決心禁止西洋人在中國傳教。康熙帝見過特使告示後，認為與和尚道士異端小教相同，「以後不必西洋人在中國行教，禁止可也，免得多事。」⑫由於禮俗之爭，引起康

熙帝的不滿，康熙帝遂從早期的容教政策轉變為禁教政策，天主
教在中國的傳教事業，從此一蹶不振，康熙帝對天主教態度的轉
變，反映天主教在華傳播的黃金時代的結束。從此以後，中西教
案交涉遂層出不窮。康熙六十年（1721）正月十二日，西洋人
德理格因未參加朝賀儀式而被逮捕，中西教務，從此多事。

四、督撫輿論與雍正帝嚴禁天主教的措施

雍正帝即位後，對禁止天主教，更加嚴厲。史學家多以西洋
傳教士捲入清朝宮廷政爭為雍正帝禁止天主教的原因，康熙末年，
諸皇子為爭奪大位的繼承，各樹黨羽，天主教傳教士站在皇八子
及皇十四子方面，與皇四子對抗，加以傳教士散布各省，「邀結
天下人心，逆形已成」，所以皇四子即位後，就立即採取行動，
正式頒佈禁教明詔⑬。其實，雍正帝的禁止天主教，是康熙末年
禁教政策的延長，耶穌會士與皇四子對抗的說法，有待商榷。雍
正元年（1723）正月，大赦天下，德理格獲釋出獄，但卻實行
嚴厲禁教政策，令將各省西洋人，除送京師效力者外，其餘俱安
插澳門。浙閩總督覺羅滿保疏陳西洋人在各省起蓋天主堂，潛住
行教，人心漸被煽惑，毫無裨益，請將各省西洋人除送京效力外，
餘俱安插澳門。禮部議准所請，天主堂改為公所，誤入其教者，
嚴行禁飭。原疏奉旨：「西洋人乃外國之人，各省居住年久，今
該督奏請搬移，恐地方之人，妄行擾累，著行文各省督撫，伊等
搬移時，或給與半年數月之限，令其搬移。其來京，與安插澳門
者，委官沿途照看送到，毋使勞苦。」⑭
雍正二年（1724）五月十一日，西洋人戴進賢奏請勿令催
逼西洋人往住澳門。奉硃批云：「朕即位以來，諸政悉遵聖祖皇
帝憲章舊典，與天下興利除弊。今令爾等往住澳門一事，皆由福

建省居住西洋人在地方生事惑眾，朕因封疆大臣之請、廷議之奏
施行。政者公事也，朕豈可以私恩惠爾等，以廢國家之輿論乎？
今爾等既哀懇乞求，朕亦只可諭廣東督撫暫不催逼，令地方大吏
確議再定。」⑮由此可知雍正帝禁止天主教，一方面是遵照康熙
帝的憲章舊典，一方面是顧及國家輿論，採納封疆大臣及廷臣的
奏請。因安插西洋人料理未甚妥當，雍正帝諭令廣東督撫盡心料
理。雍正二年（1724）十月二十九日，兩廣總督孔毓珣遵旨議
奏，略謂：

> 查各省居住西洋人先經閩浙督臣滿保題准，有通曉技藝願
> 赴京效力者送京，此外一概送赴澳門安插。嗣經西洋人戴
> 進賢等奏懇寬免逐回澳門，發臣等查議。臣思西洋人在中
> 國未聞犯法生事，於吏治民生，原無甚大害。然曆法、算
> 法各技藝，民間俱無所用，亦無俾益，且非中國聖人之道，
> 別爲一教，愚民輕信誤聽，究非長遠之計。惟西洋乃係總
> 名，分有十餘國，各人住籍不同，澳門濱海偏僻之地，欲
> 回則無船可搭，欲住則地窄難容，經臣議將各省送到之西
> 洋人暫令在廣州省城天主堂居住，不許出外行教，亦不許
> 百姓入教，除有年老殘疾者聽其久住外，餘則不限以年月，
> 遇有各人本國洋船到粵，陸續搭回，此外各府州縣天主堂
> 盡行改作公所，不許潛往居住⑯。

兩廣總督孔毓珣已指出曆法、算法等技藝，民間俱無所用，亦無
裨益。民間曆書由欽天監頒發時憲曆，不許刊刻私曆。地方大吏
多以天主教並非中國聖賢之道，深慮愚民輕信誤聽，究非長遠之
計，因此驅逐各省西洋傳教士就是禁止天主教的必要措施。孔毓
珣原摺奉硃批云：「朕不甚惡西洋之教，但與中國無甚益處，不
過從眾議耳。你酌量如果無害，外國人一切從寬好，恐你不達朕

意，過嚴則又不是矣，特諭。」由此可知雍正帝對天主教固非深
惡痛絕，對西洋人亦能寬容。但因雍正年間積極整頓地方，舉凡
吏治、財稅，及民情風俗，都在整飭之列，當時民間秘密宗教方
興未艾，教派林立，封疆大吏取締左道異端不遺餘力，各教派遂
被視爲「邪教」。地方大吏認爲天主教雖無悖逆情事，但既有教
名，設立會長，懷挾重貲，深入鄉間，潛匿傳教，招致男女，創
建教堂，禮拜誦經，與民間秘密宗教並無不同，天主教遂被視同
「邪教」，而一體查禁，雍正帝不過「從衆議」而已。

　　江蘇巡撫莊有恭具摺時曾指出「雍正元年以後，澳夷安多尼
等於省城開堂設教，不時往來沿海，無知愚民入教不下數萬，教
主夷艇經過，男婦持香迎送，動輒聚至數千人，粵民深切隱憂。」⑰
各省漢人崇奉天主教者固然不可勝數，其旗人入教者亦極衆多。
正黃旗漢軍都統兵部尚書盧詢曾具摺奏請禁止旗人崇奉天主教，
其原摺略謂：

　　　　入天主教之旗民必宜禁止，查西洋之人來自萬里之外，重
　　　　譯梯航以至中國，聖朝特嘉其嚮風慕義之誠，存恤優容。
　　　　至其所謂天主教者，原屬不經，但六合之大，何所不有，
　　　　故亦置之不議不論，聽彼自存其彼國之教已耳，若夫中國
　　　　者，固大經大法之所垂，禮樂制度之所守，如日月之昭揭
　　　　於中天，萬國之所會歸也，四方之所則傚也。西洋之人近
　　　　觀光化，實屬至幸，豈宜我中國之人，反遵從其天主教乎？
　　　　乃愚蠢無知之流，一入其教，背棄正理，崇尚虛誕，不啻
　　　　下喬木而入幽谷，所當極爲嚴禁，則整齊化導，比戶可封
　　　　矣⑱。

兵部尚書盧詢認爲「愚蠢無知之流」，一入天主教，即背棄正理，
崇尚虛誕。由於地方大吏對天主教的誤解，視天主教爲異端，而

主張嚴厲禁止。其實，促成雍正年間禁教的原因很複雜，其中經濟因素，亦不容忽視。康熙年間曾經降旨嚴禁輸米出海，但是東南沿海地方偷運米糧出海的流弊，仍時有所聞。雍正七年（1729）閏七月初四日，監察御史伊拉齊經訪查後具摺奏稱：

> 聞得向年原有無賴小民將內地米石私載小船偷渡出界發賣，希圖重價，因有沿海地方居住之西洋人收買載入大船出洋。蓋小民偷運，人數無多，夜行晝伏，弁兵不及覺查，此往日所有之弊。近日查禁甚嚴，奸民不敢整船裝米偷渡，惟有窮苦漁戶，以船爲家，或指稱食米，多買些須，零星賣與洋船之人，則亦難免必無。聞得松江府城天主堂內有西洋人名畢登榮、莫滿二人居住，託言養病，時或出門拜客，地方士民多有歸其教者。奴才揆此西洋人常有貿易船隻往返走洋，保無偷賣米石之弊。又聞得江南州縣內並各省尚有潛藏居住之西洋人，奴才看西洋人來京朝貢，乃聖德之所感化，我皇上加恩優待，實柔遠人之至意。但西洋人有願回本國者，自應回本國；有願在澳門者，准其住澳門；或有技藝情願在京效力者，准留京都，則有無生事之處，得以稽查，是否實心效力，亦可考核。今乃聽其星散分居，潛匿州縣，不獨煽惑地方愚民，且有讀書生監而入西洋教者，實無益於中國，而有損於政教。奴才先年曾與西洋人辦事，其居心行事，與夫所造闢妄等書傳教，俱屬妄誕悖謬[19]。

姑且不論西洋人是否有偷賣米石之弊，但清初以來實行海禁政策，則是事實，禁止西洋天主教的傳教活動，就是執行海禁政策的重要課題。西洋傳教士潛匿州縣，愚民固然被煽惑，讀書生監亦有入教者，監察御史伊拉齊認爲西洋天主教既無益於中國，而有損

於政教。因此，禁止天主教不惟黜異端以崇正學，亦可杜偷運米石出海之弊。同年閏七月二十五日，大學士馬爾賽等遵旨寄信給各省督撫，密諭查禁天主教，其寄信上諭云：

> 雍正七年閏七月二十五日奉上諭，向因西洋人通曉曆法，是以資其推算修造，留住京師，後因其人來者漸多，遂潛居誦經行教，煽惑人心，而內地不肖之人，無知之輩，往往入其教中，妄行生事，漸爲民風之害，是以原任總督滿保奏請將各省西洋人或送至京師，或遣回澳門，其所有天主堂，悉改爲別用，經禮部兩次議覆，將各省西洋人准其居住廣州省城，但不許行教生事，其天主堂改爲別用，朕曾降旨伊等乃外國之人，在各省居住年久，今令搬移，恐地方之人混行擾累，著給與半年或數月之限，令沿途委官照看，此雍正二年之事也，今已歷數載，各地方中不應復有留住之西洋人矣。近聞外省府縣中竟尚有潛藏居住者，本地無賴之人，相與往來，私從其教，恐久之漸染益深，甚有關於風俗，此係奉旨禁約之事，而有司漫不經心，督撫不查問。朕若明降諭旨，則失察之官甚眾，於督撫皆有干係，爾等可密寄信與各督撫知之，欽此，遵旨寄信前來 ⑳。

由前引論旨可知自雍正二年（1724）以來，已降旨不許西洋人潛居內地行教，但數年以來，各省府縣中尚有西洋傳教士潛藏居住，私從天主教者頗眾，甚至「妄行生事」，以致「漸爲民風之害」，因此，雍正帝密諭各省督撫遵旨查辦。各省督撫奉到寄信上諭後，即札飭各府州縣密查，將天主堂改爲育嬰堂、義學、公所　或改建天后宮。例如山東濟南府歷城縣舊有西洋人南懷德等於雍正二年（1724）進京後所遺天主堂二所，一所改爲育嬰

堂，一所改爲義學，另有房屋八間，墳地七畝，西洋人仍暗中托
人管運，每年潛收租息。東昌府臨清州有西洋人康和子於雍正二
年（1724）十月進京，住京城西直門紅橋天主堂內，在臨清州
所遺天主堂被改爲公所，另有房屋三十七間，地四頃九十二畝，
於雍正七年（1729）九月奉旨變價送與京中天主堂。浙江省城
北門大街天主堂一座，係康熙三十八年（1699）德瑪諾所添造。
雍正八年（1730）五月，德瑪諾等人經地方官伴送至澳門，杭
州天主堂無人管理，地方官稟請撥役看守。浙江總督李衛認爲「
西洋人原係異域外教，無知愚民多有貪伊厚利，暗地入其教中，
並及駐防旗下，亦染此風，甚有關係。」㉑爲杜日久後多事，李
衛認爲不可再留根株，而遵奉密旨嚴禁天主教。李衛指出海洋之
中，惟天后最顯靈應，曾屢奉敕封褒崇，凡近海地方，俱有大廟，
商民往來祈福，獨杭州爲省會重地，控扼江海，竟未有專祀。因
此，李衛奏請將杭州天主堂改爲天后宮，不用更造，只須裝塑神
像，擇德性羽流供奉香火，如此則「祀典既清，而異端亦可靖其
萌蘖。」雍正帝認爲李衛所辦「甚好」。雍正十年（1732），
兩廣總督鄂彌達奏請將廣東省城天主堂盡行拆除，所有西洋傳教
士俱押往澳門，信徒漸散。此外，南京螺絲轉灣天主堂改爲積穀
倉，上海安仁里天主堂改爲武廟及敬業書院，浙江蘭溪、平湖天
主堂改爲節孝祠㉒。雍正年間（1723—1735），由於各省督撫
密奉諭旨嚴厲查禁天主教，各處天主堂或被拆燬，或改爲公所、
書院及廟宇，西洋傳教士被押往澳門，禁止內地民人入教，天主
教的傳教事業，遂遭受重大的打擊。

五、從教難疊興看乾隆朝直省取締天主教的經過

　　乾隆初年以來，沿襲康熙、雍正年間的禁教政策，嚴禁西洋

傳教士進入各省州縣行教。但由於長期以來地方官奉行不力，潛匿內地的傳教士並未澈底查出押送澳門，而且由於內地信徒的接引，西洋傳教士潛入內地者，仍不乏其人，乾隆帝屢飭地方督撫嚴辦，以致教難疊興，西洋傳教士屢遭迫害。乾隆十一年（1746）四月，福建巡撫周學健據福寧府知府董啓祚稟報境內民人崇奉天主教者眾多，且有西洋人在福安縣傳習，周學健即密遣撫標弁兵，會同知府前往查拏。計拏獲桑主教白多祿（Petrus Sanz）、華若亞敬神父（Joachim Royo）、費若望神父（Zohannes Alcobel）、施方濟各神父（Francisco Diaz）、德方濟各神父（Francisco Serrano），另有書記郭惠人及堂主陳廷桂，並搜出畫像經卷等物㉓，周學健奏請從嚴治罪。同年七月，經軍機處議覆，略稱「天主教係西洋本國之教，與然燈大乘等教有間，遽繩以法，似於綏遠之義未協，應令該撫將現獲夷人概送澳門，勒限搭船回國，從教男婦，擇其情罪重大不可化誨者，按律究擬，若無知被誘，量予責釋，毋致滋擾。」㉔清廷綏撫遠人，本著嚴於責己，寬於責人的態度，不主張將天主教與民間秘密教派相提並論，以求息事寧人。但周學健堅持嚴辦，其原奏略謂：

> 該國夷人實非守分之徒，有難加以寬典者。查西洋人精心計利，獨於行教中國一事，不惜鉅費。現訊據白多祿等並每年雇往澳門取銀之民人繆上禹等，俱稱澳門共有八堂，一堂經管一省，每年該國錢糧運交呂宋會長，呂宋轉運澳門各堂散給。又西洋風土，原與中國相似，獨行教中國之夷人，去其父子，絕其嗜欲，終身為國王行教，甚至妄身觸法，略無悔心。至中國民人，一入其教，信奉終身不改，且有身為生監，而堅心背道者。又如男女情欲，人不能禁，而歸嫁之處女，終身不嫁，細加察究，亦有幻術詭行。臣

前於福安各堂內搜出番冊一本，訊係冊報番王之姓名。凡從教之人，已能誦經堅心歸教者，即給以番名，每年赴澳門領銀時，用番字冊報國王，國王按冊報人數多寡加賞。現在福安從教男婦計二千六百餘人。夫以白多祿等數人行教，而福安一邑已如此之多，合各省計之，何能悉數，是其行教中國之心，固不可問，至以天朝士民，而冊報番王，以邪教招服人心之計，尤不可測㉕。

周學健奏請將白多祿等按律定擬，明正國典，「以絕狡謀」。乾隆帝雖以周學健所奏「言之過當」，但「照律定擬，自所應當」。同年十一月，經三法司核擬議覆，奉旨：白多祿著即處斬，華敬即華若亞敬神父，施黃正國即施方濟各神父、德黃正國即德方濟各神父、費若用即費若望神父依擬應斬，郭惠人依擬應絞，俱著監候秋後處決㉖。朝廷行文到福建後，周學健即遵旨將白多祿處決，其餘華敬等五人，俱分禁省城司府縣各監。

乾隆十二年（1747）秋審，內外各衙門俱請將華敬等五人處以極刑，乾隆帝降旨停其勾決，仍行牢固監禁。由於呂宋商船船長郎夫西拔邪敏來華探詢白多祿骨殖等事，遂導致華敬等傳教士被殺之禍。乾隆十三年（1748）八月，閩浙總督喀爾吉善具摺奏稱：

此案行教夷人華敬等久為民間信奉，且閩省瀕臨外洋，時有各番及內地商船來往貿易，恆慮有窺探消息之事。臣等時時提撕告戒地方文武各官嚴加防閑，勿使稍有疏忽，現在洞察綦嚴，雖無透漏勾引諸弊。惟是臣等留心體察福寧府屬福安縣民人陷溺蠱惑於天主一教，既深既久，自查拏之後，將教長白多祿明正典刑，稍加儆懼，然革面未能革心，節次密訪各村從教之家，凡開堂誦經及懸掛十字架念

珠等類，彰明較著之惡習，雖已屏除，而守產不嫁，不祀祖先，不拜神佛，仍復如故。本年閏七月內，司府各官訪有省城居民李君宏、李五兄弟二人，向係崇奉天主教，今西洋夷人華敬等監禁省城，伊等復爲資送物件進監，並代爲傳遞消息，稟知臣等。臣等隨飭提拏嚴究，雖訊之李五等資助夷人衣糧及潛通信息，狡不承認，其送食物進監，並有福安縣民繆上禹等浼其轉送物件，給與華敬等，已直供不諱，現在提拏繆上禹等跟究確情。由此以觀，是民間堅心信奉天主教之錮習，始終不能盡除，華敬等夷人自係伊等奉爲神明之教長，在閩一日，伊繫念邪教之心，一日不熄。更且閩省接連外番，貿易商船絡繹不絕，又與廣東夷人屯聚之澳門，水陸皆可通達，雖口岸查禁未嘗不嚴，而西洋夷人形跡詭秘，從教之人處處皆有，隱匿護送，莫可究詰，臣等現在欽奉諭旨，因將軍新柱奏報呂宋夷商私向關弁探問白多祿骨殖一事，今臣等明白曉示呂宋夷商並於外番往來之處加意查察。隨行文廈口文武各官密加稽訪。今呂宋夷商久已遣發回國，呂宋夷商回國時並未敢復詢及白多祿一事，出口之際，文武嚴密稽查，亦無透越情弊。但伊等到閩時，既私向關弁詢問，臣等又密查其船至廈門之日，曾帶有漳郡從教民人嚴登等家書信什物，現將嚴登一案追究下落，是往來番舶難保無潛行護持邪教之事。臣等竊以閩省邊海重地，西洋夷教傳染又深，華敬等四犯收禁省監，既啓島夷往來窺探之機，而從教民人見夷等監禁在省，本既未拔，蔓將日滋，西洋夷人實未便久禁，閩省且查華敬等四名係按律問擬重解之犯，按之國法，難以從寬。雍正年間，雖曾將拏獲行教夷人聖哥等押送廣東澳門，

飭令回國。臣等按以今日情形，白多祿正法之後，從教民人與外洋夷人稍知儆戒，一加寬宥，恐無知之輩，復疑聖聽，又弛其禁，無以阻過其從教之心，亦不可不爲慮及。臣等再四思維，華敬等蠱惑良民，陷人於法，實屬罪無可寬。本年秋審，臣等仍將華敬、施黃正國、德黃正國、費若用等四犯，擬情實具題，雖題覆勾決出自聖心權衡，非臣等所敢妄請，但就閩省現在情形而論，欲絕外夷窺探之端，民人蠱惑之念，華敬等四犯，似當亟與明正典刑，以彰國法而除萌孽㉗。

福建爲海疆重地，其刑法較內陸爲嚴峻，民間堅信天主教，久成錮習，華敬等人爲教徒奉爲神明，監禁省城，本既未拔，蔓必日滋。因此閩浙總督喀爾吉善認爲「欲絕外夷窺探之端，民人蠱惑之念」，必須將華敬等人「明正典刑」。乾隆十三年（1748）九月初六日，將軍新柱陛辭回閩，將面奉密諭札知喀爾吉善，令其將「擬斬監候之西洋人華敬等四犯，但行監斃，以絕窺探。」㉘九月初七日，閩浙總督喀爾吉善即遵奉密諭將華敬等人窒息獄中，並焚化屍首㉙。聖教會尊白多祿等五名傳教士爲殉道眞福。

　西洋路西亞國人王安多尼、意大利亞國人談方濟各等人往來於江蘇、浙江、安徽等省各府州縣傳教，乾隆十二年（1747）十二月，蘇州府知府傅椿等於昭文縣何公祠拏獲談方濟各，及入教內地民人唐德光等人。浙江巡撫顧琮差員於嘉興府屬王店孫景山家拏獲王安多尼，因呂宋商船來華探詢白多祿骨殖等事，談方濟各、王安多尼等人遂被監斃。乾隆十三年（1748）閏七月，署江蘇巡撫安寧以談方濟各等傳教士煽惑內地民人入教，審擬具題，照律擬絞監候。乾隆帝諭稱：「外夷奸棍潛入內地，誆誘愚民，恣行不法，原應嚴加懲處，但此等人犯，若明正典刑，轉似

於外夷民人故爲從重，若久禁圇圄，又恐滋事，不如令其瘐斃，不動聲色，而隱患可除。」⑳乾隆帝爲除隱患，竟諭令督撫大吏將西洋傳教士「瘐斃」，即掠笞饑寒而死。爲表示不動聲色，復命地方大吏於接到諭旨，即傳司府遵照密諭辦理，並諭以嗣後似此教案，不必將各犯供語敘入題本之內，《清高純皇帝實錄》遂載談方濟各、王安多尼俱在監病故，以隱飾乾隆帝降諭「瘐斃」西洋傳教士的眞相。至於窩頓西洋人的民人唐德光等俱照左道惑衆爲從律發邊外爲民。

西洋人李世輔於乾隆五年（1740）自廣東啓程，遊歷山西、陝西等省，並住在京城海淀堂等城，授徒行教。乾隆十一年（1745）十一月，李世輔由京返國，西洋人席登元遣直隸南宮縣民蔣相臣、山西曲沃縣民伊得志護送，騎坐轎騾由江西饒州繞道鄱陽縣，爲地方官盤獲，搜出西文經卷。江西巡撫開泰以其行蹤詭異，未便押令回國，一面移咨山、陝二省將奉教內地民人切實查禁，一面移咨禮部，向席登元查明李世輔來歷。乾隆十二年（1747）四月十四日，乾隆帝降諭稱：「李世輔遊歷山陝，授徒行教，其從前經由之澳門等關口，並未照例奏明，顯係多事不法之人，此等奸徒，若押令回國，伊必捏造妄言，肆行傳播，轉爲未便。其蔣相臣、尹得志等既隨從附和，此外必尙有黨與，若押遣回籍，又得串通消息，不若將此三人，即於江西省城，永遠牢固拘禁，則伊等狡獪技倆，舉無所施，不致蔓延生事。」西洋人來華入京，例由廣東督撫具摺奏明，李世輔並未照例奏明，不合定例，遂遭長期拘禁。乾隆十九年（1754）閏四月二十八日，奉旨釋放，解往澳門安插。

乾隆十九年（1754）三月二十六日，江蘇吳江縣拏獲西洋人張若瑟，供出尙有西洋人多名，於各地傳教。四月二十一日，

南匯縣拏獲西洋人劉瑪瑙。二十五日，青浦縣拏獲西洋人龔安多尼。同日，南匯縣拏獲李若瑟。二十九日，南匯縣拏獲費地窩尼小㉛。兩江總督鄂容安、江蘇巡撫莊有恭先後親提張若瑟等分別研審。據張若瑟等供稱：「止欲傳教以報天主，並無姦騙及邪術迷人情事。傳教時以油塗額，取其清浮向上；以鹽塗口，欲其宣講彼教；以水灑頭，取其清淨。至死後昇天，係教內相傳之語，並非伊等造作。所帶銀兩，係在澳門天主堂生息取利，以供伊等衣食用度。」㉜是年閏四月初四日，乾隆帝於寄信上諭中指出「今日鄂容安等及雅爾哈善奏摺內，俱有拏獲傳播西洋邪教之案，西洋所奉天主教，乃伊土舊習相沿，亦如僧尼道士回回，何處無此異端，然非內地邪教開堂聚眾散箚爲匪者可比。若西洋人在廣東澳門自行其教，本在所不禁，原不必如內地民人一一繩之以法，如其潛匿各省州縣村落，煽惑愚民，或致男女雜遝，自當嚴爲禁絕。今該督撫等既經查辦，著傳諭鄂容安、喀爾吉善、莊有恭，只可就案完結，毋致滋蔓，將江南現獲之張若瑟，福建現獲之馮大千等解回澳門安插，並諭令廣東督撫，嗣後不時留心稽察，毋任潛往他省，教誘滋事可耳。」㉝清初以來，曾針對民間秘密宗教制訂律例，嚴禁倡立教派，不許民人皈依釋道以外的各教派，西洋傳教士深入內地州縣村落傳教，善男信女多崇奉天主教，男女雜處，遂加禁止。但朝廷認爲只要就案完結，不必滋蔓多事。但鄂容安等覆奏時指出「天主教煽惑人心，屢奉諭旨嚴禁，從前福建、江南已有正法治罪之案。今張若瑟等仍敢挾貲遠來，以荒誕不經之談，設爲種種幻術，誘人入教，且別種邪教騙人之財，信徒者雖眾，一加懲治，其惑易解，天主教則誘人以財，一經信從，執迷終身不悟，於風俗人心甚有關係，杜漸防微，未敢輕忽。」因此，鄂容安等奏請將張若瑟等照江西拏獲西洋人李世輔之例，

暫行隔別監禁，俾使西洋人稍加儆惕。由於地方大吏主張嚴辦天
主教，以致福建、江南、四川、江西、河南、貴州、直隸、陝西、
甘肅、山西等省，教難疊興，西洋傳教士或被處斬，或被監斃，
或被長期拘禁，或被解送澳門，崇奉天主教的內地信徒，多照左
道惑眾爲從律，或發邊外爲民，或發往伊犁給厄魯特爲奴，或減
等杖枷。乾隆帝對天主教，並非決不寬容，亦無意根絕西洋「異
端」，但因督撫大員對天主教多主張嚴辦，乾隆帝多按照督撫所
擬辦理，天主教在內地的活動，遂受到更重大的挫折。

六、從治罪專條的制定看嘉慶朝對天主教案件的審擬

　　嘉慶初年以來，朝廷及直省查禁天主教，絲毫未放鬆。嘉慶
帝曾明發諭旨，斥責天主教爲「異端邪教」。嘉慶十年（1805）
五月二十日，內閣奉上諭云：

> 前因京師西洋堂人有與旗民往來習教，並私刊清漢字書籍
> 傳播之事，疊經降旨嚴行飭禁，並令將各堂所貯書籍檢出
> 繳銷，當交軍機大臣將查出書籍查看，旋據簽出各條呈覽。
> 朕幾餘披閱，如《教要序論》內稱，其天主是萬邦之大君。
> 《聖年廣益》內稱，所信降生之耶穌係普天下各人物之大
> 君，又稱，中國呼異端爲左道，未必非默默中爲承行主之
> 而有是言。又稱，凡在天地大主之下，自君王以至士庶，
> 人人棄邪歸正，聖教大行，未有不久安長治者。又稱，我
> 教之主，眞正是天地人物之主。又稱，憑他有道之邦，多
> 係世俗肉身之道。又稱，聖人欲乘此機會傳教中華。又《
> 婚配訓言》內稱，外教者如同魔鬼奴才等語。支離狂妄，
> 怪誕不經，不一而足，而其中尤爲悖謬者，則稱，聽父母
> 所命，相反於天之命爲大不孝，有聖女巴爾拔拉不肯聽從

逆命，被頑父親手殺之，天主義怒至公，即以暴雷擊死之，
爲人父母親友阻人事者，當以此爲鑒等語，蔑倫絕理，直
同狂吠。又稱，當時有一個貝子，終日行非理之事，福晉
極力勸之不從，一日有一群魔鬼拉貝子下地獄，天主以福
晉有德行，默啓他使知伊夫火海永遠苦難，可見不聽善勸，
決不免天主永罰等語，尤爲肆口亂道，貝子、福晉之稱，
西洋人何從知悉，自係從前與旗人來往談論，知此稱號，
妄行編載，事屬已往，今亦不加深究。至其所稱貝子被魔
鬼拉入地獄之語，皆係憑空捏撰，毫無影響，似此造作無
稽，充其技倆，尚有何言不可出諸口，何事不可筆之書，
若不及早嚴行禁止，任令傳播，設其編造之語悖謬更有重
於此者，勢不得不大加懲辦，與其日後釀成巨案，莫若先
事豫爲之防，前已諭令派出管理西洋堂事務之大臣祿康等
公司議立章程，隨時稽察，茲特揭出書籍所載各條，指示
申諭，嗣後旗民人等務當恪守本朝清語騎射，讀聖賢書，
遵守經常，釋道二氏尚不可信，況西洋教耶！亟應滌除舊
染，勿再聽信邪言，執迷不悟，背本從邪，自不齒於人類，
有負朕諄諄訓戒至意矣，將此通諭知之㉞。

明清時期，由於民間秘密宗教的盛行，朝廷曾針對取締民間宗教
而制訂律例。明代律例中已有〈禁止師巫邪術〉的項目，一應左
道惑眾案件，其爲首者絞，爲從者各杖一百，流二千里。滿洲入
關後，民間秘密宗教的活動，益趨活躍。清廷爲取締民間秘密宗
教及其他民間信仰，亦承襲明代〈禁止師巫邪術〉的律例，並作
爲原例，嗣後常因時制宜，陸續增訂條例。雍正、乾隆年間對各
省州縣天主教的取締，多奉密諭辦理，並未針對天主教制訂取締
章程。嘉慶年間爲了徹底禁止天主教，曾針對天主教而制訂條文，

並寫入大清律例之中，使直省審擬天主教案件有了法理的根據。

　　給事中甘家斌，籍隸四川，嘉慶十六年（1811），甘家斌奏聞四川東北下游一帶有無爲老祖等教，與天主教大略相同，「煽惑人心」，恐致蔓延，因此具摺奏請嚴定天主教傳教治罪專條，原奏經刑部議覆，嘉慶帝針對西洋人在直省內地傳習天主教頒降懲治條例，其諭旨略謂：

> 諭刑部議覆甘家斌奏請嚴定西洋人傳教治罪專條一摺，西洋人素奉天主，其本國之人自行傳習，原可置之不問，若誑惑內地民人，甚或私立神甫等項名號，蔓延各省，實屬大干法紀，而內地民人安心被誘，遞相傳授，迷惘不解，豈不荒悖。試思其教，不敬神明，不奉祖先，顯畔正道，內地民人聽從習受，詭立名號，此與悖逆何異？若不嚴定科條，大加懲創，何以杜邪術而正人心。嗣後西洋人有私自刊刻經卷倡立講會蠱惑多人，及旗民人等向西洋人轉爲傳習，並私立名號，煽惑及眾，確有實據，爲首者竟當定爲絞決，其傳教蠱惑而人數不多，亦無名號者，著定爲絞候，其僅止聽從入教不知悛改者，著發往黑龍江給索倫達呼爾爲奴，旗人銷去旗檔。至西洋人現在住居京師者不過令其在欽天監推步天文，無他技藝足供差使，其不諳天文者，何容任其閒住滋事，著該管大臣等即行查明，除在欽天監有推步天文差使者仍令供職外，其餘西洋人，俱著發交兩廣總督，俟有該國船隻至粵，附便遣令歸國，其在京當差之西洋人，仍當嚴加約束，禁絕旗民往來，以杜流弊。至直省地方，更無西洋人應當差使，豈可容其潛住，傳習邪教，著各該督撫等實力嚴查，如有在境逗留，立即查拏，分別辦理，以淨根株。㉟。

前引諭旨內對傳習天主教的禁令，與查禁民間秘密宗教的條例，頗相近似，經刑部等衙門議奏後正式寫入大清律例中，據《欽定大清會典》的記載，其條文內容如下：

> 西洋人有在內地傳習天主教，私自刊刻經卷，倡立講會，蠱惑多人，及旗民人等向西洋人轉為傳習，並私立名號，煽惑及眾，確有實據，為首者擬絞立決，其傳教煽惑而人數不多，亦無名號者，擬絞監候，僅止聽從入教不知悛改者，發新疆給額魯特為奴，旗人銷除旗檔。如有妄布邪言，關繫重大，或持咒蠱惑誘污婦女，並誆取病人目睛等情，仍臨時酌量，各從其重者論。至被誘入教之人，如能悔悟，赴官首明出教者，概免治罪，若被獲到官始行悔悟者，於遣罪上減一等，杖一百徒三年，儻始終執迷不悟，即照例發遣，並嚴禁西洋人不許在內地置買產業，其失察西洋人潛住境內並傳教惑眾之該管文武各官，交部議處㊱。

按大清律例規定，傳習白蓮教、白陽教等「邪教」，其為首者擬絞立決。禁止天主教條例，即沿襲取締民間秘密宗教的原例，將天主教視同「邪教」而制訂的，嗣後直省查辦天主教案件，就是援引新例而審擬的。其後直省督撫又奉部議條文，其內容為：「部議，傳習天主教被誘之人改悔出教者，概予免罪，到官後始行改悔者，於遣罪上減一等，杖一百，徒三年，倘執迷不悟，即照新例改發新疆給厄魯特為奴。」㊲例如嘉慶二十年二月二十九日，四川總督常明具摺奏明審擬宜賓縣朱榮私立名號傳習天主教等案時所引用的條例為：「嘉慶十六年欽奉上諭，嗣後旂民人等向西洋人轉為傳習，並私立名號煽惑及罪，為首者定為絞決等因欽此。又部議傳習天主教被誘之人改悔出教者，概予免罪，到官後始行改悔者，於遣罪上減一等，杖一百，徒三年，倘執迷不悟，即照

新例，改發新疆給厄魯特爲奴各等語。」㊳由此可知四川總督常明所援引的條文包括嘉慶十六年（1811）的上諭、新例及後來部議三個部分。嘉慶年間制訂新例以後，直省督撫或援引新例，或援引部議，或援引上諭、新例、部議，以求情罪相當，嗣後地方大吏查辦天主教案件，既有明文規定，在法理上也有了根據。其後，條例雖有修改，但改變不大，所改變的部分，只是將「發新疆給厄魯特爲奴」改爲「發回城給大小伯克及力能管束之回子爲奴」等字樣。嘉慶二十四年（1819）八月十四日，因湖北巡撫張映漢奏聞穀城縣劉方濟各潛匿傳習天主教一案而頒降諭旨如下：

> 張映漢奏審訊傳習天主教犯劉方濟各、商卑呢額斯定私入內地傳教，既曾向喇彌哟告知附舟同行。嗣喇彌哟進京當差，又常與該犯等通信，現已降旨令英和向喇彌哟嚴切訊究，訊明後再解往湖北歸案質審，著張映漢一面先向劉方濟各等再行嚴訊。該犯等私入中國傳教，究竟是何意見，並詰以中國所奉有儒釋道三教，其餘一切邪教概行查禁。若使中國有人私往該國傳習儒釋道三教，該國之人豈即甘以崇奉。至該犯等所傳之天主教，在中國即係邪教，不惟大皇帝崇正黜邪，法難寬宥，即各省督撫亦必嚴拏懲辦，不容稍滋煽惑，該犯等何敢於屢次查禁之後，仍復傳習，是何居心，令其據實供吐，勿任狡飾。該犯與卑呢額斯定起意傳教，應即照邪教爲首律治罪。現在卑呢額斯定業經病故，俟喇彌哟解楚訊明定案時，劉方濟各一犯應即照律擬以絞決，其餘供出習教各犯俱著按名查拏，分別定擬具奏，將此諭令知之㊴。

由前引諭旨可知清廷對「邪教」所下的定義，「中國所奉有儒釋

道三教，其餘一切邪教概行查禁。」天主教被斥爲儒釋道三教以外的「邪教」，法難寬宥，所以概行查禁。由於律例中有禁止天主教的條文，各省督撫奉行禁令，嚴拏懲辦，中外之間，因教案交涉，徒增齟齬。有清一代，朝廷制訂律例，取締民間秘密宗教，在相當程度內產生了社會控制的作用，但對天主教的取締卻徒增中外糾紛，清代的宗教政策確實有待商榷。

七、結　語

　　明清之際來華的耶穌會士，一方面從西方傳入天主教及科學知識，一方面將中國思想文化傳播到西方，他們對中西文化的交流，確實作出了重要的貢獻。康熙帝親政以來，天主教更在一種和諧、融洽的氣氛中蓬勃發展。康熙年間，反對天主教的傳播，首先起於各省督撫大吏，康熙帝也防範天主教在地方民間的傳播，禮儀之爭發生後，康熙帝的態度更加強硬，在所頒諭旨中已指出天主教與和尚道士異端小教相同，因此宣示「以後不必西洋人在中國行政，禁止可也，免得多事。」康熙帝對天主教的態度，開始轉變，逐漸由容教政策，轉變爲禁教政策。

　　雍正初年以來的禁止天主教，是康熙後期禁教政策的延長，雍正帝禁止天主教，一方面是奉行康熙帝的憲章舊典，一方面採納直省督撫及廷臣的奏請，爲實行海禁政策，而嚴禁西洋傳教士深入州縣行教。乾隆年間，地方官查禁天主教更加嚴厲，教難疊興。雍正帝、乾隆帝對天主教並非決不寬容，他們以爲古今中外何處無異端邪教的存在，西洋人來華以後，在京師或澳門天主堂瞻禮聚會，向不過問，但不得擅自私往各省潛匿行教。清代君臣對邪教所下的定義，主要是指正信宗教以外的新興教派。明清時期方興未艾的民間秘密宗教，主要是從儒釋道衍化出來的新興教

派。釋道二教新起時亦曾被斥爲異端左道，但當釋道二教發展成爲正信宗教，由釋道衍化而來的民間秘密宗教就被斥爲異端邪教，爲了消除異端邪教，朝廷針對民間秘密宗教制訂律例，嚴厲取締。清代君臣認爲儒釋道三教以外的新興教派都是異端邪教，天主教也是儒釋道三教以外的新興教派，遂被斥爲邪教，而下令禁止。嘉慶帝認爲「外省地方，本無需用西洋人之處，即不應有西洋人在境潛住。」⑩雍正、乾隆時期，直省督撫多奉密諭查辦，並未針對天主教制訂治罪專條。嘉慶年間開始正式針對天主教制訂治罪專條，經刑部議准後成爲新例，其後又有部議條文，將傳習天主教者比照取締民間秘密宗教條例，其爲首者擬絞立決，或擬絞監候，僅止聽從入教不知悛改者，發新疆給厄魯特或回城伯克爲奴，從此以後地方大吏查辦天主教案件，或援引新例，或援引部議，其取締天主教越來越嚴。清廷鑒於白蓮教等民間秘密宗教惑衆滋事案件，層見疊出，因恐天主教聚衆滋事，爲防患未然，其取締天主教，遂不遺餘力，清代前期的查禁天主教，其政治意義實不容忽視。清廷排斥天主教爲異端邪教，反映正統主義已經成爲清代的主流思想。清廷針對天主教制訂治罪新例，反映清廷對人類文化多元性的缺乏認識，面對紛繁複雜的文化宗教現象，仍以其視野的狹隘性和歷史局限性，強調正統文化的權威，而對其他文化產生排斥及否定態度，將儒釋道正統信仰以外的其他宗教視爲異端邪教，清廷禁止天主教，反映清廷並未根據宗教發展的客觀律和社會實際情況制訂宗教信仰自由的基本宗教政策⑪，中外教案交涉事件，遂層出不窮。

　　清廷一方面希望西洋科技人才入京效力，一方面禁止西洋人行教，其政策的矛盾性是極爲顯著的。當禮儀之爭發生後，康熙帝規定西洋人必須領取永居票，來華西洋人必須長期定居中國，

不准今年來明年去。當教廷下令解散耶穌會後，耶穌會士紛紛呈請離華回國，於是引起清廷的不滿。乾隆三十九年（1774）七月初九日，因兩廣總督李侍堯奏聞西洋人岳文輝等人呈請進京效力，乾隆帝即降諭稱：「向例西洋人赴京效力之後，即不准其復回本國。近來在京西洋人內竟有以親告假者，殊屬非理。伊等既有親待養，即不應遠涉重洋投效中國。若既到京效力後，自不便復行遣回，均當慎之於始，此次岳文輝等三人即著李侍堯詢問伊等，如實係情願長住中國不復告回者，方准進京，若有父母在堂者，即不准其詳報呈送。」㊷乾隆帝認為西洋人來華當差後，永遠不准復回本國㊸。由於清廷不合情理的限制，自此以後，西洋人來華效力者遂裹足不前。乾隆四十三年（1778）九月初八日，軍機大臣于敏中遵旨寄信兩廣總督桂林指出「向來西洋人有具呈廣東督撫衙門情願進京效力者，俱經該督撫等轉奏送京。近年以來，未見有續來者，或係該國本無人呈請，抑係曾經具呈而督撫不為轉奏，著傳諭桂林、李質穎即行查明據實具奏。」桂林等人遵旨查明覆奏，略謂西洋人凡挾一技一能前來效用者，無不優與廩祿，自應踴躍內向。但因西洋人貪戀家室，心存觀望，故近年來，竟無呈請報效之人。從乾隆後期以來，來華入京供職的西洋人，已屬罕見。嘉慶年間以西洋人「誑惑內地民人遞相傳習，致為人心風俗之害。」㊹於是詳立科條，制訂天主教治罪專條，嗣後進京效力的西洋人更是鳳毛麟角。嘉慶十六年（1811）七月十六日，嘉慶帝在明發諭旨指出「西洋人住居京師，原因其識習算法，可以推步天文，備欽天監職官之選。昨據管理西洋堂務大臣查明在京者共十一人，除福文高、李拱辰、高守謙三人，現任欽天監監正、監副，南彌德在內閣充當繙譯差使，又畢學源一人通曉算法，留備敘補，賀清泰、吉德明二人，均年老多病，不能

歸國，此外學藝未精之高臨淵等四人，俱已飭令回國，現在西洋人之留京者，祇有七人（下略）。」㊺康熙年間，在京供職的耶穌會士，可謂濟濟多士，各有專長，到了乾隆後期，已無西洋人呈請進京效力，嘉慶年間，留在京城的西洋人祇有七人。西學寄生於西教，清廷禁止天主教的過程，就是西學逐漸喪失其寄生體的過程。

【註　釋】

① 〈清宮廷畫家郎世寧年譜——兼在華耶穌會士史事稽年〉，《故宮博物院院刊》，1988年，第二期（北京，故宮博物院，1988年5月），頁37。

② 《清代全史》，第三卷（瀋陽，遼寧人民出版社，1991年7月），頁266。

③ 《清代全史》，第二卷，頁407。

④ 《軍機處檔・月摺包》（臺北，國立故宮博物院），第2751箱，7包，48450號。抄寫得西洋堂內康熙三十一年碑文。

⑤ 同註④。

⑥ 《清代全史》，第三卷，頁275。

⑦ 《文獻叢編》，（臺北，台聯國風出版社，民國五十三年三月），上冊，頁168，康熙與羅馬使節關係文書。

⑧ 《故宮博物院院刊》，1988年，第二期，頁35。

⑨ 《文獻叢編》，上冊，頁168。

⑩ 《清聖祖仁皇帝實錄》（臺北，華聯出版社，民國五十三年九月），卷二七七，頁21。康熙五十七年二月丁亥，兵部議覆。

⑪ 《文獻叢編》，上冊，頁170。

⑫ 《文獻叢編》，上冊，頁175。

⑬　郭廷以撰〈中國近代化的延誤〉，《大陸雜誌》，第一卷，第二期，頁8。

⑭　《清世宗憲皇帝實錄》，卷一四，頁14。雍正元年十二月壬戌，禮部議覆。

⑮　《故宮博物院院刊》，1988年，第二期，頁41。

⑯　《宮中檔雍正朝奏摺》，第三輯（臺北，國立故宮博物院，民國六十七年一月），頁392。雍正二年十月二十九日，兩廣總督孔毓珣奏摺。

⑰　《宮中檔乾隆朝奏摺》，第七輯（民國七十一年十一月），頁224。乾隆十八年十二月二十一日，江蘇巡撫莊有恭奏摺。

⑱　《宮中檔雍正朝奏摺》，第二十七輯（民國六十九年一月），頁773。

⑲　《宮中檔雍正朝奏摺》，第十三輯，頁803。雍正七年閏七月初四日，監察御史伊拉齊奏摺。

⑳　《宮中檔雍正朝奏摺》，第十四輯，頁470。雍正七年九月十九日，署山東巡撫費金吾奏摺。

㉑　《宮中檔雍正朝奏摺》，第十六輯，頁464。雍正八年五月二十二日，浙江總督李衛奏摺。

㉒　方豪著《中西交通史》（臺北，中華大典編印會，民國五十七年七月），第五冊，頁161。

㉓　《清高宗純皇帝實錄》，卷二六七，頁25。乾隆十一年五月癸亥，據周學健奏。

㉔　《清高宗純皇帝實錄》，卷二七一，頁2。乾隆十一年七月庚戌，據軍機大臣議覆。

㉕　《清高宗純皇帝實錄》，卷二七五，頁19。乾隆十一年九月壬戌，據周學健奏。

㉖　《軍機處檔‧月摺包》，第2772箱，4包，3142號。乾隆十三年八月初七日，閩浙總督喀爾吉善奏摺錄副。

㉗　同註㉖。

㉘　《軍機處檔‧月摺包》，第2772箱，23包，3337號。乾隆十三年十月初二日，閩浙總督喀爾吉善奏摺錄副。

㉙　《道明會在中國傳教史》，羅光主編《天主教在華傳教史集》（臺北，光啓社，民國五十六年一月），頁51。

㉚　《清高宗純皇帝實錄》，卷三二〇，頁12。乾隆十三年閏七月己未，上諭。

㉛　《宮中檔乾隆朝奏摺》，第八輯，頁212。乾隆十九年閏四月初八日，江南總兵官林君陞奏摺。

㉜　《宮中檔乾隆朝奏摺》，第八輯，頁628。乾隆十九年五月二十九日，兩江總督鄂容安等奏摺。

㉝　《清高宗純皇帝實錄》，卷四六二，頁5。乾隆十九年閏四月甲寅，寄信上諭。

㉞　《上諭檔》，方本（臺北，國立故宮博物院），嘉慶十年五月二十日，頁245，內閣奉上諭。

㉟　《欽定大清會典事例》（臺北，國立故宮博物院，嘉慶二十三年，武英殿刊本），卷六一〇，頁14。

㊱　薛允升著《讀例存疑》（臺北，中文研究資料中心，1970年），重刊本，㈢，頁425。

㊲　《宮中檔》（臺北，國立故宮博物院），第2723箱，94包，17977號。嘉慶二十年二月二十九日，四川總督常明奏摺。

㊳　同註㊲。

㊴　《外紀簿》（臺北，國立故宮博物院），嘉慶二十四年十二月初二日，湖北巡撫張映漢奏摺抄件。

㊵　《清仁宗睿皇帝實錄》，卷二四六，頁17。嘉慶十六年七月壬辰，
　　諭旨。

㊶　彭國章撰〈簡論宗教的幾個問題〉，《湖南師院學報》，1984年，
　　第六期，頁136。

㊷　《宮中檔乾隆朝奏摺》，第三十六輯，頁520。乾隆三十九年九月
　　初三日，兩廣總督李侍堯奏摺。

㊸　《清高宗純皇帝實錄》，卷一四三五，頁12。乾隆五十八年八月己
　　卯，致英王敕諭。

㊹　《上諭檔》，方本，嘉慶十六年四月十九日，頁229，內閣奉上諭。

㊺　《清仁宗睿皇帝實錄》，卷二四六，頁16。

閣至於地方應行事宜就臣識見所及盡心料理但

　臣智識短淺惟恐所行不當仰懇

皇上逐事指訓俾臣不致錯悞則感戴

聖恩益無極矣所有原奉

硃諭具摺恭繳并繪香山澳門圖恭呈

御覽謹

　　奏

朕不慮患西洋之勢但与中國無甚益處不
過得眾議耳保佑量與果亦事實外國人一
切從寬好恐保不連朕意通融看則又不是
美特諭

雍正貳年拾月　　貳拾玖　日

雍正帝硃批

從取締民間秘密宗教律例
的修訂看清代的政教關係

一、前　言

　　宗教是一種歷史現象，有其自身發生和發展的客觀規律，宗教信仰的長期存在是客觀的事實，我國不但有一部佛教史和道教史，同時還有一部源遠流長錯綜複雜的民間秘密宗教史。所謂民間秘密宗教，就是起源於下層社會的原有信仰，並雜揉儒釋道的思想而產生的多元性教派，因各教派未經立法，其組織與活動都是不合法的，只能在下層社會裡暗中活動。民間秘密宗教雖然是建立在小傳統的一種社會實體，但它具備宗教的本質，有其超越的意義。各教派多有教派名稱，寺廟建築，正式的組織結構，成文的經典教義，規範化的宗教儀式，神職性質的師徒。其中組織結構、教規、戒律屬於宗教制度，是聯繫宗教信徒、體現宗教觀念、進行宗教活動的組織形式和紀律保證；經典教義屬於宗教觀念，是宗教系統的靈魂，爲各教派提供指導思想；各種儀式、傳教活動屬於宗教行爲，是一種宗教實踐；神職人員及一般信徒，是宗教的主體，也是整個宗教系統的核心。宗教制度、宗教觀念、宗教行爲和宗教信徒的有機結合，就是宗教實體呈現在人們面前的面貌①。宗教的發展，有其長期性、群衆性、複雜性的特點，用「宗教是人民的鴉片」這句話來界定宗教的本質是不科學的②。宗教史的研究，是屬於宗教學的縱向研究，以編年體的方法來分析宗教的階段性和歷史的發展變遷，以重視過去宗教的面目，進而

綜合說明宗教史發展的規律。至於各教派之間的比較研究，則屬
於橫向研究。這種方法注意到宗教在空間地域上的不同和形式種
類的多樣性，從不同教派的比較來尋找宗教的共同本質及意義，
歸納宗教的典型形式和特徵③。透過縱向和橫向研究，我們很清
楚地看出明清時期盛行的民間秘密宗教是屬於多元性的多種宗教
信仰組織，但各教派之間是相互貫通的，並不存在嚴格的差別。
有些史家認爲「歷來的剝削階級總是有意地扶植和利用宗教，把
它作爲統治人民和維護剝削制度的精神力量。因此，使宗教得到
廣泛的傳播和更大的發展。可見宗教和階級密切關聯。」④惟就
民間秘密宗教而言，恰恰相反，明清時期朝廷不但未曾利用和扶
植民間秘密宗教，相反地，朝廷卻制訂律例，嚴厲地取締民間秘
密宗教，甚至造成宗教叛亂和宗教迫害。本文撰寫的旨趣，即在
就現存檔案探討清代官府查禁新興教派的原因，以民間秘密宗教
爲例，說明清代的政教關係，兼談清廷與天主教關係的轉變。

二、清代民間秘密宗教的分佈

　　明清兩代是我國民間秘密宗教最活躍的時期，教派林立，到
處創生。民間秘密宗教的盛行，固然有其政治、經濟背景，但從
明代中葉以後朝廷本身的放任，宮中的篤信宗教，非佛即道，宗
教氣氛濃厚，無疑爲民間秘密宗教的發展，提供了有利的環境。
明世宗好鬼事神，日事齋醮，明神宗佞佛之風，更是甚囂塵上，
以致游食僧道，十百成群，街塡巷溢。民間秘密宗教開始傳入宮
廷，妃嬪、宮女，尤其是太監，爭相出資刊刻寶卷，上行下效，
流風所及，白蓮等教，各立期會，佈金出米，舉國如狂。戴玄之
教授撰〈明末的秘密宗教〉一文已指出明末的民間秘密宗教，名
目繁多，原文中共列舉四十餘種不同的教派名目。除白蓮教、白

雲教、明尊教、羅祖教及無爲教等爲原有的民間秘密宗教外，其餘多爲新興的民間秘密宗教⑤。日本學者澤田瑞穗撰〈《衆喜寶卷》所見的明清教門史料〉一文所列教派名目共七十種⑥。澤田瑞穗著《校注破邪詳辯》一書附錄教名索引所列教派名目共一百五十餘種⑦。我國大陸學者劉子揚撰〈清代秘密宗教檔案史料概述〉一文，根據北京中國第一歷史檔案館保存的檔案史料及有關資料，將清代秘密宗教組織的名目，列舉一百零七種，文中並注明各教派的異名別稱⑧。有清一代，檔案浩瀚，除北京中國第一歷史檔案館等處所藏檔案資料外，臺北外雙溪國立故宮博物院現藏清代《宮中檔》、《軍機處檔》等，含有相當豐富的教案資料，可補其他檔案的不足。爲便於說明，僅就目前學者研究成果及檔案資料所見，將明清時期的教派名目，按其首字筆畫順序列出簡表於下：

明清時期民間秘密宗教教派名目簡表

筆　順	教　派　名　稱	合　計
一	一字教，一字門教，一字金丹教，一炷香教，一炷如意教，一炷香天爺教，一炷香紅陽教，一炷香好話摩摩教，一貫道。	9
二	人天教，二會子，八天教，八卦教，八卦紫金會，八卦青龍教，九蓮教，九宮教，九宮八卦教。	9
三	三陽教，三乘教，三皇聖祖教，三益教，三官教，三元會空空教，三元教，三星會，三仙教，三聖教，三祖教，上上三元教，大乘教，大成教，大成無爲教，大被教，大仙教，大同教，大乘清茶門教，子孫教。	20
	太子教，太陽經教，天理教，天竹教，天地三陽會	

四	，天眞教，天龍八卦教，天圓教，天順教，天極門教，天門教，天香教，天眞門音樂會，天軍教，天盤教，五女教，五聖教，五盤教，五郎會，五葷道，五氣朝元教，元頓教，牛八教，文賢教，少無爲教，毛里教，水月教，未來眞教，斗母教。	29
五	白蓮教，白蓮道教，白陽教，白雲教，白山教，白衣教，白蓮池，白縺教，弘陽教，北庵教，玉女教，玉虛門教，央央教，矢公教，玄玄教，玄陽教，玄聖教，出明教，未來教。	19
六	老子教，老君教，老官齋，老理會，老佛教，老天門教，老母教，西大乘教，西來教，西來正教，西天老教，收圓教，收元教，收源教，先天教，好話教，如意教，在理教，衣法教，光明教，守一教，好話道摩摩教，托陽教，艮卦教，西山會。	25
七	呂皇教，坎卦教，坎離教，完丹教，兌卦教，佛門教，把涌金蓮教，沌元教，宏陽教。	9
八	青陽教，青蓮教，青龍會，青主教，金山教，金蟬教，金丹教，金丹八卦教，金童教，金心教，明宗教，明尊教，明天教，明靈教，東大乘教，長生教，花燈教，坤卦教，邱莘教，武聖教，空子教，玩始教，法光教，金心教，昇天教，和合教，和氣教，抱元守一教，虎尾教，油蠟教。	30
九	紅陽教，紅封教，紅燈教，紅簿教，南無教，南陽教，南庵教，皇天教，皇天聖道，皇門道教，皇極教，洪濛教，飛昇教，皈依無爲教。	14
十	悟明教，悟空教，悄悄會，神捶教，涅槃教，眞空教，眞武教，茶葉教，純陽教，根化教。	10
十一	清水教，清玄教，清寧教，清淨佛門教，清淨門教，清淨法門教，清淨教，清淨無爲教，清風教，清圓道教，清茶門教，清茶門紅陽教，清眞獨一教，	24

	添柱教，添門教，添地會，混元教，混元紅陽教，乾卦教，乾陽教，陸林會，斬草教，習文教，陸林混元教。	
十二	無爲教，無爲社，無生教，無形教，無爲教苦教，無相教，無爲祖教，無極教，黃天教，黃天道，黃陽教，順天教，菩薩教，朝元教，朝陽教，巽卦教，黑簿教，結草教，揮牽教，普渡教，報恩會，黃封教。	22
十三	頓悟教，圓頓教，圓頓大乘教，圓明教，圓通教，源洞教，達摩教，敬添會，敬空老祖教，道心教，當陽教，新新教，義和拳，義和門好話教。	14
十四	聞香教，鳴鐘教，摸摸教，榮華會，滾單會。	6
十五	滋耙教，震卦教，緣明教。	3
十六	龍天教，龍華會，龍門教，龍天門教，燈花教，燈郎教，燃燈教，橋梁會，學好教，儒理教，儒門教，儒門聖會。	12
十七	齋教，彌陀教，還源教，鴻鈞教，檀香教。	5
十八	離卦教，歸源教，離卦黃陽教。	3
十九	羅教，羅祖教，羅道教，羅祖大乘教。	4
二十三	觀音教。	1
合　計		268

資料來源：國立故宮博物院藏《宮中檔》、《軍機處檔》；澤田瑞穗著，《校注破邪詳辯》；吉岡義豐著，《中國民間宗教概說》；戴玄之撰，〈明末的秘密宗教〉；劉子揚撰，〈清代秘密宗教檔案史料概述〉。

　　前表所列明清時期民間秘密宗教名目，共計二六八種。清代
地方大吏查辦各教派的案卷，仍多保存。目前海峽兩岸所保存的
檔案，都已開始整理，陸續出版，日後當可發現更多的教派名目。
有些教派是屬於白蓮教的衍生物，有些教派是白蓮教系統以外的
其他教派，並非白蓮教的支流餘裔，各教派枝幹互生，輾轉衍化，
以致名目繁多，不一而足。各教派分佈很廣，可就各省查辦教案
拏獲教犯的州縣，將八卦、青蓮、清茶門、紅陽、白陽等教派的
分佈列出簡表如下。

清代民間秘密宗教地理分佈簡表

教　名	省　別	州　　　　　　　　　　　　　　　　　　　　　　縣
八卦教	直　隸	南宮縣，衡水縣，南樂縣，大名縣，清豐縣，長垣縣，開州，鉅鹿縣，內邱縣，沙河縣，清河縣，肥鄉縣，廣平縣，雞澤縣，邯鄲縣，寧晉縣，元氏縣，井陘縣，新城縣，容城縣，蠡縣，完縣，固安縣，饒陽縣。
	山　東	臨清縣，館陶縣，聊城縣，莘縣，冠縣，曲阜縣，滕縣，嶧縣，鄒縣，鄆城縣，定陶縣，范縣，朝城縣，單縣，曹縣，城武縣，金鄉縣，泰安縣，海豐縣，臨邑縣。
	河　南	內黃縣，安陽縣，滑縣，虞城縣，商邱縣，鹿邑縣泌陽縣，太康縣，桐柏縣，祥符縣，林縣，鄧州，新野縣，許州，洧川縣，永城縣。
	山　西	定襄縣，岳陽縣。
	江　蘇	豐縣，蕭縣，銅山縣，邳州。
	湖　北	房縣，棗陽縣。

青	四　川	仁壽縣，內江縣，簡州，金堂縣，新都縣，安岳縣，巴縣，南部縣，羅江縣。
	湖　北	武昌縣，江夏縣，江陵縣，漢陽縣，黃陂縣，沔陽州、襄陽縣，黃梅縣。
蓮	湖　南	零陵縣，清泉縣，常寧縣，沅陵縣，湘陰縣，湘潭縣，善化縣，長沙縣，平江縣，武陵縣，城步縣。
	甘　肅	蘭州，涼州，皋蘭縣。
	陝　西	西安縣，西鄉縣，咸寧縣，府谷縣。
	河　南	溫縣，洛陽縣，安陽縣，樊城縣。
教	山　東	濟南府。
	山　西	鳳台縣。
	安　徽	懷寧縣，當塗縣。
	江　蘇	上元縣，儀徵縣，江寧縣。
	浙　江	錢塘縣，仁和縣，諸暨縣。
	江　西	德化縣，彭澤縣，宜春縣，南昌縣，新建縣。
	廣　西	臨桂縣，桂林縣，陽朔縣。
	雲　南	昆明縣，宜良縣，蒙化縣。
	貴　州	龍里縣，龍泉縣，清鎮縣，廣順縣，興義縣，石阡縣。
清	直　隸	澟州，磁州，盧龍縣，邯鄲縣，威縣，平鄉縣，南和縣。

茶 門 教	山　西	陽城縣，鳳台縣。
	河　南	滑縣，新野縣，涉縣，孟縣，泌陽縣，鄧州。
	安　徽	泗州。
	江　蘇	江寧縣，儀徵縣，溧水縣，六合縣，上元縣，山陽縣。
	湖　北	襄陽縣，潛江縣，沔陽州，江陵縣，漢陽縣，隨州，江夏縣，武昌縣。
紅 陽 教	直　隸	大興縣，宛平縣，良鄉縣，房山縣，大城縣，通州，涿州，新城縣，開州，獻縣，任邱縣，盧龍縣，昌黎縣，灤州，冀州，武邑縣，衡水縣，景州，鹽山縣，新安縣，滄州。
	山　東	陵縣。
	吉　林	伯都訥。
	河　南	衛輝府，魯山縣，嵩縣，杞縣，鹿邑縣。
	山　西	平遙縣，洪洞縣。
	安　徽	泗州。
	江　蘇	沭陽縣，江都縣。
	湖　北	襄陽縣，咸寧縣，京山縣。
白 陽	直　隸	蠡縣，清河縣，元城縣，南和縣，大興縣，盧龍縣，鉅鹿縣，廣宗縣。
	河　南	杞縣。
	安　徽	泗州。

教	江　蘇	甘泉縣，沭陽縣，安東縣。
	湖　北	襄陽縣，咸寧縣，京山縣。

資料來源：國立故宮博物院藏《宮中檔》、《軍機處檔月摺包》、
　　　　《上諭檔》等。

　　前表以八卦教、青蓮教、清茶門教、紅陽教、白陽教爲例，
將各教犯被緝獲的州縣，列出簡表，可以說明其地理分佈。八卦
教的分佈，主要包括直隸、山東、河南、山西、江蘇、安徽、湖
北等省。直隸的八卦教信徒，多分佈於直隸西南部，北緯三十八
度以南，與山東、河南鄰接的地區。山東省的八卦教信徒，主要
分佈於山東省的西部，東經一一六度以西，與直隸、河南、江蘇
接壤的地區。河南省的八卦教信徒，主要分佈於河南省東北部，
與直隸、山東鄰接的地區。江蘇省的八卦教信徒，主要分佈於江
蘇的西北部，北緯三十四度以北，與山東、河南鄰近的地區。此
外，山西忻州定襄縣、平陽府岳陽縣，亦破獲八卦教案件。大致
而言，八卦教的信徒，主要分佈於北緯三十四度至三十八度，東
經一一四度至一一六度的各省州縣，有其地緣關係。青蓮教以十
八省爲道家的十方，以外五行與五德爲十地大總，各認一方，分
派徒弟前往傳教。檢查現存青蓮教案卷，四川、湖北、湖南、甘
肅、陝西、河南、山東、山西、安徽、江蘇、浙江、江西、廣西、
雲南、貴州等省，均破獲青蓮教，拏獲教犯多名，由此可知青蓮
教分佈甚廣，並不限於華北地區。清茶門教是明末清初以來，直
隸王姓世代傳習的一種教派，流傳很廣。王氏族人四出傳教，徒
衆遍佈多省，傳徒習教成爲王氏子孫的世守職業。清茶門教就是
以直隸灤州石佛口、盧龍縣安家樓及闞家莊爲根本，而蔓延於山

西、河南、江南、湖北等省。雖然屢奉嚴旨查禁，尤其是嘉慶年間的嚴厲取締，清茶門教的發展，遭受了嚴重的挫折，但是直到清末，王姓子孫仍未停止活動。紅陽教、白陽教雖然盛行於北方直隸等省，但在湖北、江蘇等省也破獲教案多起，信徒眾多。除前表所列教派外，其餘教派的地理分佈，亦不限於華北地區。

　　民間秘密宗教容納下層社會各行業的群眾，除務農度日及小本生意外，還容納大量的游離人口。乾隆三十九年（1774）八月間，山東白蓮教首領王倫等率眾起事，襲壽張，破陽穀，陷堂邑，分趨臨清、東昌等州縣。清軍平定教亂後，拏獲教犯多名，現存《東案口供檔》錄有各要犯供詞，其中吳清林是汶上縣人，推小車生理；李旺是臨清州人，販賣豆腐乾爲生；季國貞也是臨清州人，開張糧食舖；孟燦是壽張縣人，學習拳棒；閆吉仁也是壽張縣人，學習煉氣；壽張縣人梵偉，俗姓郭，自幼出家念佛，學習過陰法術⑨。嘉慶十八年（1813）九月，直隸宛平縣人林清等率領各教派起事，稱爲天理教教案，後來錄有各教犯供詞，可列出其職業簡表如下。

嘉慶十八年直隸教案被捕人犯職業分佈簡表

姓　　　名	籍　　貫	教　　派	職　　業
劉　　三	宛平縣	榮華會	
熊進才	宛平縣		賣果子營生
龔　　恕		榮華會	
田　　馬	宛平縣	榮華會	
董幗太	大興縣		書吏
陳　　爽	正藍旗包衣	榮華會	
劉進亭	雄縣	榮華會	做豆腐爲生
林　　清	宛平縣	榮華會	書吏
高　　大			雇工

姓名	地點	教派	備註
劉九		紅陽教	雇工
楊忠	滄州	紅陽教	（太監）
劉金	通州	紅陽教	（太監）
趙增 進興	通州	紅陽教	
劉禮	通州	紅陽教	
屈四 潮	通州	紅陽教	（太監）
李佐	通州	紅陽教	
趙密 得	通州	紅陽教	
劉山	通州	紅陽教	
高老	通州	紅陽教	
李老	遵化州	白陽教	（太監）
盧喜		白陽教	
李洪		白陽教	
李隴		紅陽教	
張老 玉泳		紅陽教	
張貴 泳		紅陽教	
李九 潮		紅陽教	
王氏		紅陽教	開設慶隆戲團
李蘭 李潮		榮華會	
劉棟		榮華會	
李明	宛平縣	榮華會	飯舖夥計
祝林	平州	榮華會	唱影戲
劉五	宛州縣	榮華會	
安大 萬	通平興縣		
王二 進	宛大州	白陽教	雇工
賀全 富	通宛平	榮華	
金黑 元			雇工
劉才 狗	通		短工
邊貴			雇工
李隴	州	榮華會	
高五		白陽教	
劉兒		白陽教	
陳亮		白	
王博	文		
李三 吉	河		
李六	縣		（太監）
于慶			

姓名	籍貫	教派	備註
閻進喜		白陽教	
劉幅受	宛平縣	白陽教	
宋進銀	宛平縣	白陽教	
董幅雲		白陽教	
崇泳	宛平縣	白陽教	
李奉		白陽教	
張白聲		榮華會	學習針法治病
麻盛章	大興縣	白陽教	
宋進耀	宛平縣	白陽教	
郭潮俊	宛平縣	白陽教	
朱套兒	通州	白陽教	衙門執事
韓達子	雄縣	龍華會	傭工

資料來源：國立故宮博物院藏《林案供詞檔》，嘉慶十八年九月、十月份。

前表所列教犯，共五十八人，除楊進忠等五人爲太監外，其餘供出職業者共十六人，內含書吏二人，雇工、短工、傭工七人，開設戲園、唱戲二人，販賣果子、做豆腐二人，夥計、針法治病、衙門雜役各一人。將乾嘉年間（1736—1820）各教案供詞所述行業加以整理後，可以了解民間秘密宗教信徒的職業分佈，主要包括：種地度日、外科醫生、治病度日、拾柴過活、織布爲生、石匠手藝、販賣水果、推車度日，開設茶館、賣煙生理、賣香度日、擺雜貨攤、挑炭爲生、賣布生理、出售粉皮、賣餅度日、木匠生理、傭趁度日、堪輿算命、販賣糧食、開張鞋舖、開設木廠、糧船水手、做香爲業、販賣膏藥、開設鐵舖、經營古玩、手藝生理、拳腳教師等不同行業，大致而言，其經濟地位較低下，而且含有衆多家無恆產的貧民。

就民間秘密宗教的成員而言，各教派的教首及信徒，並不限於男性，也容納了衆多的婦女，除漢人外，亦包括旗人男婦，內含滿洲包衣，也有宗室，以及宮中太監。爲便於說明，可以西山

會為例。所謂西山會，是以進香為主要共同活動的宗教團體。軍機大臣審訊會首石祿等人，據供西山會為牛老所倡立，每人每年出香資京錢二千八百四十文，牛老身故後，由石祿接充會首，照數收取香資，每年三月前往西域寺進香一次。會員周泳德在南府當差，曾代邀南府人出錢入會。嘉慶十二年（1807），因南府人出境燒香，被內務府查拏，停止邀會，十四年（1809），仍復起會，嘉慶二十二年（1817），又遭取締，石祿被拏後供出當時會員名單，可列表如下：

嘉慶二十二年西山會成員分佈表

姓　　名	身　　　　分	住　　　址	香資金錢
佛　　保	滿洲正紅旗護軍	安河橋紅旗營	2840文
劉長太兒	包衣人膳房小蘇拉	雙關帝廟門口	2840文
俞　　二	包衣人	雙關帝廟門口	2840文
鄒二格	包衣人	掛甲屯月亮門內	2840文
希拉布	包衣人高麗通事	楊家井	2840文
趙　　大	旗人	香山	2840文
崔　　貴	儀親王府太監	北海淀太和莊	2840文
徐　　三	民人，開鐵鋪	北海淀	2840文
王興業	民人，開古玩鋪	北海淀藍靛廠	2840文
郭林祥	民人，開煙鋪	福園門外	2840文
崔戴氏		北海淀老宮門口	2840文
錢河氏		馬廠門西三合館	2840文
金六奶奶		楊家井	2840文
王周氏		掛甲屯	2840文

資料來源：國立故宮博物院藏《上諭檔》，方本，嘉慶二十
　　　　二年六月十四日，頁143。

前表所列十四人中，崔戴氏等四人為婦女，約占總人數百分之二

十九，旗下護軍、包衣、王府太監等共七人，佔總人數百分之五十，比例頗高。

在傳統下層社會裡，幾乎一切的疾病都倚靠民俗醫療，民間秘密宗教的教首，多兼具醫療知識與經驗。下層社會的貧苦民眾，多因其本人或親人染患疾病，甚至心理遭受挫折，亟待治療，各教派的教首多願爲村民消災治病，或教人念誦經咒驅祟禳災，或將茶葉供佛禱祝後煎熬飲用，或使用針灸按摩以療時疾，或教以靜養功夫打坐運氣，下表可以說明民眾皈依各教派的原因。

嘉慶二十二年九月十四日審擬紅陽教各犯簡表

姓　　名	入教原因	審　判　結　果	備　　註
海　　忠	因　病	改發黑龍江充當折磨差使	閒散宗室
沈癩子	腿　折	改發黑龍江給兵丁爲奴	太監
富林泰	因　病	改發新疆充當苦差永遠不准釋回	鑲白旗滿州三等護衛
建　　功	因弟患病	改發新疆充當苦差永遠不准釋回	正藍旗包衣護軍校
建　　四	因　病	改發各省駐防安置不准挑充差使	
王倪氏	因　病	改發四川等省駐防照例給官員兵丁爲奴	
廣　　韜		發遣新疆緣坐	
廣　　略		發遣新疆緣坐	
廣　　茂		發遣新疆緣坐	
廣　　瑞		發遣新疆緣坐	
倪　　六	因妻患病	發遣烏嚕木齊	
倪　　二	甘心拜師	發遣邊遠充軍	
梅鎖兒	隨母拜師	發遣邊遠充軍	
劉寶幅	甘心拜師	發遣邊遠充軍	
李勇通	甘心拜師	發遣邊遠充軍	
張　　二	因　病	發遣邊遠充軍	

劉 正 舉	因　　病	發遣邊遠充軍	
王 添 甫	隨祖入教	發遣邊遠充軍	
李 廷 用	因　　病	發遣邊遠充軍	
張 玉 方	因　　病	發遣邊遠充軍	
張 玉 輝	因父患病	發遣邊遠充軍	
王 龐 氏	隨夫入教	發四川等省駐防	
梅 郭 氏	甘心拜師	發四川等省駐防	
倪 劉 氏	因　　病	發四川等省駐防	
倪 畢 氏	甘心拜師	發四川等省駐防	
張　　大	因　　病	由軍罪量減擬徒	
趙 得 亮	因　　病	由軍罪量減擬徒	
崔　　五	因　　病	由軍罪量減擬徒	
王　　順	因　　病	由軍罪量減擬徒	
趙 得 立	因　　病	由軍罪量減擬徒	
趙　　五	因　　病	由軍罪量減擬徒	
劉　　八	因　　病	由軍罪量減擬徒	
陳 士 秀	因　　病	由軍罪量減擬徒	
祥　　德	因父患病	照擬杖罪	
普　　慧	因父患病	照擬杖罪	
陳　　鐸	因父患病	照擬杖罪	
秦　　存	因父患病	照擬杖罪	宗人府理事官
明　　保	因　　病	照擬杖罪	會典館謄錄
黃　　二	因子患病	照擬杖罪	
翁 王 氏	因夫患病	照擬杖罪	
黃 劉 氏	因夫患病	照擬杖罪	

資料來源：國立故宮博物院藏《上諭檔》，方本，嘉慶二十二年九月
　　　　　分，頁191—200。

前表內所列教犯共計四十一人，都是紅陽教的信徒，嘉慶二十二
年（1817）九月分《上諭檔》錄有他們的供詞，其中旗人男婦、
宮中太監佔了很大比例，譬如海忠是正藍旗閒散宗室海康的胞兄，

廣韜、廣略是海康的兒子，廣茂、廣瑞是海康的胞姪，富林泰是
鑲白旗滿洲肅親王府三等護衛，建功是正藍旗包衣護軍校，建四
是建功之弟，泰存是宗人府理事官，明保是會典館謄錄，沈瘸子
是太監。各信徒拜師入教的原因，主要爲醫治疾病，前表中所列
紅陽教各犯，其因病拜師入教者共計二十九人，約佔總人數的百
分之七十，或因自身有病，或因父母患病，或因夫婦患病，或因
兄弟患病，或因子女患病，所以請求紅陽教教首醫治，隨後拜師
入教。譬如沈瘸子因墜馬折腿，請教首劉興禮醫治，祥德因父患
病，普慧因母患病，俱請教首海康醫治。各教首多聲言疾病難治，
必須拜師入教，方能治癒，各病患家屬因希冀病痊，多應允拜師
入教，以達到神力治療的功效。

三、禁止師巫邪術律例的修訂

清代律例雖然承襲明代律例，但有清一代的法律，由於因時
制宜，陸續增訂條例，而有很大的變化。有的是由內外臣工條奏，
經刑部議准，纂爲條例，有的由皇帝頒發諭旨，定爲條例，有的
將原例損益合併，成爲新例。清律的連續性和變化，以及條例在
法律上的作用，是很值得重視的問題。瞿同祖撰〈清律的繼承和
變化〉一文已指出「研究清代法律，必須研究條例，不能僅研究
律文，否則不但了解不全面，不了解其變化，不了解法律的具體
運用，還會發生錯誤，將早已不用的律文當做清代的法律來論證。
這一點常爲人所忽略，往往重視律文，而不注意條例。」⑩清代
律例的變化，主要就是在它的條例部分。據《清史稿》〈刑法志〉
記載，「例文自康熙初年僅存三百二十一條，末年增一百一十五
條。雍正三年，分別訂定，曰原例，累朝舊例凡三百二十一條；
曰增例，康熙間現行例凡二百九十條；曰欽定例，上諭及臣工條

奏凡二百有四條，總計八百十有五條。」⑪乾隆元年（1736），
刑部奏准三年修例一次。乾隆十一年（1746），內閣等衙門議
改五年修例一次。但促成清廷修訂條例的主要原因，實由於清初
以來民間秘密宗教及秘密會黨的日益盛行，以及社會動亂的擴大。
《清史稿》已指出所增設的條例是以因案增設者居多，其原文略
謂「高宗臨御六十年，性矜明察，每閱讞牘，必求其情罪曲當，
以萬變不齊之情，欲御以萬變不齊之例。故乾隆一朝纂修八、九
次，刪原例、增例請名目，而改變舊例及因案增設者為獨多。」
⑫清代君臣認為刑法中的律文，不足以包羅萬象，恐法外遺奸，
為求情罪相當，於是針對各種不同狀況而增加條例，使執法者不
至各有歧異。

　　乾隆嘉慶年間（1736—1820），不斷以新例來補充律文，
或改變舊例，於是條例愈來愈多，愈多愈繁，經道光、咸豐以迄
同治，其條例乃增至一千八百九十二條。《清史稿》對清代律例
的變化，已指出其得失。其原文略謂「蓋清代定例，一如宋時之
編敕，有例不用律，律既多成虛文，而例遂愈滋繁碎，其間前後
牴觸，或律外加重，或因例破律，或一事設一例，或一省一地方
專一例，甚且因此例而生彼例，不惟與他部則例參差，即一例分
載各門者，亦不無歧異，輾轉糾紛，易滋高下。」⑬新例與舊例
既前後牴觸，彼此歧異，當時人遂有「大清律易遵，而例難盡悉；
刑律易悉，而吏部處分律難盡悉，此不過專為書吏生財耳」的歎
息了⑭。郭建撰〈當代社會民間法律意識試析〉一文指出我國歷
代法律是以刑法、行政法等調整君主臣民關係的法律規範為主，
極度缺乏調整社會成員個人之間經濟社會關係的法律，在日常生
活中體會不到法律的存在。法律的權威，遠低於皇帝的敕令，真
正在司法中起作用的就是敕令與條例⑮。從清代律例的變化，可

以看出清代臣工用例輔律，甚至捨律用例的趨勢。清初以來，既
不斷以條例來修改律文，用例不用律，遂使原有的律文因而不再
有效，幾乎等於廢除。有清一代，由於民間秘密宗教案件的層出
不窮，有關取締民間宗教信仰的條例，亦經多次修訂，《大清律
例》中〈禁止師巫邪術〉的條例，主要就是針對取締民間秘密宗
教而修訂的，為了便於說明民間秘密宗教的發展與清代律例的修
訂經過，可將〈禁止師巫邪術〉律例修訂的條文列表於下。

清代禁止師巫邪術律例條訂簡表

年　　　　分	律　例　修　訂　內　容	備　　　　註
明　　　　代	凡師巫假降邪神，書符咒水，扶鸞禱聖，自號端公太保師婆及妄稱彌勒佛白蓮社、明尊教、白雲宗等會，一應左道亂正之術，或隱藏圖像，燒香集眾，夜聚曉散，佯修善弗，煽惑人民為首者絞，為從者，各杖一百，流三千里。	《明律》，〈禁止師巫邪術〉。
清　　　　初	凡師巫假降邪神，書符咒水，扶鸞禱聖，自號端公太保師婆名色，及妄稱彌勒佛白蓮社、明尊教、白雲示等會，一應左道異端之術，或隱藏圖像，燒香集眾，夜聚曉散，佯修善事，煽惑人民為首者，絞監候，為從者，各杖一百流三千里。若軍民裝扮神像，鳴鑼擊鼓迎神賽會者，杖一百，罪坐為首之人，里長知而不首者，各笞四十，其民間春秋義社，以行祈報者，不在此限。（附律條例）各處官吏軍民僧道人等，來京妄稱諳曉扶鸞禱聖，書符咒水，一切左道異端邪術，煽	附註文：此條係原例，乾隆三十六年將屬軍衛者四句改為發近邊充軍，又增若事關重大臨時酌量辦理二句。

	惑人民，爲從者，及稱燒煉丹藥，出入內外官家，或擅入皇城，寅緣作弊，希求進用，屬軍衛者，發邊衛充軍，屬有司者，發邊外爲民，若容留潛住，及薦舉引用，鄰甲知情不舉，並皇城各門守衛官軍不行搜拏者，參究治罪。
天聰五年 （1631）	論凡巫覡星士妄言吉凶蠱惑婦女誘取財務者，必殺無赦，該管左領領催及本主，反坐應得之罪，其信用之人亦坐罪。
崇德七年 （1642）	論凡老少男婦，有爲善友惑世誣民者，永行禁止，如不遵約，必殺無赦，該管各左領領催及各主不行查究者，一例治罪。
順治六年 （1649）	凡僧道巫覡之流，妄行法術，蠱惑愚衆者，治以重罪。
順治十三年 （1656）	論凡左道惑衆，如無爲白蓮聞香等教名色，起會結黨，迷誘無知小民，殊可痛恨，今後再有踵行邪教聚會燒香斂錢號佛等事，在京著五城御史及地方官，在外著督撫司道有司等官，設法緝拏，窮究姦狀，於定例外加等治罪。
順治十八年 （1661）	定凡無名巫覡私自跳神，杖一百，因而致人於死者處死。
順治十八年 （1661）	題准，凡婦女不許私入寺廟燒香，違者治以姦罪，旁人能緝首者，罰本犯銀十兩給之。
康熙元年 （1662）	題准人有邪病，請巫覡道士醫治者，須稟明都統，用印文報部，准其醫治，違者巫覡道士正法外，請治之人亦治以罪。
康熙十二年	題准凡端公道士私行跳神醫人者，免

（1673）	死，杖一百，雖曾稟過禮部，有作爲異端跳神醫治，致人於死者，照鬥毆殺人律擬罪，其私情之人，係官議處，係平人，照違令律治罪。	
雍正七年（1729）	熟習符咒，不畏刑罰，不敬官長，作姦犯科，惑世誣民者，照光棍例，爲首者立斬，爲從者概擬絞監候，秋後處決。	乾隆五年，照雍正十一年定例遵行，此條刪。乾隆五年因律文左道異端所包甚廣，羅教特其一，非通行例刪。
雍正十一年（1733）	私習羅教爲首者，照左道異端煽惑人民律擬絞監候，不行查報之鄰佑總甲人等，均照律各笞四十，其不行嚴查之地方官，交部議處。	
雍正十一年（1733）	凡有姦匪之徒，將各種避刑邪術私相傳習者，爲首教授之人，擬絞監候，爲從學習之人，杖一百流三千里，若事犯到官本犯以邪術架刑者，照規避本罪律遞加二等，罪止杖一百流三千田，其犯該絞斬者，仍照本罪科斷，至事犯到官，本犯雇人作法架刑者，亦照以邪術架刑例治罪，並究出代爲架刑之人，照詐教誘人犯法與犯人同罪律，至死減一等，得贓照枉法從重論，保甲鄰里知而容隱不首者，照知而不首本律笞四十，地方官不行查拏者，照例議處。	
乾隆九年（1744）	私刻地畝經及占驗推測妄誕不經之書售賣圖利及將舊有書板藏匿，不行銷毀者，俱照違制律治罪。	
乾隆三十六年（1771）	凡左道惑衆之人，或燒香集徒，夜聚曉散，爲從者發邊遠充軍，若稱爲善友求討布施至十人以上，並軍民等不問來歷，窩藏接引，或寺觀住持容留披剃冠簪者，發近邊充軍。	
嘉慶六年	各處官吏軍民僧道人等，妄稱諳曉扶	邪教爲從者，

| （1801） | 鸞禱聖，書符咒水，或燒香集徒，夜聚曉散，並捏造經咒邪術，傳徒斂錢，一切左道異端，煽惑人民，爲從者，發往回城，給大小伯克及力能管束之回子爲奴，其稱爲善友，求討布施至十人以上者，或稱燒煉丹藥，出入內外官家，或擅入皇城，夤緣作弊，希求進用者，並軍民人等寺觀住持，不問來歷，窩藏接引，容留披剃冠簪至十人以上者，俱發近邊充軍，若不及十人，容留潛住，薦舉引用，及鄰甲知情不舉，並皇城各門官衛官軍不行關防搜拏者，各照違制律治罪，如事關重大，臨時酌量辦理。至於守業良民諷念佛經，茹素邀福，並無學習邪教，捏造經咒，傳徒斂錢惑衆者，不得亂用此例。 | 原作發往黑龍江給索倫達呼爾爲奴，嘉慶十七年奏准邪教爲從者改發新疆，給額魯特爲奴，二十年復改爲發往回城，給大小伯克及力能管束之回子爲奴。 |
| 嘉慶十六年（1811） | 諭刑部議覆甘家斌奏請嚴定西洋人傳教治罪專條一摺，西洋人素奉天主，其本國之人自行傳習，原可置之不問若誆惑內地民人，甚或私立神甫等項名號，蔓延各省，實屬大干法紀，而內地民人安心被誘遞相傳授迷網不解，豈不荒悖，試思其教，不敬神明，不奉祖先，顯畔正道，內地民人聽從習受，詭立名號，此與悖逆何異，若不嚴定科條，大加懲創，何以杜邪術而正人心。嗣後西洋人有私自刊刻經卷倡立講會蠱惑多人，及旗民人等向西洋人轉爲傳習，並私立名號煽惑及衆確有實據，爲首者，竟當定爲絞決，其傳教蠱惑而人數不多，亦無名號者，著定爲絞候，其僅止聽從入教不知悛改者，著發往黑龍江給索倫達呼 | |

	爾爲奴，旗人銷去旗檔。至西洋人現 在住居京師者不過令其在欽天監推步 天文無他技藝足供差使，其不諳天文 者，何容任其閒住滋事，著該管大臣 等即行查明，除在欽天監有推步天文 差使者仍令供職外，其餘西洋人，俱 著發交兩廣總督，俟有該國船隻至粵 ，附便遣令歸國，其在京當差之西洋 人，仍當嚴加約束，禁絕旗民往來， 以杜流弊。至直省地方，更無西洋人 應當差使，豈可容其潛住，傳習邪教 ，著各該督撫等實力嚴查，如有在境 逗留，立即查拏，分別辦理，以淨根 株。
嘉慶十六年 （1811）	西洋人有在內地傳習天主教，私自刊 刻經卷，倡立講會，蠱惑多人，及旗 民人等向西洋人轉爲傳習，並私立名 號煽惑及衆，確有實據，爲首者擬絞 立決，其傳教煽惑而人數不多，亦無 名號者，擬絞監候，僅止聽從入教不 知悛改者，發新疆給額魯特爲奴，旗 人銷除旗檔，如有妄布邪言，關繫重 大，或持咒蠱惑誘污婦女，並誆取病 人目睛等情，仍臨時酌量，各從其重 者論，至被誘入教之人，如能悔悟， 赴官首明出教者，概免治罪，若被獲 到官始行悔悟者，於遣罪上減一等， 杖一百徒三年，儻始終執迷不悟，即 照例發遣，並嚴禁西洋人不許在內地 置買產業，其失察西洋人潛住境內並 傳教惑衆之該管文武各官，交部議處
嘉慶十八年 （1813）	奏辦理邪教總以有無傳習經咒，供奉 邪神拜授師徒爲斷，至白陽教即係白 蓮教及八卦教之別名，最足爲害，嗣

後爲首照左道異端煽惑人民律擬絞監
候，爲從發新疆給額魯特爲奴，旗人
銷除旗檔，與民人一律辦理。至紅陽
教及各項教會名目，並無傳習咒語，
但供有飄高老祖及拜師授徒者，發往
烏魯木齊，分別旗民當差爲奴，其雖
未傳徒，或曾供奉飄高老祖及收藏經
卷者，發邊遠充軍。至坐功運氣，雖
非邪教，亦比照故自傷殘律杖八十，
若訊明實止茹素燒香，諷念佛經，止
圖邀福，並未拜師傳徒，亦不知邪教
名目者，方予免議，奉旨嗣後審辦白
陽白蓮八卦等邪教，凡傳徒爲首者，
定擬絞決，其紅陽等及各項教會名目
，即照刑部所議辦理。

| 嘉慶十八年（1813） | 凡傳習白陽白蓮八卦等邪教，習念荒誕不經咒語，拜師傳徒惑衆者，爲首擬絞立決，爲從年未逾六十，及雖逾六十而有傳徒情事，俱改發回城給大小伯克及力能管束之回子爲奴，如被誘學習尚未傳徒，而又年逾六十以上者，改發雲貴兩廣煙瘴地方充軍，旗人銷除旗檔與民人一律辦理。至紅陽教及各項教會名目，並無傳習咒語，但供有飄高老祖及拜師授徒者，發往烏魯木齊，分別旗民，當差爲奴，其雖未傳徒，或曾供奉飄高老祖及收藏經卷者，俱發邊遠充軍，坐功運氣者，杖八十，如有具結改悔，赴官投首者，准其免罪，地方官開造名冊，申送臬司衙門存案，儻再有傳習邪教情事，即按例加一等治罪，若拏獲到案始行改悔者，各照所犯之罪問擬，不准寬免，如訊明實止茹素燒香飄念佛 | 嘉慶二十四年因調劑回疆遣犯，將被誘學習並未傳徒而又年愈六十者，改發雲貴兩廣煙瘴地方充軍，並增入具結改悔及拏獲始行改悔二層。 |

	經，止圖邀福，並未拜師傳徒，亦不知邪教名目者免議。
嘉慶二十一年（1816）	奉旨嗣後各直省遇有倡立邪教惑衆騙錢案內應行發遣之犯，著該督撫於審明定案時，酌留一二名於該省犯事地方永遠枷號示衆。
嘉慶二十一年（1816）	諭孫玉庭等奏傳習牛八邪教案犯，先後赴官投具悔結，懇請免罪一摺，湖北省傳習牛八教之邵元勝等經地方官宣諭開導，具結改悔投案者共有三百六十四名，湖北一省如此，可見各省傳習邪教者，尚復不少，鄉民妄聽邪說，信從入教，本應治罪，但人數過多，愚民無知，一時被誘，若不予以自新之路，朕心實所不忍，惟是此內眞心改悔者，固不乏人，恐亦有希圖免罪，暫時投首者，閱時既久，難保其不故智復萌，應酌定條例，以示儆戒，著阮元張映漢飭令該地方官將此次具結改悔之人，再行曉諭，以該犯等本係有罪之人，現奉恩旨准予自新，係屬法外施仁，若改悔之後，又復習教，則是怙惡不悛定當加等治罪，責令各出具再犯習教情願加等治罪甘結，方准免罪，該地方官仍將具結之人，開造名冊，申送臬司衙門存案，儻將來冊內之人，再有傳習邪教者，一經訪獲，即將該犯按律加一等治罪，各直省俱照此一律辦理。
嘉慶二十四年（1819）	各項邪教案內，應行發遣回城人犯有情節較重者，發往配所永遠枷號。
道光元年（1821）	諭方受疇奏邪教案內留於本境永遠枷號人犯，請即行解配等語，邪教案內應行發遣人犯，留於本境枷示，原以

	化誨愚蒙，俾知儆戒，今本犯既不知改悔，匪徒復踵習其教，自不若投之遐荒，免滋煽惑，著即照該督所議，眷明李光和二犯，仍照刑部原擬，一併解發回城爲奴，嗣後拏獲邪教案犯，審明應發遣者，均即行解配，其有情節較重者，發往配所永遠枷號，毋庸留於犯事地方監禁枷示，以消萌孽。
道光十二年（1832）	諭此案尹老須即尹資源接管劉功離卦教，自稱南陽佛，創立朝考等場，黑風等劫名目，神奇其說，煽惑至數千人之多，句結至三省之遠，狂悖已極，尹老須即尹資源著即凌遲處死，仍傳首犯事地方，以昭炯戒，尹明仁著即處斬，韓老吉蕭滋依議應斬，著監候入於本年朝審情實辦理，其失察之地方官，及查辦不實各員，著吏部查取職名，分別議處。

資料來源：《大明會典》，卷一六五；《欽定大清會典事例》，卷六一〇，〈刑部〉，（嘉慶二十三年武英殿刊本）；《欽定大清會典事例》，卷七六六（光緒二十五年石印本）。

　　明代律例中已有〈禁止師巫邪術〉左道惑眾案件，其爲首者絞，爲從者各杖一百，流三千里。明神宗萬曆四十三年（1615）六月，禮部請旨禁教，略謂：

　　　　禮部請禁左道以正人心，言近日妖僧流道，聚眾談經，醵錢輪會，一名捏槃教、一名紅封教、一名老子教，又有羅祖教、南無教、淨空教、悟明教、大成無爲教，皆諱白蓮之名，實演白蓮教。有一教名，便有一教主，愚夫愚婦，轉相煽惑，寧怯于公賦，而樂于私會，寧薄于骨肉，而厚

于野黨，寧駢首以死，而不敢違其教主之令。此在天下處
處盛行，而幾輔爲甚，不及今嚴爲禁止，恐日新月盛，實
煩有徒，張角、韓山童等之禍，將在今日。乞敕下臣部行
文五城廠衛，嚴令禁戢，立刻解散，如有仍爲傳頭者，訪
出依律從重究擬，有功員役，比照拏獲大盜給賞，仍通行
各省直一體欽遵嚴禁訪拏，庶異教可回，人心歸正，而千
秋萬世太平之業，終賴之矣⑯。

萬曆年間，禮部已題請嚴禁民間秘密宗教，依律究擬。滿洲
入關後，民間秘密宗教的活動，益趨活躍。清世祖順治三年（
1646）六月，吏科給事中林起龍奏請查禁各色教門時已指出「
近日風俗大壞，異端蜂起，有白蓮、大成、混元，無爲等教，種
種名色，以燒香禮懺煽惑人心，因而或起異謀，或從盜賊，此眞
姦民之尤者也，伏乞速敕都察院五城御史巡捕衙門及在外撫按等
官，如遇各色教門，即行嚴捕，處以重罪，以爲杜漸防微之計，
從之。」⑰清廷爲取締民間秘密宗教及其他民間信仰，亦承襲明
代〈禁止師邪術〉的律例，並作爲原例。前表所列清初〈禁止師
巫邪術〉的內容文字，與明律近似，可以說明大清律例承襲明代
律例的情形。但因清代民間秘密宗教案件層見疊出，而增訂頗多
條例。清代新增條例，主要是由皇帝頒發諭旨，臣工題奏經刑部
議准以及臣工請旨改定而制訂爲條例。前表所列天聰五年（
1631）、崇德七年（1642）、順治十三年（1656）、嘉慶十六
年（1811）、嘉慶二十一年（1816）、道光元年（1821）、道
光十二年（1832）等年，歷朝皇帝所頒發的諭旨，俱纂爲條例，
順治十八年（1661）、康熙元年（1662）、康熙十二（1673），
臣工具題事件，同樣纂爲條例，其餘改變舊例及因案增設者頗多。
雍正十三年（1735）八月，清世宗遺詔云：

國家刑罰禁令之設，所以詰姦除暴，懲貪黜邪，以端風俗，
以肅官方者也。然寬嚴之用，又必因乎其時。從前朕見人
情澆薄，官吏營私，相習成風，罔知省改，勢不得不懲治
整理，以戒將來。今人心共知儆惕矣，凡各衙門條例，有
從前本嚴，而朕改易從寬者，此乃從前部臣定議未協，朕
與廷臣悉心斟酌而後更定，以垂永久者，應照更定之例行。
若從前之例本寬，而朕改易從嚴者，此乃整飭人心風俗之
計，原欲暫行於一時，俟諸弊革除之後，仍可酌復舊章，
此朕本意也。向後遇此等事，則再加斟酌，若有應照舊例
者，仍照舊例行⑱。

　　各衙門的條例，寬嚴不一，清世宗為端正風俗，有將條例改
易從嚴，以暫行於一時者，部院臣工未加斟酌，俱增入條例。《
清史稿》引清世宗遺詔後指出其缺失云「惜後世議法諸臣，未盡
明世輕世重之故，每屆修例，第將歷奉諭旨及議准臣工條奏節次
編入，從未統合全書，逐條釐正。」從表中所引〈禁止師巫邪術〉
律例的修訂，可以了解清代條例因案增設的情形。

四、清廷取締民間教派的原因

　　清代民間秘密宗教，雖然教派林立，但各教派的共同宗旨，
主要在勸人燒香念經，導人行善，求生淨土，其思想觀念，與佛
教的教義最相切近；各教派多傳授坐功運氣，為村民療治時疾，
其修真養性的方式，與道教頗相近似。各教派也具有宗教福利的
性質，養生送死各種儀式，多由各教派主持，在地方上扮演了重
要角色，其性質既與西方天主教相近，亦切合我國民俗信仰。然
而清代君臣認為民間秘密宗教的盛行，使社會「風俗大壞，異端
蜂起煽惑人心」，為整齊風俗，黜邪崇正，必須禁左道，以正人

心。雍正元年（1723），河南巡撫石文焯陛見時，清世宗即諭
以白蓮等教煽惑鄉愚，行蹤詭秘，令其加意密訪。隨後又親書硃
筆特諭云：

> 諭河南巡撫，國家整齊風俗，必先詰奸止邪，綏靖人心，
> 尤在防微杜漸。朕聞豫省向有奸民，以白蓮教等名色，誑
> 惑愚民，潛結黨類，今或變名易實，陰相煽誘，鄉愚無知
> 受其誑誤者，尚所在有之。此等之人，心術奸回，蹤跡詭
> 秘，唯其詭秘，故其奸回愈不可測，地方大僚有澄清風俗
> 之責，豈可苟且姑容，養奸不發，以致滋蔓難圖，爾當嚴
> 飭司道府州縣各官不時密訪，其有妄立教名，夜聚曉散，
> 巧作幻端，誣民惑眾者，即將爲首之人，嚴拿治罪，愚民
> 有先受籠絡，能去邪歸正者，概與寬免，有能出首爲首之
> 人者，即量加獎賞，庶於風俗人心均有裨益，如或姑息苟
> 容，後經發覺，該管各官一併從重議處，特諭石文焯、田
> 文鏡⑲。

清世宗認爲白蓮教等教派都是邪教，爲了澄清風俗，防微杜
漸，必須將各教派教首嚴拏治罪。乾隆四年（1739）四月，因
江蘇江陰縣查獲西來教案件，清高宗認爲「從來邪教煽愚民，敗
壞風俗」⑳，故密諭地方官懲治首犯，散其黨羽。清高宗認爲「
邪教惑人，乃地方不應有之事」㉑。

雍正初年以來，經乾隆、嘉慶等朝，教案層出不窮。嘉慶十
七年（1812），給事中葉紹楏具奏時指出民間邪教最干法紀，
每因傳播日久，姦宄叢生，於是奏請飭令各省督撫臬司出示曉諭，
將律定罪名刊刷通行，俾小民自行改悟。將各省習俗所易犯而大
干法禁者，一一摘錄律文，明白曉諭。清仁宗據奏後頒諭云：

> 自古聖賢之教，惇敘彝倫，惟君子父子之經，仁義禮智之

性，為萬事不易之道，朝廷之所修明，師儒之所講習，必以此為正軌，故神佛祠宇，列入祀典，瞻禮祈禱，亦律所勿禁。至創立教名，私相授受，行蹤詭秘，惟恐人知，斯則一二姦民，倡為邪說，其意專在傳徒斂錢，而愚民無知，惑於禍福，其初不惜捐資破產，飽首惡之囊橐。迨經官府查辦，則為從徒黨，亦與為首之犯，同罹法網，貽害多人，深堪憫惻，如近日直隸、江西、福建、廣東、廣西、貴州等省，每有奏辦邪教及會匪等案，此等頑民，既經破案，不能不嚴行懲辦。若先時化導，可冀其覺悟改悔，陷法者少，著該督撫各就該省情形，敘次簡明告示，通行曉諭，使鄉曲小民，群知三綱五常之外，別無所謂教，天理王法之外，他無可求福，從正則吉，從邪則凶，間有一二莠民，設法煽誘，而附和無人，奇邪自日漸熄滅，風俗人心，庶可日臻淳樸，將此通諭知之㉒。

前引諭旨已指出三綱五常之外，別無所謂教，民間秘密宗教創立教名，私相授受，不能不嚴行懲辦。嘉慶二十年（1815）十月三十日，清仁宗又頒降諭旨略謂：

直省生齒日繁，民愚易惑，近日傳習邪教匪徒如白陽、紅陽、大乘、無為以及天主教各種名目，輾轉煽誘，罹法者眾，朕甚憫之，地方有司日役役於簿書錢穀，而於化民成俗之原，恝焉不講，甚非所以佐朕致治之意也。因思各省學政皆慎簡儒臣，畀以教化之責，且按試州郡，遠邇必週，於該省風土人情，無難察訪周知，奸民倡為邪說，顯蒙從而習之，或誘於財利，或溺於淫邪，均各有受蔽之由，著該學政各就按試之地，察其民人所易惑者，作為論說，剴切化導。其詞無取深奧，但為辨其是非，喻以利害，明白

淺近，使農夫販豎，皆可聞而動心，發交各州縣官，刊刻
印刷，於城市鄉村廣爲張貼，務俾家喻戶曉，知所從違。
至士爲四民之首，該學政於接見士子時，尤當諄切訓誨，
使以孝悌忠信禮義廉恥，倡率鄉閭，身以先之，言以喻之，
由寡以及眾，由親以及疏，蚩蚩者氓，耳濡目染，有所觀
感而興，將日用飲食，群黎遍德，久之遷善遠惡，翕然成
風，斯邪說不足以誘之矣。該學政等所作論說，遇有奏事
之便，各錄稿進呈，朕將親覽焉㉓。

　　前引諭旨是明發上諭，由內閣抄出，經禮部箚知各省學政。
同年十二月十五日，湖南學政劉彬士奉到諭旨後即擬寫辨惑二條，
都用里巷常言，由州縣官刊刻告示，每一句加一單圈，印成單張，
分發各保甲，每家給與一張，令其於門前屋內牆上壁間，隨便張
貼，庶幾觀看既久，醒悟漸開。劉彬士所擬辨惑二條，於嘉慶二
十一年（1816）正月十七日具奏呈覽，二月十二日奉硃批：「
所論甚屬愷切詳明，即行刊布可也。」其中〈辨邪正之惑〉一條
的內容如下：

爾百姓雖愚，斷未有不知是非好歹的。那邪教斂錢聚眾，
男女不分，明明是個姦盜邪淫的人，爾百姓豈不知道麼？
但他的這些罪惡是招引多人之後才漸漸大膽起來。他先來
誘人入教之時，必是勸人行善，愚民不曾讀書，看不出他
的邪處來，所以被他誆騙了，自家不做，卻勸人爲善，豈
不是口善心惡的邪人麼？況他的邪處也不必看他平日的事，
這私立教名，招徒聚眾，原是王法所不容的，一經訪拿，
就連累父母妻子兄弟了，他竟大膽來勸你入教，這就是不
畏王法，不顧父母妻子兄弟的人，即此一端，五倫全不顧
了，明明是一個邪人，你如何可聽他誘引呢？你若知道他

窩藏地方，更有不法的實事，並可到官出首他，這就是當下辨別邪正的方法，你們不可不知。再邪教説是入教念經可以成佛，更斷無此理。這佛法雖與孔聖人的儒教不同，也是教人莫貪財色，莫起妄想。那邪教不畏王法，貪財好色，就是佛法也斷不容他。此等罪人，豈有成佛的事。再爾百姓也有曾爲不善，指望入教念經，可以懺悔的，這又是糊塗了。大凡聖賢都望人改過，鬼神也許人改過，如昨日做了惡事，今日立志再不做惡事，就是改過，若惡事不改，僅止念經，還是口善心惡的人，何爲懺悔？況入教念經，又犯王法，正是罪上加罪，過上加過了，你們切不可聽他愚弄。你們愚民有説儒教勸人爲善，朝廷尊重他，釋教、道教也有修行懺悔的話，朝廷也不禁他，偏禁這些教是甚麼緣故？我今把這緣故説與你聽。釋教、道教雖與儒教不同，卻都是圖個安靜，不敢生事害人，所以朝廷都不禁他。何爲安靜？大凡這三教都有師徒，只是爲師的不肯往四方去招引徒弟，有願爲徒的，卻也受他，有不願爲徒的，卻不招引他，這將來自然沒有聚眾的事，所以三教都是安靜的。那邪教四出招引，一人傳十，十人傳百，這就是將來聚眾的根子。這些入教的愚民，未必都是思想爲匪的，假若一旦有個匪徒或誘引徒弟爲匪，或脅制徒弟爲匪，也是一人傳十，十人傳百，這就害人不少了。可知道這誘人入教就是他的邪處，所以朝廷定要禁他，也無非是保全百姓的心思，你們要知道，各處出示曉諭，保全你們，這都是皇上恩典也㉔。

　　由前引〈辨邪正之惑〉一段文字，可以看出湖南學政劉彬士所稱邪教，主要是指釋道以外私立教名的各教派，這些教派被指

為邪教的成分，包括斂錢聚眾，男女不分，姦盜邪淫，口善心惡，不畏王法，不顧五倫，貪財好色，誘人入教，不圖安靜等項。劉彬士在〈辨利害之惑〉論說稿中又指出：

> 爾百姓雖愚，斷未有不知利害禍福的，凡人本性莫不愛父母，莫不愛自身，莫不愛兄弟妻子。爾百姓幸生太平之世，雖不能皆享富貴，如果專執一業，勤儉為本，亦必能衣食無虧，上養父母，下保妻子兄弟，不受強暴之欺凌，不受兵差之擾累，這就是太平之福，享用不盡了。倘或入教念經，斂錢聚眾，一旦發覺，身死家破，連累父母妻子兄弟，此時思想居家安樂，不可再得，心裡豈有不懊悔的麼？那邪教初來時，必是把行善有福的話誆騙你們，你們若是平心細想，就知道這有福的事，也不能出五倫之外，這五倫的真福都是你百姓現在有的。皇上恩典寬大，你們不犯王法，長享太平，就是君臣之福。你奉養父母，父母自然慈愛，你兄弟不傷和氣，自然同心合力，門庭之內有一段真快活，就是父子兄弟之福。至於夫妻有禮，家道自然興隆，就是夫婦之福。朋友相信，爭訟自然不起，就是朋友之福，這人倫內五樣的真福，你們日日享用，不知不覺，這是最難得的，除此以外還有甚麼是福呢？那邪教誆騙你們說死後可到天堂，來生還有好處。這天堂地獄，來世輪迴，誰人看見，原是一派荒唐的話，祇有從邪教的身受重刑，不從邪教的安穩自在，這是人人看見的，你們若不顧看見的利害，倒信無影無形的話，真正愚到極處了。古來聖賢經書都沒有這荒唐的話，就假如有天堂，也必是完全五倫的人纔到得上去，假如有輪迴，也必是完全五倫的人纔能託生好處。今這邪教私立教名，不畏王法，不顧自己父母兄

弟妻子，誘害良民，連累父母兄弟妻子，這就是大惡人，又況斂錢聚眾，男女不分，甚或無法無天，殺人放火，這等罪大惡極，假如有地獄，也必是他去坐，假如有輪廻，也必墮入畜生道中，這是可斷之以理的。大凡作事，必慎之於始，這被誘的愚民先不過說是念經行善，未必就有無法無天的心思，後來那邪教漸漸大膽起來，斂錢聚眾，搖惑人心，這些愚民因是業已入教，恐怕官府訪拿，不敢聲張，遂至身陷重刑，求福得禍，這都是不慎之於始，後來悔之無及了。所以有人引你入教，你或從或不從，就是生死分途，不可不平心細想也。再匪徒說入教可免劫數，更是妄誕的話，人之死生，皆有定命，古來大聖大賢，只做安分聽命的事，惟厚德的人必有壽，就是國家長久太平也，是從厚德積來的。我朝開基以來，厚澤深仁，無微不至，皇上聖神文武，勤政愛民，海內承平，兵革不用，強者不敢欺弱，眾者不敢欺寡，數千百年來，未有如我朝這樣厚恩的，也未有如今日這樣太平的，萬年有道，是理之自然，你百姓各安本業，傳之子孫，世世為太平良民，纔是正經道理，乃或聽信無根的妄言，豈不是糊塗之至麼？即如白蓮、白陽、紅陽、大乘、無為等教，或戕害生靈，旋被天兵剿滅，或聚眾滋事，即被官府查拿，那些教頭都明正典刑，何曾免得一死，你們看看就該醒悟了，假如有漏網的邪黨逃至此間，他自知罪大惡極王法不容，或來誘引你們入教，要你們容留他，你們切莫聽信，即將他拿送到官，這纔是能知大義的百姓。再西洋異國之人私入內地，傳授天主邪教，此等匪徒一經拿獲，王法斷不赦他，爾民從之，必有大禍，切不可被他愚弄了。大凡朝廷禁的都是邪教，

> 從正教的必然無害，從邪教的必然有害，自此以後爾百姓
> 須知安分是福，犯法是禍，各做五倫分內之事，莫聽荒唐
> 無根之言，凡事慎之於始，各安本業，這就是你們報答君
> 親的事，也就是你們無疆之福，宜時常思省也㉕。

　　引文內認為白蓮、白陽、紅陽、大乘、無為等民間秘密宗教及西洋天主教，都是邪教，所謂天堂地獄，來世輪廻，死後可到天堂，來生還有好處等語都是古來聖賢經書都沒有的一派荒唐的話。五倫分內的才是正教，君臣、父子、兄弟、夫婦、朋友五倫的眞福，是最難得的，五倫之外還有甚麼福呢？朝廷查禁的都是王法不赦的邪教。

　　為了傳佈教義思想，並於聚會時提供念誦的經文，各信徒為了消災治病亦需供奉誦讀經卷，所以各教派多編有寶卷。民間秘密宗教的寶卷，多屬於變文的形式，敷陳故事，雜揉佛道經典、各種詞曲及戲文的形式與思想，通俗生動，容易為下層社會識字不多的善男信女所接受。但因經卷內往往編造含有政治意味的隱語詞句，而被官府指為謬妄悖逆，為王法所不容。例如混元教就具有濃厚的政治意識，河南鹿邑縣人樊明德是混元教首，收同縣人劉松等為徒，安徽太和縣人劉之協又拜劉松為師。乾隆四十年（1775）三月，樊明德被捕正法，劉松被發配甘肅，同時搜出《混元點化經》等抄本，內含「有一日，換乾坤，換世界」、「丙午年防備底下反亂年」等語，被清高宗斥為「悖妄」。乾隆五十三年（1788）三月，劉之協到甘肅劉松配所，商議復興混元教，改名三陽教，並將《混元點化經》改為《三陽了道經》尊劉松為老教主，且欲覓一人，捏名「牛八」，湊成「朱」字，自稱明朝嫡派，指劉松之子劉四兒為彌勒轉世，倡言「彌勒轉世，保輔牛八」，以宣傳反清復明的政治主張，也是披著宗教外衣的政

治預言㉖。《三教應劫總觀通書》是清茶門教的主要寶卷，八卦教的《三佛應劫書》，就是根據該書作了部分的增改而編成的。因《三教應劫總觀通書》內有「未來佛降生青山石佛口」字樣，所以王姓傳教之人，俱稱爲青山主人，徒衆尊他爲爺，寫信者尊他爲「朝上」，亦即「主上」，有君臣之分，需磕頭禮拜。直隸總督那彥成指出王姓族人世傳清茶門教，藉未來佛掌盤之說，以煽惑人心，釀啓異謀，竟爲「邪教之宗」㉗。那彥成又指出《三教應劫總觀通書》內逆詞不一而足，例如書中有「清朝以盡，四正文佛，落在王門。胡人盡，何人登基，日月復來屬大明，牛八元來是土星」等語㉘。山東緝捕八卦教教首劉省過等人時，搜出教中行善書一本，書中有「平胡」等字樣。民間秘密宗教的寶卷，直接攻擊官府，其中清朝已盡、胡人盡、平胡、牛八、日月復來等字樣，確實具有濃厚的反清復明思想。

　　民間秘密宗教的組織，往往模仿傳統政治制度，設官分職。譬如康熙年間雲南貢生張保太傳習的大乘教，分爲天官、地官、水官、火官等會。教中護法分爲法船、瘟船、鐵船等三船，據瘟船教主雪峰弟子一梅供稱，雪峰曾揚言「如今該係彌勒佛管天下了，皇帝是李開花」，將來要做李開花的軍師。教中王氏接教開堂後，以右中宮，兼管左中宮，加陞總統宮元佛權。乾隆八年（1743），魏王氏前往四川，與法船教主劉奇共謀舉事，並與李開花暗通聲氣。清高宗認爲大乘教煽惑愚民，潛謀不軌，「逆跡顯然」㉙。老官齋教的習念經卷及入教儀式，多與羅祖教相近。教中的內部組織，其最尊者爲總敕，即教主，總敕之下爲清虛，等於副掌教，清虛之下爲蠟敕，以下還有明偈、號敕、傳燈、四句、大引、小引等名目㉚。乾隆十二年（1747）十一月間，福建甌寧縣遺立地方齋明堂齋頭陳光耀在街搭蓋篷廠，聚集多人，念經點

蠟,經鄉長陳瑞章稟報甌寧縣委縣丞程述祖往查,拏獲陳光耀等
五人監禁。翌年正月,各齋堂齋頭恐官府開印訊究,株連眾人,
於是商謀聚眾劫獄。爲號召徒眾,教中頭目朱錦標改稱朱彌勒,
其妻嚴氏稱爲老官娘,率眾前往劫獄,救出陳光耀等人,並乘勢
搶劫富戶,製造箚付、兵簿、旗幟,由參謀寫立元帥、總帥、總
兵、副將、遊擊、守備、千總等職銜,各齋頭手執大小藍白旗幟,
旗面分別寫著「劫富濟貧」、「代天行事」、「無爲大道」等字
樣㉛,就老官齋教的外部組織而言,確實含有濃厚的政治意識。
山東壽張縣人王倫,傳習清水教,稱天爲無生父母,揚言世界將
有四十五天劫數,天下開黃道者有七十二家,將由一家來收元,
王倫是眞紫微星,就是收元之主。乾隆三十九年(1774)八月
間,王倫率眾起事。王倫在起事前曾封梵偉爲軍師,王經隆爲正
元帥,孟燦爲元帥㉜。王倫模仿傳統制度的軍事化組織,聚眾起
事,襲壽張,破陽穀,陷堂邑,欲阻漕運,含有顯著的政治意識。
嘉慶初年,川陝楚等省白蓮教起事以後,各教首紛紛自立年號,
建立政權,任命各級官吏,譬如湖北襄陽白蓮教以「萬利」紀年,
教中設置大丞相、都督、知府、知縣、元帥、先鋒、總兵等文武
職銜㉝。天理教的徒眾因分隸八卦,所以又稱八卦教。浙江紹興
人林清,移居直隸宛平縣黃村宋家莊。嘉慶十一年(1806),
林清入天理教,掌坎卦教,旋爲八教總當家,並揚言林清是太白
金星下凡,是天盤,應做天王,河南衛輝府人馮克善是地盤,應
做地王,滑縣人李文成是人盤,應做人王,起事成功以後,由人
王統治,天王、地王則同孔聖人、張天師一般。林清、馮克善、
李文成三人,合稱天理教三皇,在三皇之下設有八卦的卦主,卦
下有宮,設八卦宮王,是大首領,此外又設有丞相、大將軍、大
元帥、大宗師、提調兵馬總先鋒等文武官職㉞。清高宗認爲「林

清詭稱天皇，馮克善詭稱地皇，李文成詭稱人皇，其大逆不道，殊堪髮指。」史臣論及天理教時亦痛斥其罪不容誅，略謂：

> 天地之大，並育並生，雖梟獍之徒，不能遽絕於清寧之世，然未有如天理教之猖狂無忌者也。夫草竊之徒，干名犯義，或僞署官職，或假稱侯王，皆罪不容誅，尚爲事所經見。至於三皇之稱，從來無敢僭竊者，乃此次賊黨搆亂，林清竟詭稱天皇，馮克善詭稱地皇，李文成詭稱人皇，黷神聖之隆稱，竊先天之位號，互相推奉，假幽渺恍惚之談，助其邪愿悖亂之行，以此脅眾，眾且被其劫持，以此愚民，民皆受其迷惑，實史所未有，爲覆載所不容㉟。

　　由於清水教、天理教等民間秘密宗教的設官分職，含有濃厚的政治意識，不畏王法，官府取締，遂不遺餘力。

　　西洋天主教也是儒釋道以外的外來宗教，同樣遭到朝廷查禁。雍正初年，清廷查禁天主教的原因，固然與西方傳教士捲入宮廷政爭有關，但與清世宗澄清風俗也不無關係。清世宗認爲西洋傳教士潛居內地各省誦經行教，煽惑人心，深爲民風之害。雍正七年（1729）閏七月二十五日，大學士馬爾賽遵旨密諭各省督撫查禁天主教，其〈寄信上諭〉云：

> 向因西洋人通曉曆法，是以資其推算修造，留住京師，後因其人來者漸多，遂潛居誦經行教，煽惑人心，而內地不肖之人，無知之輩，往往入其教中，妄行生事，漸爲民風之害，是以原任總督滿保奏請將各省西洋人或送至京師，或遣回澳門，其所有天主堂悉改爲別用，經禮部兩次議覆，將各省西洋人准其居住廣州省城，但不許行教生事，其天主堂改爲別用。朕曾降旨伊等乃外國之人，在各省居住年久，今令搬移，恐地方之人混行擾累，著給與半年或數月

之限，令沿途委官照看，此雍正二年之事也，今已歷數載，
各地方中不應復有留住之西洋人矣。近聞外省府縣中竟尚
有潛藏居住者，本地無賴之人，相與往來，私從其教，恐
久之漸染益深，甚有關於風俗，此係奉旨禁約之事，而有
司漫不經心，督撫不查問，朕若明降諭旨，則失察之官甚
眾，於督撫皆有干係，爾等可密寄信與各督撫知之㊱。

清世宗認為外省府縣民人私習天主教，甚有關於風俗。民間
秘密宗教及天主教都容納了頗多旗人，而被認為是一種隱憂。正
黃旗漢軍都統兵部尚書盧詢即曾具摺奏請禁止旗民入天主教，以
滌人心厚風俗㊲。直省地方大吏多指斥天主教的教義為異端邪說，清
仁宗甚至痛斥「天主教絕滅倫理，乃異端為害之尤者，此在西洋
人自習其教，原可置之不問，若傳習內地民人，不止大千例禁，
為國家之隱憂，貽害最大，比白蓮教為尤甚。」㊳為防微杜漸，
於是制定條例，嚴厲取締天主教。

五、從教案審判看律例的運用

清代初年，沿襲《明律》，制定〈禁止師巫邪術〉條例，將
為首者絞，修改為絞監候。根據這個條例的規定，凡是民間原有
巫覡信仰及各種秘密宗教，都在取締的範圍。清初滿洲大臣因延
請巫者治病而連坐的案件，屢見不鮮。據《清史稿》記載，譚泰
是舒穆祿氏，滿洲正黃旗人揚古利的從弟，以軍功授一等公，順
治二年（1645），因罪又「坐與婦翁固山額真阿山遣巫者治病，
下廷臣議罪，論死下獄。」㊴句中所謂「巫者」，就是薩滿（
saman），是一種跳神的巫人，也是人神之間的靈媒，薩滿信仰
是我國北方阿爾泰語系草原族群的普遍信仰，也遭到官方的取締。
順治十八年（1661），議定巫覡私自跳神，杖一百。康熙元年

（1662），題准延請巫覡道士醫治邪病，須稟明都統，用印文報部，違者巫覡道士正法外，請治者亦治以罪。

　　雍正年間因查禁羅教，雍正十一年（1733），在〈禁止師巫邪術〉律例內增入「私習羅教為首者，照左道異端煽惑人民律擬絞監候」等語。雍正十二年（1734）十二月，江南南陵縣查禁三乘會，拏獲教首潘玉衡等人。江南總督趙弘恩等以潘玉衡接踵其父私習羅教，被訪拏枷責後，尚不改過斂跡，且詐騙財物，男女混雜，傷風敗俗，故奏請發回本籍，密令南陵縣知縣傳集鄉保人等，當堂將潘玉衡立即杖斃，以正風俗，翌年五月，趙弘恩遵旨將潘玉衡立行杖斃⑩，其懲治首犯，已比例加重。

　　乾隆十三年（1748）正月，福建老官齋教聚眾起事以後，建寧府派遣兵役搜捕教徒三百餘名，解往省城人犯共有二百二十餘名，分禁司府縣監，自五月十一日起逐一審問，至五月二十九日審畢。各犯分六等定罪，凌遲處死者二名，立斬者四十九名，當時正法者三十七名，被鄉民打死及自縊、餓斃、監斃者十二名，照例正法梟示立絞者六名，絞候者一名，發遣烏喇者八十八名，枷責者九十九名。因六月分例不行刑，閩浙總督喀爾吉善等即於五月三十日查明應行正法各犯遵照諭旨「恭請王命」，在省城通衢即行正法⑪。此次老官齋教案件主要是援引謀叛大逆律懲辦，其發遣枷責各犯則援引〈禁止師巫邪術〉條例為從各例審擬，由此次教案可以看出清代對宗教叛亂懲治的嚴酷。

　　直隸總督劉峨查辦蠡縣民人董敏傳習白陽會，抄襲收元等經，編成佛曲一案，具摺奏聞。乾隆五十二年（1787）二月二十七日奉硃批，令軍機大臣會同行在法司核擬速奏。軍機大臣等援引的律例內容共計三條：

　　㈠律載：造讖緯妖書妖言惑眾者斬監候。

㈡例載：左道異端之術，燒香集衆，煽惑人民，爲首者絞監候。

㈢例載：左道惑衆，爲從者發邊遠充軍。

《欽定大清會典事例》〈刑律賊盜〉有「造妖書妖言」一項，其律文內容爲：「凡造讖緯妖書妖言及傳用惑衆者皆斬。」⑫軍機大臣所援引的律文，就是「造妖書妖言」這一項刑律。清初承襲明代律例，將左道異端之術，其爲首者改爲絞監候。乾隆三十六年（1771），修訂律例，將左道惑衆爲從者發邊遠充軍，軍機大臣援引的兩條例文，就是清代〈禁止師巫邪術〉項下修訂的條例。軍機大臣等核擬此案時，以董敏私將祖遺邪經，抄襲成曲，詞多違悖，並創立白陽會名，收段雲爲徒，雖訊無謀爲不軌情事，但其編造歌曲惑衆斂錢，實屬不法，未便僅照尋常左道爲首律擬絞，董敏應如直隸總督所擬，照造讖緯妖書妖言惑衆者斬律應擬斬監候，請旨即行正法，郭林既知董敏是白陽會教首，又將歌單令董敏散賣，亦應依左道異端之術煽惑人民爲首者絞律擬絞監候，秋後處決⑬。由軍機大臣等所援引的律例，可知清廷對民間秘密宗教的取締，確實極其嚴厲。湖北均州民人賀廷選等念佛騙錢一案，並無誕妄悖謬情節，湖廣總督畢沅查辦此案時，將賀廷選等人視爲邪郛首犯，比照大逆凌遲律處死，餘犯分別擬斬發遣，並將其家屬緣坐，實屬辦理過當。乾隆五十五年（1790）七月，軍機大臣遵旨寄信申飭畢沅，並將諭旨交行在九卿閱看。據吏部尚書彭元瑞等奏稱「均州民人賀廷選等燒香念佛一案，不過鄉愚無知念誦俚鄙經語，誠如聖諭，此等西天古佛、八大金剛、觀音、羅漢，係人人共曉之常談，如小說鼓詞之類，治以哄誘騙錢之罪即可了事，乃畢沅指爲大逆，將該犯等分別擬以凌遲斬決，實屬錯誤，不知事體輕重。」⑭

　　清初承襲明代律例，修訂〈禁止師巫邪術〉律例，律載一應左道異端之術，煽惑人民爲首者絞監候，例載左道異端煽惑人民，爲從者發往黑龍江給索倫、達呼爾爲奴，嘉慶十七年（1812），奏准將爲從者改發新疆給厄魯特爲奴。律例中所稱左道異端，包含範圍很廣，就民間秘密宗教而言，不論其所習何教，但有立教名目，或供奉「邪神」，傳習經咒，授徒惑衆者，均應各按律例定擬。至於守業良民，諷念佛經，茹素邀福，並無學習邪教，捏造經咒，傳徒斂錢惑衆者，則不得濫用現行律例，惟因各省督撫援引律例，並不一致，輕重不同，或援引〈禁止師巫邪術〉律例而比例加重，或比照大逆律而凌遲斬決，以致往往辦理過當，甚至辦理錯誤。嘉慶十八年（1813）十二月，管理刑部事務大臣董誥、尙書崇祿等酌議傳習白陽等教分別治罪條例，並奏請更正畫一，其原奏略謂：

　　　　現行律例尚未賅備，自應遵照明立科條，分別等差，以昭法守，臣等悉心酌議，辦理邪教，總以有無傳習經咒，供奉邪神，拜授師徒爲斷。查白陽教即白蓮教及八卦教之別名，最爲地方之害，應請嗣後辦理白陽、白蓮、八卦等邪教，凡習念荒誕不經咒語，拜師傳徒惑衆者，爲首照左道異端煽惑人民律擬絞監候，爲從發新疆給厄魯特爲奴，旗人銷除旗檔，與民人一律辦理。至紅陽教及各項教會名目，並無傳習咒語，但供有飄高老祖及拜師授徒者，即遵照安傑案內現奉諭旨發往烏魯木齊分別旗民當差爲奴，其雖未傳徒，或曾供奉飄高老祖及收藏經卷，照廣五等之例，發邊遠充軍。並查定例自號教師演弄拳棒教人及投師學習，並輪叉舞棍，遍遊街市，射利惑民者，照違制律杖一百，枷號一個月。伏思此等不務本業之流，均爲風俗民生之害，

亦當嚴加懲創，俾知歛戢，應請嗣後，如有此等人犯，俱改擬杖一百流三千里。至有坐功運氣，雖非邪教及拳棒教師，亦足戕害生民，應請比照故自傷殘律杖八十，以上各犯若果訊明實止茹素燒香諷念佛經，止圖邀福，並未拜師傳徒，亦不知邪教名目者，及舊日曾學拳棒，迨奉禁以後，並不輾轉教人，亦不遊街射利者，方予免議，俾各地方不致藉端滋擾，似此分別酌定，庶情罪咸歸允協，辦理不致參差㊺。

由於各省地方大吏辦理民間秘密宗教，彼此參差，甚至藉端滋擾，因此管理刑部大臣董誥等分別酌定，奉旨允准後，刑部即載入例冊，而成爲改定新例。引文中「厄魯特」，又作「額魯特」，是「ūlet」的同音異譯。嘉慶二十年（1815），改爲發往回城給大小伯克及力能管束之回子爲奴。

四川邛州人黃子賢，於嘉慶十九年（1814）十一月創立鴻鈞教，自稱教主，隨在家內撿出舊存《北斗經》一本，並稱北斗是鴻鈞道人，時常打坐，念誦《北斗經》，日久能知過去未來及凡人禍福，有人信奉，亦可消災。四川總督常明審究黃子賢時所援引的條例爲：「例載妄佈邪言煽惑人心，爲首者斬立決；又新例辦理紅陽、白蓮、八卦等教爲從發新疆給厄魯特爲奴。」常明等認爲黃子賢合依妄佈邪言煽惑人心爲首斬立決例擬斬立決，但因其正當朝廷嚴拏邪教期間，竟敢妄佈邪言，興教惑眾，不法已極，而且四川人心浮動，不可不嚴加懲創，於是從重辦理，於審明後即恭請王命，令臬司曹六興、中軍副將阿洪阿等將黃子賢綁赴市曹，立即處決，仍傳首犯事地方㊻。王三顧又名王泳太是直隸灤州石佛口王道森後裔，遷居盧龍縣屬安家樓，世傳清茶門教，直隸審辦灤州教案時，曾奉上諭：「現獲各犯爲首者，按照大逆

律問擬，凌遲梟示，親屬照例緣坐，其餘習教之犯及被誘入教者，俱發給回城為奴，至該處王姓族人雖未習教，亦遵徙雲貴兩廣地方，分別安插。」，湖北審辦王三顧一案時，以王三顧本係王道森後裔，屢次前赴湖北傳教收徒，罪不容誅，亦遵照諭旨將王三顧照大逆律凌遲處死，梟首示眾⑰。

　　尹老須又名尹資源，直隸清河縣人，於乾隆六十年（1795），拜南宮縣人田藎忠為師，入離卦教。道光十二年（1832）五月，軍機大臣曹振鏞等會審直隸八卦教王法中一案時，究出尹老須習教傳徒，將尹老須、韓老吉等拏獲解部。曹振鏞等認為「八卦教林清謀逆於前，馬進忠滋事於後，該犯尹老須係著名離卦教首劉功之徒，習念真空家鄉，無生父母咒語，已難保非逆案倖免之人，且同教多至數千，蔓延已及三省，既經創朝考等場，假託文王轉世，逆情顯露。」⑱但尹老須堅稱與林清並非同卦，馬進忠並非同股，均素不往來，並無糾眾謀逆情事。旋奉諭旨：「此案尹老須即尹資源接管劉功離卦教，自稱南陽佛，創立朝考等場黑風等劫名目，神奇其說，煽惑數千人之多，句結至三省之遠，狂悖已極，尹老須即尹資源著即凌遲處死，仍傳首犯事地方，以昭炯戒，尹明仁聽從伊父習教多年，實屬世濟其惡，尹明仁著即處斬，韓老吉、蕭滋依擬應斬，著監候入於本年朝審情實辦理。其失察之地方官，及查辦不實各員，著吏部查取職名，分別議處。」⑲清代查辦民間秘密宗教，多牽引大逆律從重懲治，尹老須傳習離卦教，只是一般性的教案，清廷卻以宗教叛亂罪名，將首犯凌遲處死，其餘要犯亦多斬決。前引諭旨經刑部載入例冊，成為〈禁止師巫邪術〉的新增條例，民間秘密宗教的生存空間遂更窄狹了。

　　雍正年間，雖然嚴禁天主教，但教難罕見，乾隆年間以降，直省遵旨取締天主教，教難疊起，就現存檔案所見者，可列表於

後：

清代乾嘉時期天主教教難記要簡表

年　　　　　　　分	事　　件　　記　　要
乾隆十一年（1746）	福建查禁天主教，三法司題准桑主教白多祿正法，華敬、施黃正國、德黃正國、費若用依擬應斬。
乾隆十二年（1747）	桑主教白多祿殉道。
乾隆十三年（1748）	閩浙總督奏請將華敬等人處斬；清高宗密諭瘐斃談方濟各等人；清高宗密諭監斃華敬等四人；
乾隆十八年（1753）	湖北逮埔天主教信徒。
乾隆十九年（1754）	江蘇常熟等縣逮捕西洋人張若瑟等人；江蘇南匯縣逮捕西洋人劉瑪諾等人；四川華陽縣逮捕西洋人費布仁。
乾隆三十二年（1767）	廣東保昌縣逮捕安富、呢都等人。
乾隆三十四年（1769）	湖北磨盤山發生教難。
乾隆四十九年（1784）	山東武城縣逮捕西洋人吧地哩啞嗳；平陰縣逮捕格雷西洋諾；廣東逮捕西洋人哆囉、戴加爵；陝西逮捕方濟各馬諾等人；湖廣押解劉西滿等人入京審訊。
乾隆五十年（1785）	四川雅安縣逮捕西洋人馮若望，崇寧縣逮捕李多林等人，安岳縣逮捕彭得爾朋等人，巴縣逮捕額地咦德窩等人；江西宜黃縣逮捕西洋人方濟覺，萬安縣逮捕李瑪諾；山西逮捕安多呢等人。
嘉慶二年（1797）	貴州貴陽教難，教友被捕。
嘉慶十年（1805）	西洋人德天賜發往熱河圈禁；西洋人若亞敬奉旨在潢東監禁三年。
嘉慶二十年（1815）	湖南耒陽縣逮捕西洋人蘭月旺，奉旨著即處絞。

資源來源：國立故宮博物院藏《宮中檔》、《軍機處檔月摺檔》、《上諭檔》。

由前列簡表可知乾隆、嘉慶時期天主教案件層出不窮，教難疊興。乾隆十一年（1746）四月，福建巡撫周學健查辦福安縣天主教案，逮捕西洋傳教士桑主教白多祿（Petrus Sanz）、華敬（Joachim Royo）、費若用（Zohannes Alcobel）、施黃正國（Francisco Diaz）、德黃正國（Francisco Serrano）等人。同年十一月，經三法司核擬，奉諭旨白多祿著即處斬，華敬、施黃正國、德黃正國、費若用等人分禁省城司府縣各監，俟秋後處決。乾隆十二年十月，呂宋商船到廈門探詢華敬等人信息後，閩浙總督喀爾吉善奏請明正典刑。乾隆十三年（1748）九月初六日，將軍新柱陛辭返回福州，將面奉密諭札知喀爾吉善，即將「擬斬監候之西洋人華敬四犯，但行監斃，以絕窺探。」⑤⓪隨著福安教難，也觸發了江浙等省教難。乾隆十二年（1747）十二月，蘇州府逮捕西洋傳教士談方濟各（Tristand' Attimis），嘉興府逮捕西洋傳教士王安多尼（Ant oine Joseph Henriques）。翌年閏七月，署江蘇巡撫安寧以談方濟各、王安多尼煽惑內地民人入教，審擬具題，擬絞監候。清高宗諭以「外夷奸棍潛入內地，誆誘愚民，恣行不法，原應嚴加懲處，但此等人犯，若明正典刑，轉以於外夷民人故為從重。若久禁囹圄，又恐滋事，不如令其瘐斃，不動聲色，而隱患可除。」⑤① 所謂「瘐斃」，就是暗中掠笞飢寒而死，以速完案，不經司法審判，不公開執刑。因恐傳播消息，清高宗密諭署江蘇巡撫安寧等人嗣後似此教案，不必將各犯供語敘入題本內。由此可知乾隆年間取締天主教，辦理過當，清高宗誅戮西洋傳教士是於法無據的。嘉慶十六年（1811）五月，御史甘家斌奏請嚴定西洋人傳教治罪專條一摺，經刑部議覆，奉旨允准後，正式載入例冊，而成為〈禁止師巫邪術〉增訂的新例，嗣後直省大吏取締天主教活動，始於法有據。在新增條例中規定

教犯爲首者定爲絞決，或絞候，爲從者發往黑龍江給索倫、達呼爾爲奴，旗人銷去旗檔㊵，比照民間秘密宗教判例辦理。

乾隆四十一年（1776），西洋方濟亞國人徐鑒牧即李多林，本名都費斯，經內地民人接引前往四川傳教。乾隆五十年（1785），被拏獲解京訊明釋放。嘉慶十八年（1813）四月間，徐鑒牧又由廣東、雲南入川傳教。嘉慶二十年（1815）八月，四川總督常明審擬徐鑒牧時所援引的條例爲：「例載妄布邪言煽惑人心爲首者斬立決，又西洋人在內地傳習天主教蠱惑多人爲首者擬絞立決，聽從入教不知悛改者發新疆給厄魯特爲奴，如有妄布邪言，關係重大，仍臨時酌量各從其重者論。」四川總督常明具摺時指出「徐鑒牧即李多林，本名都費斯，前經犯案釋回西洋之後，復行潛匿來川傳徒惑眾，已屬愍不畏死，乃該犯又倡爲世界窮末，萬物被火燒盡，耶穌再來判斷禍福等語，以致愚民深信不疑，關係重大，即與妄布邪言無異，徐鑒牧即李多林應依妄布邪言煽惑人心爲首斬立決例，應擬斬立決。」㊶常明以徐鑒牧年老多病，恐稍稽顯戮，不足以靖人心而彰國法，故於審訊後即恭請王命，飭委按察使曹六興、督標中軍副將阿洪阿將徐鑒牧綁赴市曹即行處斬，比例加重，以邪教謀叛罪從重用刑。

六、結　語

明清時期，民間秘密宗教的盛行，有其內緣因素，各教派在下層社會裡也扮演了重要角色。由於朝廷的嚴厲取締，以致教難層出不窮。佛教傳入中土以後，也經歷過從小傳統走向大傳統的漫長歷程，在東漢王室崩潰以前，佛教在我國，只在社會底層暗暗生長，從三國時代以下，形勢轉變，佛教開始浮現到社會上層來，佛教教義很快地爲上層社會所接受。民間道教經過魏晉南北

朝二、三百年的發展演變,已有一套較為完整的宗教制度和宗教觀念,也為統治階層所喜聞樂道,而成為正信宗教。歷代以來,雖有三武之禍,痛抑佛教,但朝廷並未針對佛道制訂律例長期查禁。

明清時期,佛道日益走向世俗化、民間化,許多民間秘密宗教,就是從正信宗教的異端衍化出來的新興教派。各教派吸取了各種成分的思想養料,儒家的綱常倫理和大同小康的理想,今文學派中的讖緯和三世說,道家的宇宙觀和個人的修行,道教的神仙、修煉和方術,佛教的神學、戒律和儀式,以及佛教淨土宗、華嚴宗、天台宗、禪宗的教義和信仰,摩尼教的宗旨及習俗等等,把這些內容雜揉起來,形成一個具有自己特色的民間秘密宗教思想體係。明代中葉以來,新興教派的創立,如雨後春筍,充分反映民間秘密教派的創新和突破。例如羅教的創立者羅清,敢於從佛教的南禪臨濟宗分化出來,著經立典,打破了宗教經典的神秘性,也打破少數特權人物的壟斷。羅清的作為,為其他民間秘密宗教的教首所仿效,他們紛紛創造自己的新神,設計自己的天國,寫下自身教派的寶卷,突破了正信宗教的束縛和模框。喻松青撰〈明清時期的民間秘密宗教〉一文已指出羅教的教義,採取了佛教的空論,吸收了道家的無為思想,再加上它的不假修持,劫變思想等,使羅教跨越了禪宗而成為異端邪教。羅教出現後,即被佛教正統視為異端,甚至被痛斥為蟻蟲鴇聚,邪淫混雜,其為害殆有甚於白蓮教[54]。

明清時期的民間秘密宗教,幾乎沒有一個教派在開創時期就主張對抗當局,鼓吹造反的,相反地,絕大多數的教派都在經卷中頌揚皇權[55]。但明清朝廷是正統主義者,對正信教派衍化出來的新興教派及外來的宗教,都視為異端邪教,官府認為異端邪教

的組織、信仰及活動，都與統治階級的正統觀念有所牴觸，而嚴加取締。乾隆四十六年（1781）五月二十三日，清高宗頒發有關辦理回教的諭旨一道，略謂：

> 昨經降旨將分別辦理新舊教并移駐添兵善後事宜，傳諭阿桂、李侍堯，自能妥商籌辦。此案用舊教而除新教，最爲吃緊關鍵，蓋舊教相沿已久，回人等耳濡目染，習慣性成，今欲去之，勢有不可，譬如僧道，未嘗非異端，亦勢不能盡使爲民也，而新教則如白蓮等邪教，其平日雖亦拜佛念經，而惑眾滋事，其名目斷不可留，將來辦理之法，首先分別新舊名色，即其中有已歸新教而仍自認爲舊教者是尚知畏罪避禍，查辦時亦只可因其避就量予生路，所謂法外之仁，不得不網開一面也（下略）⑤⑥。

由引文內容可知清高宗對異端的詮釋，回教分爲舊教和新教，清廷在用兵之際，「用舊教而除新教」，只是一種權宜措施。由前引諭旨也可以說明正統與異端的辨別，佛道初起，未嘗非異端，因其相沿已久，國人耳濡目染，習慣成性，驟然去除，勢有不可。白蓮等民間秘密宗教都是新興教派，雖然拜佛念經，但恐惑眾滋事，其名目斷不可留，因此，所謂正統與異端，是相對舊與新而言，佛道由新起異端發展成爲舊有正信合法宗教，由佛道衍化而來的民間秘密宗教則爲新起異端邪教，爲了消除異端，於是制訂律例，嚴厲取締，然而各教派此仆彼起，到處創生，屢禁不絕，芟而復生，正是野火燒不盡，春風吹又生，教首徒眾不怕刑法，不知畏罪避禍。黃育楩著《破邪詳辯》一書記載：

> 噫？邪教謂「問成活罪，能免地獄，不能上天。問成絞罪，即不挂紅上天。問成斬罪，即挂紅上天。問成凌遲，即穿大紅袍上天。」今觀邪經四十餘種，並無此語。以明末邪

教，不犯罪，不受刑，故不必捏出此語。迨至我朝定鼎以來，聖朝相傳，惟依堯舜文武之治爲治，因于邪教嚴定律條，所有枷杖徒流絞斬凌遲，各依造罪之深淺，爲用刑之重輕。愚民雖愚，誰不怕死，邪教于此，遂造出「問成死罪，即能上天」之語，而凡習教者，皆視死罪爲樂境，則刑罰亦無從禁止矣。不知「問成死罪，則能上天」之語，實爲舊日邪教所未有，明係近來邪教所增添，邪經雖係虛捏，尚未捏出此言。今邪教捏出此言，以恣煽惑，其存心愈毒，其爲害愈深㊼。

「問成死罪，即能上天」的觀念，使被逮捕嚴酷訊問的教徒們，對官府的刑罰加強了抵抗，足以說明民衆向權力反抗態度的強化。民間秘密宗教的信徒，不畏王法，不懼迫害，堅守自己的信仰而樂於成爲殉教者的事實，可能受到天主教耶穌會士殉道精神的影響㊽。耶穌會是一種外來勢力，其遭到清代官府反對，主要是被懷疑與左道異端的民間秘密宗教相似，以及國人對西洋基督教的誤解。清廷雖制訂律例取締民間秘密宗教及西洋天主教，但並未收到預期的效果，清代後期，國勢陵夷，對外簽訂不平等條約，西洋傳教士倚恃條約，深入內地傳教，西洋宗教遂成爲合法宗教。庚子事變後，清廷對本土秘密宗教的態度，仍未改變。光緒二十六年（1900）二月十五日，總理衙門將嚴禁義和拳經過，分別照會各國駐京公使，並抄送署理山東巡撫袁世凱所編「勸諭百姓各安本分勿立邪會歌」，其歌詞全文現藏於英國公共文書館（Public Record Office），是探討清代政教關係的重要文獻，其歌詞如下：

朝廷愛百姓，百姓尊朝廷，上下相維繫，地義與天經。山左禮義邦，鄒魯古風存，

庠校崇正學，民俗歸樸醇，紳耆資董率。邪說詎掀騰，陸
程接江皖，瀛海通析津，

遊匪日充斥，異術遂爭鳴。昔傳白蓮教，並有義和門，蔓
延各州郡，黨羽日縱橫。

縱橫釀巨禍，芟夷斷葛藤，相去數十年，舊事重翻新。義
和名未改，拳會禍更深，

神拳與紅拳，名目亦相仍，惟有大刀會，門戶顯區分，其
實皆邪術。妖妄不足憑，

傳貼聚徒眾，飛符召鬼神，言能避槍炮，又可禦刀兵，血
肉薄金石，析理殊未真。

大抵奸黠輩，立會斂錢銀，外匪乘機入，久輒滋亂萌。前
鑒尚云遠，近事已堪徵。

二十二年夏，刀會索然興，兗沂連淮泗，處處叢荊榛。匪
首劉士端，妖術冠等倫，

更有曹得禮，會中迭主盟，黨徒咸敬服，奉之如神明，一
朝被弋獲，延頸就官刑。

迨後拳會起，頭目更紛紛，一名于清水，一名朱紅燈，勾
同楊照順，妖僧即心誠。

分股糾黨羽，千百竟成群，先只搶洋教，後並搶民人，先
只拒團練，後並拒官軍，

焚殺連市村，擄掠到雞豚。星星火不滅，燎原勢將成，三
犯次第獲，梟首懸荏平。

格斃徐大香，槍子透胸襟，並斃諸悍匪，屍骸棄郊坰。既
云有符咒，何以失厥靈？

既能避槍炮，何以損厥身？可見騰邪說，祇是惑愚氓，愚
氓被蠱惑，欲罷竟不能。

本院初涖此，聞之憫於心，未肯用刀兵，玉石恐俱焚。緝捕歸州縣，保衛責防營，

再三申禁令，剴諭各村莊。刀會須止絕，拳會須封停，脅從須解散，首要須殲擒。

莊長俱切結，容隱坐知情，未及三閱月，獲犯數十名。派員細推鞫，得情猶哀矜，

罪案分輕重，大戒而小懲，但期眞改悔，何忍過苛繩。朝廷愛百姓，聖訓仍諄諄，

怨爾蹈故轍，導爾出迷津，慮爾傷身命，戒爾睦鄉鄰。詔書眞寬大，讀之當涕零，

執迷終不悟，何以答帝閽。我朝恩澤厚，爲爾敬敷陳，地畝不增賦，人口不加丁，

差徭不添派，工役不繁增。黃河趨東海，大工重水衡，籌撥修防費，何止億萬金。

偏災偶入告，丁糧輒緩征，截漕資賑濟，發帑救湮淪。天恩厚若此，圖報當感恩。

本院撫此土，敬願廣皇仁，嫉惡如所仇，好善如所親。但論曲與直，不分教與民，

民教皆赤子，無不親拊循，爾輩同鄉里，還須免忿爭。紛爭何所利，讎怨苦相尋。

傳教載條約，保護有明文，彼此無偏倚。諭旨當敬遵，遵旨剴切諭，俾爾咸知聞。

爾亦有父母，爾亦有弟昆，工商爾可作，田園爾可耕。各人安本分，里社豐樂亨，

何苦信邪說，受累到而今。出示已多次，昏迷應早醒，再如墮昏迷，法網爾自攖，

首領懼不保，家業將盡傾。父母老淚枯，兄弟哭失聲，作
孽自己受，全家共難辛。

捫心清夜思，夢魂驚不驚，從此早回頭，還可出火坑。倘
能獲匪首，捉拏解公庭，

並可領賞犒，趁此立功勛，聖朝明賞罰，雨露即雷庭。本
院恤民隱，勸諭亦殷殷。

殷殷再三告，爾等其敬聽，都是好百姓，當知尊朝廷㊾。

前引歌詞所稱義和門與白蓮教，都是民間秘密宗教。探討義和團
的源流，不能單從名稱的演變加以解釋，庚子事變時期的義和團，
其性質及內容，均極複雜，追溯義和團的起源時，義和門教就是
不可忽視的教派㊿。歌詞中明白指出西洋人「傳教載條約，保護
有明文」，朝廷對西洋宗教的態度已經改變，取締西洋宗教的條
例，已名存實亡。學者進一步指出「民間宗教反對政府活動的性
質，盡管其基本成份是以貧苦農民為主體的下層居民，但似不宜
據此把他們籠統地歸入農民起義範疇。因為民間宗教反叛活動政
治趨向的主要導引者是宗教領袖，而宗教領袖的政治背景與經濟
地位又是極為複雜的。」㊿有許多史學家將涉及民間秘密宗教起
事案件，常給予熱情歌頌，認為是轟轟烈烈的農民起義，這是很
不確切的。

總的來說，民間秘密宗教是佛道世俗化、民間化的產物，從
某個意義上說，民間秘密宗教是一種人間佛教或人間道教，各教
派在下層社會裡擁有眾多的信徒。清廷排斥民間秘密宗教，視為
左道異端，反映正統主義已成為清代的主流思想。清廷制訂律例，
嚴厲取締民間秘密宗教，反映清廷對人類文化多元化的缺乏認識，
面對紛繁複雜的文化宗教現象，仍以其視野的狹隘性和歷史局限
性，強調正統文化的權威，而對其它文化產生排斥及否定態度，

甚至將其它宗教信仰視爲異端邪教㉒。清廷鎮壓民間秘密宗教及天主教，反映清廷並未根據宗教發展的客觀規律和社會實際情況制訂宗教信仰自由的基本宗教政策㉓，清廷既不能在宗教與政治分離的原則下宣佈宗教信仰自由，又不能使政治與宗教互相結合㉔。消除宗教信仰，決不能只靠行政命令，在誘發宗教產生的各種因素尚未消除之前，生態環境並未改變之前，企圖採取行政手段鎮壓民間秘密宗教的努力是無濟於事的。從西洋宗教倚恃條約爭取傳教自由，說明信仰自由，必須通過立法，藉重於宗教法，始能實現。

【註　釋】

① 呂鴻儒等撰，〈也論宗教的本質界定〉，《思想戰線》，1988年，第三期（雲南，雲南人民出版社，1988.6），頁14。

② 林振草撰，〈宗教是人民的鴉片辨析〉，《貴州大學學報》，1989年，第一期（貴州，貴州大學，1989），頁81。

③ 卓新平撰，〈論西方宗教學研究的主體、方法與目的〉，《中國社會科學院研究院學報》，1988年，第四期（北京，1988.7），頁53。

④ 彭國章撰，〈簡議宗教的幾個問題〉，《湖南師院學報》，1984年，第六期（長沙，湖南師院，1984.11），頁132。

⑤ 戴玄之撰，〈明末的秘密宗教〉，《文壇》，二八五期（臺北，文壇月刊社，民國七十三年三月），頁99。

⑥ 澤田瑞穗撰，〈《衆喜寶卷》所見　明清教門史料〉，《校注破邪詳辯》（東京，道教刊行會，昭和四十七年三月），頁219。

⑦ 澤田瑞穗著，《校注破邪詳辯》，頁255。

⑧ 劉子揚撰，〈清代秘密宗教檔案史料概述〉，《明清史》（北京，中國人民大學書報資料中心），1986年9月，k24，頁47。

⑨　《東案口供檔》（臺北，國立故宮博物院），乾隆三十九年分。

⑩　瞿同祖撰，〈清律的繼承和變化〉，《歷史研究》，1980年，第四期（北京，中國社會科學出版社，1980.8），頁137。

⑪　《清史稿校註》（臺北，國史館，民國七十九年五月），卷一四九，頁3971。

⑫　《清史稿校註》，卷一四九，頁3971。

⑬　同注八。

⑭　夏先範輯，《胡文忠公遺集》（臺北，文海出版社，民國六十七年一月），卷三，頁34。

⑮　郭建撰，〈當代社會民間法律意識試析〉，《復旦學報》，1988年，第三期（上海，復旦大學，1988.5），頁81。

⑯　《明神宗實錄》，卷五三三，頁18，萬曆四十三年六月庚子，禮部請旨。

⑰　《清世宗章皇帝實錄》，卷二六，頁18，順治三年六月丙戌，據林起龍奏。

⑱　《清世宗憲皇帝實錄》，卷一五九，頁22，雍正十三年八月己丑遺詔。

⑲　《宮中檔雍正朝奏摺》，第二輯（臺北，國立故宮博物院，民國六十六年十二月），頁676，雍正二年五月十八日，河南巡撫石文焯奏摺附件，〈硃筆特諭〉。

⑳　《清高宗聖訓》，卷一五一，〈靖奸宄〉，頁3，乾隆四年四月戊子，〈寄信上諭〉。

㉑　《清高宗聖訓》，卷二五二，頁1，乾隆十一年四月甲申，〈寄信上諭〉。

㉒　《欽定大清會典事例》（臺北，國立故宮博物院，光緒二十五年，石印本），卷一三二，頁11。

㉓　《欽仁宗睿皇帝實錄》，卷三一一，頁28，嘉慶二十年十月辛巳，
　　〈內閣奉上諭〉。

㉔　《軍機處檔·月摺包》(臺北，國立故宮博物院)，第2751箱，3包，
　　47522號，嘉慶二十一年正月十七日，〈辨惑論說稿〉。

㉕　同註24。

㉖　許曾重撰，〈試論評價王聰兒的幾個問題〉，《清史論叢》，第三
　　輯（北京，中華書局，1982），頁178。

㉗　《清代檔案史料叢編》，第三輯（北京，中華書局，1979），頁30，
　　嘉慶二十年十二月十四日直隸總督那彥成奏摺。

㉘　章佳容安輯，《那文毅公初任直隸總督奏議》（臺北，文海出版社），卷
　　四二，頁32。

㉙　《清高宗純皇帝實錄》，卷二七三，頁3，乾隆十一年八月辛巳，
　　〈上諭〉。

㉚　戴玄之撰，〈老官齋教〉，《大陸雜誌》，第五十四卷，第六期，
　　（臺北，民國六十六年六月），頁9。

㉛　《軍機處檔·月摺包》，第2772箱，14包，1968號，乾隆十三年正
　　月二十八日，武進陞奏摺錄副。

㉜　《東案口供檔》（臺北，國立故宮博物院），頁2，乾隆三十九年，
　　王經隆供詞。

㉝　馮佐哲撰，〈嘉慶年間五省白蓮教大起義〉，《清史論叢》，第二
　　輯（北京，中華書局，1980年），頁158。

㉞　喻松青撰〈明清時代的宗教信仰和秘密結社〉，《清史研究集》，
　　第一輯（北京，中國人民大學出版社，1980.11），頁127。

㉟　《欽定平定教匪紀略》（臺北，國立故宮博物院，嘉慶年間內府朱
　　絲欄寫本），卷二四，頁14。

㊱　《宮中檔雍正朝奏摺》，第十四輯（臺北，國立故宮博物院，民國

六十八年二月），頁470，雍正七年九月十九日，署理山東巡撫費
金吾奏摺。

㊲　《宮中檔雍正朝奏摺》，第二十七輯（民國六十九年一月），頁
773，正黃旗漢軍都統兵部尙書盧詢奏摺。

㊳　《清仁宗睿皇帝實錄》，卷二九〇，頁9，嘉慶十九年五月甲午，
〈寄信上諭〉。

㊴　《清史稿》，〈列傳〉，三三，〈譚泰列傳〉，頁2。

㊵　《史料旬刊》（臺北，國風出版社，民國五十二年六月），天三八
〇，雍正十三年五月十二日，趙弘恩奏摺。

㊶　《史料旬刊》，地六五，雍正十三年六月初九日，閩浙總督喀爾吉
善奏摺。

㊷　《欽定大清會典事例》（光緒二十五年刻本），卷七八〇，頁1。

㊸　《上諭檔》，方本（臺北：國立故宮博物院），乾隆五十二年三月
初二日，頁292，和珅等奏稿。

㊹　《上諭檔》，方本，乾隆五十五年七月十一日，頁55，軍機大臣奏
稿。

㊺　《軍機處檔·月摺包》，第2751箱，16包，50020號，嘉慶十八年
十二月十七日，管理刑部事務大臣董誥等奏摺。

㊻　《宮中檔》，第2723箱，94包，17815號，嘉慶二十年二月十一日，
四川總督常明奏摺。

㊼　《軍機處檔·月摺包》，第2751箱，1包，47428號，嘉慶二十一年
五月初三日，晉昌奏摺錄副。

㊽　《上諭檔》，方本，道光十二年五月初九日，頁112，曹振鏞等奏
稿。

㊾　《軍機處檔·月摺包》，第2760箱，56句，63564號，道光十三年
五月初八日，文孚等奏摺錄副。

(50) 《軍機處檔·月摺包》，第2772箱，23包，3337號，乾隆十三年十月初二日，閩浙總督喀爾吉善奏摺錄副。

(51) 《清高宗純皇帝實錄》，卷三二〇，頁12，乾隆十三年閏七月己未，〈上諭〉。

(52) 《清仁宗睿皇帝實錄》，卷二四三，頁32，嘉慶十六年五月丙午，〈上諭〉。

(53) 《宮中檔》，第2723箱，100包，19703號，嘉慶二十年八月二十七日，四川總督常明奏摺。

(54) 喻松青撰〈明清時期的民間秘密宗教〉，（北京，中國社會科學出版社，1987.4），頁114。

(55) 馬西沙撰〈黃天教源流考略〉，《世界宗教研究》，1985年，第二期（北京，1985.6，頁15）。

(56) 《勦滅逆番檔》（臺北，國立故宮博物院），上冊，頁349，乾隆四十六年五月二十三日，〈寄信上諭〉。

(57) 澤田瑞穗著，《校註破邪詳辯》，頁113。

(58) 鈴木中正撰，〈乾隆十七年馬朝柱的反清運動——中國民衆的烏托邦運動的一例〉，《中華文史論叢》，1981年，第二期（上海，上海古籍出版社，1981.5），頁137。

(59) 英國倫敦公共文書館（Public Record Office）藏清廷照會，Fo 230，No.144。

(60) 莊吉發撰，〈清代義和拳源流考〉，《大陸雜誌》，第六十五卷，第六期（臺北：民國七十一年十二月），頁276。

(61) 王靜撰〈明代民間宗教反政府活動的諸種表現與特徵〉，《高等學校文科學報文摘》，1987年，第四期（上海，1987.7），頁53。

(62) 卓新平撰〈論西方宗教學研究的主體、方法與目的〉，《中國社會科學院研究院學報》，1988年，第四期，頁52。

㊌　彭國章撰〈簡議宗教的幾個問題〉，《湖南師院學報》，1984年，
　　第六期，頁136。

㊍　林振草撰〈宗教是人民的鴉片辨析〉，《貴州大學學報》，1989年，
　　第一期，頁97。

諾們罕阿旺札木巴勒楚勒齊木
被控案件檔案資料與藏學研究

一、前　言

　　清代道光朝的內政問題，紛至沓來，歷史研究，不能將注意力都集中在中英鴉片戰爭，以致忽視了道光朝的內政問題。嘉慶朝以來，朝野上下，許多有識之士，都已經意識到因時變通的迫切性，要求改革就形成一股政治潛力。道光皇帝受到當時政治改革思潮的影響，他在即位之初，即下詔整頓內政。駐藏大臣琦善奉旨查辦諾們罕阿旺札木巴勒楚勒齊木被控一案，可以歸入道光朝的內政問題來透視。

　　諾們罕阿旺札木巴勒楚勒齊木即薩瑪第巴克什阿旺降白楚臣，清朝文書或作諾們汗阿旺甲木巴勒楚勒齊木，或作薩瑪第巴克什阿旺札木巴勒醋勒提木札木素，都是同音異譯，其全銜為諾們罕噶勒丹錫哷圖薩瑪第巴克什阿旺札木巴勒楚勒齊木，本文統一使用諾們罕阿旺札木巴勒楚勒齊木。

　　清代肅州、西寧等處的伊斯蘭教穆斯林，官方文書多寫成「番回」字樣，這種「番回」，又稱「狗西番」，他們是土司百姓，被稱為「番子」，因他們不吃豬肉，所以又叫做「回番」。諾們罕阿旺札木巴勒楚勒齊木是甘肅洮州人，就是楊土司所屬的「回番」。俗家馬姓，兄弟四人，他居長；二弟工布，在楊土司名下充當頭人；三弟甲木巴勒汪曲和四弟汪結，均先後進入西藏，汪結納贅唐古忒已故河爾康藏民之家，冒從其姓名為河爾康汪結，

分受遺產。阿旺札木巴勒楚勒齊木因前輩喇嘛阿旺楚爾提穆由堪布賞加諾們罕職銜，圓寂以後，阿旺札木巴勒楚勒齊木於嘉慶五年（1800）由雍和宮金瓶掣簽轉世，爲其呼畢勒罕。嘉慶六年（1801），阿旺札木巴勒楚勒齊木入藏，在下色拉買巴寺學經，在其前輩諾們罕阿旺楚爾提穆建修的壽寧寺內居住，與洮州喇嘛堪布根登楚稱同籍交好。阿旺札木巴勒楚勒齊木自藍占巴起升至堪布。嘉慶二十四年（1819），適因掌辦商上事務印信的第穆呼圖克圖圓寂，阿旺札木巴勒楚勒齊木奉命掌管印信。後來敕封諾們罕薩瑪第巴克什，派充達賴喇嘛正副師傅，曾經兩次隨同欽差大臣照料達賴喇嘛轉世掣瓶坐床，遞加「衍宗翊教靖遠懋功」等字樣，又坐噶勒丹宗喀巴床七年，道光皇帝加恩賞給玉如意等件。道光二十四年（1844）四月初三日，駐藏大臣琦善抵藏到任，班禪額爾德尼、第穆呼圖克圖、商上總堪布羅布藏甲錯等各行列款指控諾們罕阿旺札木巴勒楚勒齊木貪黷營私，包括：不務清修；意存自滿；拆佔商上房間，創建祝慶寺廟宇；擅用未蒙恩賞轎繖；強據商上產業；侵佔百姓田廬；私拆達賴喇嘛所建房間；隱匿逃人；鈐用印信不在公所；獨斷獨行；呈進貢物不出己資；濫支濫取；信用喇嘛改桑拉木結；勒索僧俗財物；任性聽斷；苦累番民；收留逃奴以爲私黨；聽許餽送房屋；達賴喇嘛之前不知尊敬照料等等，琦善據實奏聞。道光皇帝據奏後，認爲此案於黃教大有關係，即諭令琦善會同班禪額爾德尼率同第穆、濟嚨呼圖克圖、呀徵諾們罕等，逐款確查，據實參辦，其商上事務令班禪額爾德尼暫行兼管。

　　海峽兩岸現藏諾們罕阿旺札木巴勒楚勒齊木被控案件的檔案資料，爲數相當可觀。北京中國第一歷史檔案館典藏《軍機處錄副奏摺》、《宮中硃批奏摺》等，多已收錄於《元以來西藏地方

與中央政府關係檔案史料匯編》。至於臺北故宮博物院典藏《宮中檔》琦善等奏摺原件及《軍機處檔・月摺包》琦善等奏摺錄副，數量較多，且未出版。本文的撰寫，即以臺北故宮博物院現藏各類檔案爲主，就諾們罕阿旺札木巴勒楚勒齊木被指控情節，進行探討，以期有助於了解清朝政府處理西藏地方內政問題的過程，並說明中央與地方的關係。

二、達賴喇嘛未享遐齡的疑惑

七世班禪額爾德尼等控訴諾們罕一案，因涉及達賴喇嘛未享遐齡的疑惑，所以道光皇帝降旨查詢達賴喇嘛年幼圓寂的緣故。《清史稿・藩部傳》詳載歷輩達賴喇嘛的享壽，爲了便於比較說明，可依據《清史稿》的記載，將歷輩賴喇嘛的享壽列出簡表。

歷輩達賴嘛嘛享壽簡表

輩　　分	名　　　　　　　　號	享壽	圓寂地	備註
第一輩	羅倫嘉穆錯	84		
第二輩	根登嘉木錯	67		
第三輩	鎖南嘉木堅錯	47		
第四輩	榮丹嘉穆錯	28		
第五輩	阿旺布藏嘉木錯	62	布達拉	
第六輩	羅布藏噶爾桑嘉穆錯	50	布達拉	
第七輩	羅布藏降白嘉穆錯擺桑布	47	布達拉	
第八輩	阿旺隆安嘉穆錯擺桑布	11	布達拉	
第九輩	阿旺羅布藏降擺丹增楚稱嘉穆錯擺桑布	22	布達拉	
第十輩	阿旺改桑丹貝卓密凱珠嘉穆錯	18	布達拉	
第十一輩	阿旺羅布羅丹貝甲木參稱嘉穆錯	20	布達拉	

資料來源：《清史稿校註》（臺北，國史館，民國七十九年五月），
　　　　　卷五三二，頁1201—12039。

據《清史稿》的記載，達賴喇嘛第一輩至第十一輩，其年齡總和爲456歲，平均年齡爲41歲，其中第四輩、第八輩、第九輩、第十輩、第十一輩的享壽都低於平均年齡，最引人注意的是第八輩，只有十一歲。據《清史稿》的記載，達賴喇嘛第八輩阿旺隆安嘉穆錯擺桑布於嘉慶十年（1805）在康巴墊曲科轉世，年方二歲，異常聰慧，早悟前身，奉特旨即定爲呼畢勒罕，不必入瓶簽掣。嘉慶十三年（1808）九月，迎至布達拉坐床。嘉慶十八年（1813），由班禪額爾德尼傳授小戒。嘉慶二十年（1815），在布達拉圓寂，享年十一歲。達賴喇嘛第九輩阿旺羅布藏降擺丹增楚稱嘉穆錯擺桑布於道光二年（1822）三月晦，奏明在大招金奔巴瓶內掣定。同年八月，迎至布達拉坐床。清廷遣章嘉呼圖克圖由京馳藏照料，噶勒丹錫埒圖薩瑪第巴克什阿旺札木巴勒楚勒齊木即阿旺降白楚臣爲正師傅，噶勒丹舊池巴阿旺念扎及榮增班第達札木巴勒伊喜貝嘉木磋爲副師傅。道光十四年（1834），由班禪額爾德尼傳授格隆大戒。道光十七年（1837），達賴喇嘛第九輩在布達拉圓寂，享年二十二歲①。

據臺北故宮博物院典藏《軍機處檔・月摺包》中諾們罕阿旺札木巴勒楚勒齊木供稱：「九輩達賴喇嘛年至十一歲，曾於嘉慶二十年圓寂，彼時係第穆呼圖克圖掌辦商上事務，小的尚未接管掌事，無從供吐。」②對照供詞內容後，可知《清史稿》所稱第八輩達賴喇嘛，實即藏中所稱九輩達賴喇嘛，其圓寂年分及享壽，都彼此符合。《清史稿》所稱第九輩達賴喇嘛，實即藏中所稱第十輩達賴喇嘛，《清史稿》未載其受傷經過及圓寂原因。據諾們罕阿旺札木巴勒楚勒齊木供稱：

> 嘉慶二十四年第穆諾們罕圓寂，所遺掌辦事務一缺，荷蒙補放。小的理應於達賴喇嘛前小心照料，乃十輩達賴喇嘛

於道光四年十月二十三日在睡房架上拾取滿達盤，失足跌撲，項上帶傷流血。嚴查隨侍達賴喇嘛之森琫人等，雖無暗害情弊，而達賴喇嘛身體，關係重大。那時將森琫正要懲辦之間，奈達賴喇嘛哭啼將森琫人等不必問罪等諭，吩咐再再，是以未能將森琫等嚴行懲辦，小的有應得咎，辜負了大皇帝的重恩，後悔莫及。達賴喇嘛係道光十七年圓寂，並未因項傷誤事是實③。

當第十輩達賴喇嘛圓寂時，出現了幾種不同的傳聞，其中一種普遍的謠言說第十輩達賴喇嘛是因跌傷斃命的。但據前引供詞可知第十輩達賴喇嘛失足跌傷，發生於道光四年（1824）十月二十三日，圓寂卻在道光十七年（1837），事隔十四年，所以因項傷圓寂之說，有待商榷。據諾們罕阿旺札木巴勒楚勒齊木供稱：

道光十七年十月初二日，十輩達賴喇嘛因染患胸膈膨脹病症圓寂後，有大昭康業爾羅布藏楚稱向眾番目言說達賴喇嘛忽然圓寂，恐有飲食不投機所致，懇請詳查等情。當經稟明關大人、鄂大人親提查詢，該羅布藏楚稱，指不出確實憑據，供認信口糊說，是以按照唐古特夷規罰服羅布藏楚稱金子三兩，取據甘結完案④。

據諾門罕阿旺札木杷勒楚勒齊木指出十輩達賴喇嘛圓寂的日期是在道光十七年（1837）十月初二日，圓寂的原因是「染患胸膈膨脹病症」，所謂「飲食不投機所致」的傳聞，只能說是大昭康業爾羅布藏楚稱的「信口糊說」，並無確實憑據。駐藏大臣琦善訊取諾們罕阿旺札木巴勒楚勒齊木供詞後即繕摺具奏。原摺是《宮中檔硃批奏摺》，現藏於北京中國第一歷史檔案館，原摺具奏日期為道光二十四年（1844）十二月二十六日。琦善奏摺錄副，現藏於臺北故宮博物院，原摺於道光二十五年（1845）二月初

五日至京。原奏指出：

> 將九輩、十輩達賴喇嘛未享遐齡一節向該犯究詰，據供九
> 輩達賴喇嘛因病圓寂，在該犯未經掌事之先。其十輩達賴
> 喇嘛於道光四年十月二十三日頸上帶傷，流血不止一節，
> 原控之覺普策丹札喜於九年監斃，並無後嗣。同房服侍之
> 森琫羅布藏曲札，亦於十八年物故。檢查前任駐藏大臣松
> 廷、廣慶原訊供情，係由達賴喇嘛起早在木架上提取滿達
> 盤，自行失足，磕傷腮下，於二十五日尚赴布達拉各寺朝
> 佛念經，至道光十七年十月初二日方行圓寂，其間相距十
> 四年，自非因傷致誤無疑。惟聞十七年前任駐藏大臣關聖
> 保、鄂容安有封存漢印房公文一包，詢係十輩達賴喇嘛圓
> 寂之事，取出查看，係該犯因達賴喇嘛圓寂後，有仔仲羅
> 布藏楚稱疑係飲食有故，稟請查辦，以致僧俗人等同聲懇
> 求。經該犯查無別故，取有甘結，仔仲羅布藏楚稱，自認
> 懷疑妄言，擬以罰服金子三兩，稟經關聖保、鄂順安提訊
> 相同，照擬完案⑤。

由駐藏辦事大臣琦善原奏可知第九輩達賴喇嘛、第十輩達賴喇嘛
都是因病圓寂，第十輩達賴喇嘛因傷圓寂，或飲食有故的傳聞，
仍指不出確實證據。琦善將案情查明後繕摺具奏，在道光二十五
年（1845）二月初五日《寄信上諭》中也說：「其達賴喇嘛圓
寂緣由，既無罅漏可尋，著即無庸再行根究。」⑥諾們罕阿旺札
木巴勒楚勒齊木則稱：「其達賴喇嘛因病圓寂，實係唐古特眾生
福薄命淺。」⑦但同時也反映諾們罕阿旺札木巴勒楚勒齊木的狂
妄藐法。達賴喇嘛法身關係重大，理應稟請由駐藏大臣轉奏，方
為正辦，但他並未稟請具奏。達賴喇嘛起居，不能加意照料，服
侍無人，諾們罕阿旺札木巴勒楚勒齊木畢竟難辭其咎。

三、阿旺札木巴勒楚勒齊木的貪婪

　　諾們罕阿旺札木巴勒楚勒齊木掌辦西藏商上事務多年，其貪黷營私，擅作威福的情形，極爲嚴重。臺北故宮博物院現藏《軍機處檔・月摺包》中含有諾們罕阿旺札木巴勒楚勒齊木的親供，供詞詳盡，列出要點如下：

　　一、每年攢昭時，並未自己出資，擅以不堪之物，抵給商上庫項，由商上庫內轉發布施茶。

　　二、阿旺甲木巴勒楚勒齊木差派囊素赴京，應需一切，均係商上動支，並未自己出資。

　　三、阿旺甲木巴勒楚勒齊木充當噶勒丹池巴七年，赴噶勒丹寺七次。寺中喇嘛呈送禮物，雖係向例收受，但不該動用商上公所各物，並苦累沿站百姓，需索烏拉。又掌辦商上事務以來，在於鑄造佛遵公所內所造各物應需工價，以及燒用樺炭等項，有虧商上。

　　四、阿旺甲木巴勒楚勒齊木新修祝慶寺院時，應需各物以及烏拉工價，雖係阿旺甲木巴勒楚勒齊木自捐，而應需木料一切，沿途百姓等運送，苦累百姓。

　　五、凡遇漢番、蒙古及邊外部落人等赴藏瞻禮，達賴喇嘛時或准見，或不准見，均係阿旺甲木巴勒楚勒齊木自專，達賴喇嘛回答漢番、蒙古人等各物，並不拿在達賴喇嘛面前賞給。

　　六、祝慶寺內常設木匠以及每年赴柳林沐浴，並赴山上大昭及攢大小昭，馬圈內所需一切，及牧放等差所需烏拉之夫，馱運馱隻牛隻，折收價值，又派烏拉人夫執持旗桿，又在柳林壩任由阿旺甲木巴勒楚勒齊木之心放水，並勒索

刷房白土以及刷土人夫等項，有累百姓。

七、商屬世家及香火莊田百姓如遇爭訟案件，有改桑拉木結擅行提審，皆由阿旺甲木巴勒楚勒齊木不能約束所致。

八、大昭商卓特巴覺普策丹札喜因公控案，實係阿旺甲木巴勒楚勒齊木把他重辦。

九、阿旺甲木巴勒楚勒齊木之弟汪結之子降白官卻充當商上仔仲立即升補小堪布職分，所辦違例。

十、年班堪在囊素赴京之便，阿旺甲木巴勒楚勒齊木呈進皇帝貢物，均係商上庫內提取，並未自己出資。

十一、每逢達賴喇嘛赴大昭攢昭，並赴色拉寺、布賚絣寺時，並未騎馬坐轎隨行，阿旺甲木巴勒楚勒齊木充當噶勒丹池巴時，坐的是綠黃八人轎，網總均係黃色的。

十二、達賴喇嘛蒙賞金冊，並坐床，受大小戒等項喜事，各處僧俗番民原有呈送禮物之例，阿旺甲木巴勒楚勒齊木諾們罕亦隨同派受財物，只說舊規錯收。

十三、拉木結崗莊田一所，原係商上管的，於道光七年內阿旺甲木巴勒楚勒齊木掌辦商上事務時歸於阿旺甲木巴勒楚勒齊木之寺作為香火莊田，此事所辦糊塗。

十四、新修祝慶寺院所佔商屬民房地基，均係實情。

十五、祝慶寺從前舊管香火莊田，本來為數不多，後來新歸祝慶寺，有商上的房屋田地，有出價買的，有別人送的，有算賬來的，總共地有二百餘頓，房屋有二、三處。

十六、達賴喇嘛印信及掌事印信鑰匙，並未照舊規交總堪布佩帶。又商上大中譯等本是留在阿旺甲木巴勒楚勒齊木寺內住紮。

十七、十輩達賴喇嘛在於布達拉山上建修房屋一所，一經

達賴喇嘛圓寂，即行拆燬。

諾們罕阿旺札木巴勒楚勒齊木所供營私舞弊各款，是就班禪額爾德尼等呈控項目逐款供述，主要包括：需索番屬財物，侵佔百姓田廬，私拆達賴喇嘛所建房間，擅用未蒙恩賞轎傘，強據商產，隱匿逃人，鈐用印信，不在公所，獨斷獨行，進呈貢物，不出己資，濫支濫取，任性聽斷，恣意欺凌等。駐藏大臣琦善查明諾們罕阿旺札木巴勒楚勒齊木侵佔田廬情形後繕摺具奏，原奏附片云：

> 再諾們罕佔去達賴喇嘛房屋莊田，遠近不一，現經噶布倫等通行查明，除前輩諾們罕莊田實止八屯，前次誤算十一屯，及諾們罕建修寺院，拆佔民房十三所不計外，計諾們罕名下所佔房屋前後三十二所，內給伊弟四所，尚有二十八所，佔種地土前後共二百四十四屯，內有私賞各寺及親戚，並伊弟，實佔去一百七十六屯，統共莊子二十一處，菜園及柳林五處，空地三處，黑帳房一處，蘆草壩一處，有商上者，有借人銀兩準折者，有給價者，有餽送者，頭緒繁夥⑧。

諾們罕阿旺札木巴勒楚勒齊木不僅拆佔民房，也侵佔達賴喇嘛房屋莊田。琦善具摺指出，前輩諾們罕阿旺楚爾提穆由堪布賞加諾們罕職銜，赴藏掌辦商上事務，建修壽凝寺一座，據各番目稟稱，達賴喇嘛曾給有惜德康薩爾房屋一所，德嶺巴協葉噶仁仁噶爾降索娃阿魚策白苦爾地土八頓，黑帳房一處，共計大小毛牛、奶牛二千六十九條，綿羊、山羊一千二百十二隻。此外，還有幾碩墊仲巴無頓地土一處，番目策旺頓柱羅桑曲覺送給祿康薩爾玉餉曲拉木房屋二所，後來俱經琦善奏明將田產牛羊撤出，賞給達賴喇嘛⑨。諾們罕阿旺札木巴勒楚勒齊木有弟三人：二弟工布在楊土司處，充當頭人；三弟甲木巴勒汪曲；四弟河爾康汪結，均隨同

來藏⑩。駐藏辦事大臣琦善查明具奏指出諾們罕阿旺札木巴勒楚勒齊木給與其四弟河爾康汪結分佔扛噶爾轄谷直熱繳結江邊房屋四所，達布江熱地土四十五頓零，熱木具巴地土半頓，都是番民產業，後來都撤出歸還原業番民管理。諾們罕阿旺札木巴勒楚勒齊木又私給其二弟工布德青嶺寺作爲香火的請登滾地土一處，後來繳回由達賴喇嘛管理⑪。

　　諾們罕阿旺札木巴勒楚勒齊木惡跡多端，專斷妄爲。駐藏辦事大臣琦善具奏指出，拉達克喇嘛跟役執持諾們罕阿旺札木巴勒楚勒齊木路票，欲由濟嚨回歸原牧，遭遇阻擋後，又稱欲赴前藏。經查明是因諾們罕阿旺札木巴勒楚勒齊木曾將布竹廠地方，賞給洛敏達部長管理，蓋印斷牌，經前任駐藏辦事大臣孟保等任聽其擅行發給印照。清廷以諾們罕阿旺札木巴勒楚勒齊木擅給外番印照住牧，令軍機大臣寄信琦善會同班禪額爾德尼秉公查辦⑫。孟保因辦理錯謬，奉旨革去副都統。

四、阿旺札木巴勒楚勒齊木貲產的查封

　　諾們罕阿旺札木巴勒楚勒齊木供認貪黷妄行各款後，駐藏大臣琦善等於道光二十四年（1844）十一月二十九日遵旨將其歷得職銜名號全行褫革，查封其資財。諾們罕阿旺札木巴勒楚勒齊木於二十九日呈褫親供後，因向無監獄，琦善等令其返回祝慶寺後閒房暫候。但同日秉燭後，諾們罕阿旺札木巴勒楚勒齊木竟被買巴寺喇嘛抬去⑬。駐藏大臣琦善將事情經過繕摺奏聞，節錄原奏一段內容如下：

> 該犯四弟河爾康汪結夫婦先恐其立獲重譴，於二十七日遣
> 其子小堪布降白官卻偕同常川在祝慶寺奔走之買巴寺格隆
> 喇嘛洮州人羅墊往向其三兄甲木巴勒汪曲商謀，意欲傳喚

買巴寺喇嘛下山救護，甲木巴勒汪曲向其阻止，河爾康汪
結夫婦復至祝慶寺向商，甲木巴勒汪曲仍行勸阻。至二十
八日傍晚，河爾康汪結夫婦又遣人約會甲木巴勒汪曲至家
商議，甲木巴勒汪曲仍執前說。河爾康汪結怪其不顧同胞
之誼，聲稱如果諾們罕獲罪，伊便用刀自戕，其婦朗結磋
木亦哭斥甲木巴勒汪曲之非各散。二十九日午後，格隆喇
嘛羅墊向訴祝慶寺已封鎖，諾們罕搬住寺後閒房，有人看
守，恐怕性命難保。河爾康汪結夫婦即令其往買巴寺與堪
布根登楚楚稱送信，正值該寺攢昭喇嘛齊集，羅墊喊稱諾們
罕寺院已封，晚間定即正法。該堪布即令徒眾下山相救，
並促令綳波爾班次師傅伊喜索巴分派喇嘛多人，或身帶鳥
鎗刀矛，或手持木棍石塊，間有隨帶牛羊角鐵筆筒及點燃
火把燈籠，並徒手者，齊赴祝慶寺後閒房搶護。時值昏黑，
噶布倫丹珍策旺策墊奪結諾依金彭錯等三人將寺宇封畢，
正向該寺眾僧俗開導未散，即向喝斥攔阻，被喇嘛羅桑策
旺羅桑策墊稱勒降曲扎克巴甲錯朗沖覺巴竹瑪爾等六名，
用石擲打，受傷倒地，將阿旺札木巴勒楚勒齊木拉入轎內，
抬往買巴寺所屬之壽凝寺而去，並未啟動封鎖，亦未另傷
一人。奴才聞信已經去遠，藏中風氣浮動，未便禽夜追捕，
且該寺喇嘛眾至二千餘人，罔識例禮，更須設法懾服，是
以奴才待至天明，傳集番目及各大寺領事堪布，會同班禪
額爾德尼督率濟嚨呼圖克圖、呼徵諾們罕宣讀諭旨，詳悉
曉諭，並將該犯承認供詞，咸令傳觀，各喇嘛均斥其非，
堅懇毋須帶兵擒拏，情願自往理論，該犯阿旺札木巴勒楚
勒齊木即日自行投回⑭。

　諾們罕阿旺札木巴勒楚勒齊木被救抬去，主要是他的胞弟河爾康

汪結糾約同籍洮州喇嘛充買巴寺堪布根登楚稱令徒衆下山相救。
諾們罕阿旺札木巴勒楚勒齊木投回祝慶寺後，駐藏大臣琦善即把
他看守在大昭之內，連日拏獲喇嘛二百一十名。琦善審擬諾們罕
阿旺札木巴勒楚勒齊木等犯奏摺到京後，於道光二十五年（
1845）三月十五日奉硃批：「軍機大臣會同該部議奏，片留中。」
軍機大臣穆彰阿等遵旨會議覆奏，其中關於已革諾們罕阿旺札木
巴勒楚勒齊木罪情議定如下：

> 查理藩院則例既無擬罪專條，而該犯以土司番僧在西藏地
> 方犯事，又未便科以內地刑律，既據該大臣等擬請立予發
> 遣並聲明毋任容留內地。查如熱河、察哈爾等處，未免情
> 重法輕，而新疆一帶，又爲該犯原籍必經之地，聲息相通，
> 均未便編發。臣等公同酌擬，可否將該犯阿旺札木巴勒楚
> 勒齊木發往黑龍江給披甲爲奴之處，伏候聖裁，如蒙俯准，
> 除遵照行知外，將來該犯無論在配在籍身故，永遠不准其
> 再出呼畢勒罕，以爲有玷黃教者戒⑮。

同年四月十二日經軍機大臣穆彰阿會同部院議准，同年六月初二
日，駐藏大臣琦善接到部文，奉旨：「已革諾們罕阿旺札木巴勒
楚勒齊木著發黑龍江，交該將軍嚴加管束毋許出外滋事，並不准
與外人交接。」琦善即派委西藏遊擊張協忠帶領兵丁十四名，會
同當地頭目，於六月初七日將已革諾們罕阿旺札木巴勒楚勒齊木
押解起程，由四川接解前進⑯。

　　清朝政府以諾們罕阿旺札木巴勒楚勒齊木侵佔田盧，勒取財
物，盈千累萬，即命駐藏大臣琦善等查封其廟內貲產。琦善接到
寄信上諭後即率同西藏噶布倫等先赴買巴寺所屬壽凝寺，將寄頓
財物逐一搜出運回，同祝慶寺貲財一併查封。其中朝廷賞賜物件
及御書匾額先行查出差官齎交商上尊藏，並造冊咨部，其餘貲產

俱開列清單進呈御覽。臺北故宮博物院典藏道光朝《軍機處檔・
月摺包》奏摺錄副內含有《查封阿旺札木巴勒楚勒齊木貲產清單》，
詳列各類財物名稱及其重量。其中金銀器類，包括：生金、麩金
共六百五十九兩六錢八分，每金一兩估變庫平紋銀十四兩，合銀
九千二百三十五兩五錢二分。金茶壺一把，重八十兩，金茶盤、
金瓶、金盒共重五十三兩，金五佛冠一頂重二十七兩，金盤一個，
重九兩三錢七分，估變庫平紋銀共二千三百七十一兩一錢八分。
泥金二十四兩，每兩估變庫平紋銀十三兩，合銀三百一十二兩。
大小元寶三萬二千一百兩，低潮碎銀三萬八千六百六十兩，各項
鍍金銀器及鑲銅銀器，扣除銅觔分兩外，折實銀五千零六十九兩
八錢五分。以上銀兩的處置，是留備經費兵餉之用。此外，借給
藏民藏商貲本銀共一萬七千六百四十九兩。

　　服飾布疋類有新舊各色片金粧蟒錦閃綢緞、槖薄錦閃、小紡
綢、各色綾、槖薄絨、藏綢、絨巴綢、大小哈達、梡章嘎小哈達、
花氆氌、工布抓絨、大錦、粗細西氈、洗絨、卡契布、麻布、冷
布、氈條、黃緞面染狐皮坎肩、顧繡錦蟒銀鼠灰鼠羊皮狐皮皮袍、
蚨緞八絲緞棉夾大褂、錦閃鑲邊棉夾僧衣、貂皮馬褂、海龍大褂、
猞猁大褂、貂皮大褂、染狐皮大褂、綢緞夾單大褂、綢緞蟒袍、
紅氈片雨衣、嵌珠石僧帽、雕象牙五佛冠、各樣綢緞五佛冠、紅
青絨銅鍍金五佛冠、皮領、鑲沿錦蟒片金斗蓬、僧依、袈裟、僧
裙、小汗衫、綢緞圍裙、水裙、念經法衣、喇嘛松石帽花、喇嘛
皮帽、喇嘛帽、黃泥喇嘛帽、描金漆帽、銅帽架、束腰條子等等，
其中各色綢緞布疋共約一萬二千六百八十餘疋，各色袍褂衣帽共
約六百餘件。

　　珍玩器物類有跳步札行頭面具法器、銀鈴杵、銅鈴杵、噶布
拉、大小海螺、大小鼓、禪杖、紅珊瑚珠、紅珊瑚朝珠、珊瑚念

珠、黃密珀珠、黃密珀朝珠、椰子念珠、雕桃核念珠、玉子念珠、燒料念珠、松石念珠、金星玻璃念珠、菩提子念珠、水晶念珠、橡木子念珠、六道木念珠、象骨念珠、拉缽木念珠、黃楊木念珠、硨磲念珠、香珠、青玉鼻煙壺、燒料鼻煙壺、雲南玉鼻煙壺、三鑲硝石如意、次玉如意、次玉碗、次玉蓋碗、次玉小香爐、次玉碟、次玉佛手、次玉煖手、次玉小茶鐘、次玉爵盃、瑪納斯蓋碗、青玉根芭蕉、瑪瑙小瓶、雲南玉大盤、瑪納斯大盤、水晶瓶、大小磁器、大小洋磁器皿、大小玻璃器皿、掛鏡、眼鏡、圍屏、顯微鏡、穿藥珠珊瑚松石間子頂圈、珊瑚油松頂圈、黃密珀頂圈、穿藥珠頭箍、珊瑚密珀松石穿成項圈、珊瑚頭箍、燒料頭箍、鑲松石耳飾、穿藥珠耳飾、穿藥珠罩髮網子、穿藥珠胸前流蘇、穿藥珠珊瑚腰間流蘇、穿藥珠辮盤、番民松石耳飾、檳榔盒、燒料帶頭、鑲松石帶頭、孔雀石、八音琴盒、大小千里鏡、小掛鐘、大小錶、象牙、蠻煙、鼻煙、蠻鳥槍、戰箭、腰刀、盔甲等等，品類繁多。

　　駐藏大臣琦善原奏中含有玉佛玉塔七尊、大小鍍金及銅佛二千四百八十尊，泥佛六千七百三十五尊，畫佛像六百二十軸，因不便估變，未列入查封清單內，琦善奏請賞給商上供奉⑰。

　　在查封清單內還詳列諾們罕阿旺札木巴勒楚勒齊木平日侵佔商上田產牲畜的處置方式，分為應歸還達賴喇嘛管理者，應還商上經理者，仍賞給藏民耕種者，給還業主者四款⑱。經軍機大臣會同理藩院議覆，以琦善原議均極周備，俱如所擬辦理完結⑲。

五、結　語

　　呼畢勒罕是借活佛轉世來轉移宗教權力的一種特殊方式，也是藏傳佛教的特點之一。為了解決宗教首領繼承問題，藏傳佛教

即以靈魂轉世的說法爲依據，以寺廟經濟關係爲基礎而創立了活
佛轉世的宗教制度，這種制度是用維護寺廟獨立經濟篤宗教特權
作爲鞏固西藏政教合一的一種統治手段⑳。活佛轉世相承的辦法，對
黃教寺廟集團的法統繼承問題及鞏固寺廟集團的政治、經濟實力
都具有重要意義，它可以使寺廟領導集團保持相對的穩定，避免
了內部因權力之爭而引發分裂。尤其重要的是活佛轉世制度的推
行，一方面使寺廟財產得以合法繼承，一方面又能名正言順地繼
承前輩宗教領袖的社會關係，使轉世者及其僧侶貴族集團得以承
襲和維護他們既得的特權地位㉑。乾隆五十七年（1792），乾隆
皇帝曾針對西藏諾們罕前輩的轉世頒降了寄信上諭，節錄其內容
如下：

> 阿旺楚爾提穆止係西藏尋常喇嘛，因其熟習經典喚至京，
> 朕加恩封爲禪師堪布，兩次派往前藏幫同達賴喇嘛辦事，
> 非如素有根基之呼圖克圖可比，何得有呼畢勒罕之事。此
> 皆該喇嘛徒眾藉稱伊師轉世，可以照舊掌管財物。著傳諭
> 和琳，如達賴喇嘛及其徒眾不向和琳提及此事，竟可置之
> 不論，惟廟宇無人管束，揀擇一人作爲堪布，令其掌管㉒。

寺廟喇嘛集團爲照舊掌管財物，每藉轉世而取得合法繼承權。和
琳到藏以後，曾遵奉諭旨，不准藏中找尋阿旺楚爾提穆呼畢勒罕。
但至嘉慶五年（1800），阿旺楚爾提穆徒眾竟由京中報明呼畢
勒罕出世，入瓶掣定，行文到藏，阿旺楚爾提穆就是諾們罕阿旺
札木巴勒楚勒齊木的前輩。諾們罕阿旺札木巴勒楚勒齊木自己也
說他是「於嘉慶五年由雍和宮金瓶掣簽轉世」。易言之，諾們罕
阿旺札木巴勒楚勒齊木就是阿旺楚爾提穆的呼畢勒罕。從乾隆五
十七年（1792）至嘉慶五年（1800），前後八年，竟准其轉世。
琦善具摺指出，前後錯謬，「或係當日諭旨未經通行，是以辦理

之時，誤准轉世。」

　　諾們罕阿旺札木巴勒楚勒齊木通過轉世制度而承襲宗教權力及寺廟財產，但他在集中權力和財富的過程中，卻是弊端叢生，流毒無窮，對西藏社會也產生負面的作用。駐藏大臣琦善具摺時已指出其流弊，節錄原奏一段內容如下：

> 該犯盤踞年久，黨羽眾多，且心地陰險，迥非清淨焚修者可比，久而不治，恐成邊患，是以奴才於上年春間接據班禪額爾德尼等指控之後，於一切利弊，無不興舉裁革，而於外番尤復加意撫綏，原期散其黨羽，收籠人心，消除日後之隱憂，並非專為目前之計，刻下苦虐僧俗之苛政，需索窮番之陋規，均已悉行裁汰㉔。

諾們罕阿旺札木巴勒楚勒齊木掌辦商上事務多年，又充達賴喇嘛正副師傅噶勒丹池巴，盤踞多年，黨羽眾多。在他所建的祝慶寺僧俗，就多達三百人。至於壽凝寺，則為其前輩諾們罕阿旺楚爾提穆所修建，管轄買巴寺的堪布根登楚稱又是他的素好同籍，諾們罕阿旺札木巴勒楚勒齊木的盤踞勢力，久已成為清朝政府的隱憂。從琦善進呈的《查封阿旺札木巴勒楚勒齊木貲產清單》中可以看出他侵佔田廬以集中財富的貪婪。據查封清單所開各款中，商上朗結崗地土十六頓及莊子，共計毛牛奶牛三百六十一條，綿羊、山羊四百七十六隻；札朗甲帕巴地土六頓及莊子；巴朗甲倉轄爾巴地土一頓及莊子，都是霸佔。雍正七年（1729），七輩達賴喇嘛制訂章程，註明凡遇當差及納糧地土，均不准擅行賣給他人管理。琦善等查明買拉薩爾巴噶仲巴崙札、扒湯比日娃等處，共計地土十四頓，及莊子四處，大小毛牛奶牛七百三十五條，綿羊、山羊五十三隻，都是商上賞給各番目當差之地，諾們罕阿旺札木巴勒楚勒齊木俱以抵算賬目準折作為己產。其中扒湯比日娃

一處，因借過祝慶寺紋銀三百五十三兩，被祝慶寺利上加利，無力清還，被諾們罕阿旺札木巴勒楚勒齊木佔去。結木娃雅仲巴擢地土、克朗巴仲因雄卡綠巴熱布墊轄爾巴等處地土，共五十六頓及莊子五處，都是達賴喇嘛賞給各番目當差之地，俱被祝慶寺出資買佔。至於各番目私相授受，送給祝慶寺的香火莊田，尚有多處，俱與七輩達賴喇嘛所立章程不符。諾們罕阿旺札木巴勒楚勒齊木創建祝慶寺時，先後拆佔商上番民房屋十三所。

　　諾們罕阿旺札木巴勒楚勒齊木除自行侵佔商上及番民房地外，尚有給與其弟及寺院親戚之產，例如扛噶爾轄谷直熱繳結江邊房屋四所，達布江熱地土四十五頓，熱木具巴地土半頓，都給與其弟河爾康汪結管理。諸登滾地土一處，是商上田產，經諾們罕阿旺札木巴勒楚勒齊木私給工布德青嶺寺作為香火莊田。班墊孜地土四十一崗半，也是商上所管之地，亦經諾們罕阿旺札木巴勒楚勒齊木私給其姪婿後藏薩迦寺院。諾們罕阿旺札木巴勒楚勒齊木任性妄為，婪索無厭，確實咎由自取，琦善遵奉諭旨辦理，按照控款，逐一查明，應無枉縱。諾們罕阿旺札木巴勒楚勒齊木既已大辱黃教，琦善即將其歷得薩瑪第巴克什諾們罕達爾罕等職銜、名號，全行褫革，追奪敕印，剝去黃衣，抄沒貲產㉔。後來又經理藩院等議定將阿旺札木巴勒楚勒齊木發遣黑龍江，給與披甲為奴。琦善入藏後亦曾擬定裁禁商上積弊章程，以掌辦商上印務威權已重，而一兼師傅，達賴喇嘛即須推讓，其噶勒丹池巴又係喇嘛中最尊職份，權要併於一人，易滋舞弊，而莫敢誰何。嗣後掌辦商上事務之人，不准保充正、副師傅及噶勒丹池巴，以昭限制。原議章程中亦議定噶勒丹池巴應於年久苦修、深通經典喇嘛中保充，不准以呼圖克圖諾們罕充補㉕。掌辦商上印務人員、諾們罕、噶勒丹池巴的權限，頗受裁抑。

　　《清史稿》記載琦善奏改章程二十八條後，又奏罷稽查商上出入及訓練番兵成例。故事，商上出入所有一切布施金銀，均按季奏報。自琦善奏定後，而中國御藏之財權失㉖。《清代駐藏大臣傳略》記載說，「十二月己未，又據商上布施出納向由駐藏大臣稽查核辦，但憑商上呈升，仍屬有名無實。嗣後商上及札什倫布一切出納，著仍聽該喇嘛自行經理。旨：毋庸經理。」原書附註按語：「此爲清中央政府放棄西藏地方財權之始，是琦善罪狀之一。」㉗這段敍述語焉不詳，有斷章取義之嫌。臺北故宮博物院典藏《宮中檔》道光朝奏摺中含有琦善奏片，原奏云：

　　　　再商上收受布施，自嘉慶十四年以來，每隔六個月，具奏一次。奴才等檢查並無根據，當令噶布倫向商上詳查。據稟係前駐藏大臣文弼等面諭開報，旋即入奏，嗣後率以爲常，並非舊制等語。奴才等查商上出納，全從夷俗，項非國幣，勢難代爲握算，既係從前文弼等隨意增添，嗣後擬即不令呈報，以歸簡易。又理藩院例載商上各公所一切公用收支，均責成駐藏大臣稽覈出納，札什倫布出入連布施，亦交駐藏大臣稽查。其達賴喇嘛、班禪額爾德尼平素自奉，以及例應需用各項，仍聽其自便等語。究竟何者爲其自奉，何者係屬例應需用，例內並未一一臚列，從何區分，且青稞、糌粑、奶渣、酥油、羊腔、果木、鹽觔各項，瑣細異常，而折色、本色採買變賣，回禮番平番錢，名目互異，前後藏各祇糧員一人，並無候補試用閒職，與內地各有專責層層握算者，迥不相同，全責成大臣持籌代爲經理，又係番語番文，目所未經，祇不過依樣葫蘆，有名無實。即如諾們罕索用商上各物，亦係出納，並未造報，可見歷次咨送理藩院冊籍，徒屬具文。在福康安當日奏請改例之意，

原欲仿照回疆，而回疆大臣，又何曾有代伯克管賬之事。況代司出納，如有贏餘，固屬甚善，設有不敷，又將如何辦理？奴才等愚昧之見，以爲如係國帑，絲毫爲重，必當實力稽覈，即關係外番及升調黜陟，並互控案件，亦應秉公詳愼，務期明允，若稍涉商上銀錢之事，大臣理應避嫌。國家大體所關，何可轉圖經手，致滋流弊（硃批：以前似有染指者）。我皇上至聖至明，無待奴才等之瑣屑瀆陳，可否仰懇天恩，嗣後商上及札什倫布一切出納，仍聽該喇嘛等自行經理，無庸駐藏大臣涉手，以崇政體之處，出自聖主鴻慈㉘。

原奏奉硃批：「該部議奏」。實錄記載「己未，諭軍機大臣等，前據琦善等奏，商上布施，請仍歸商上經理等語，當交該部議奏。茲據奏稱，商上布施出納，向由駐藏大臣稽查核辦，但憑商上呈開，仍屬有名無實。嗣後商上及札什倫布一切出納，著仍聽該喇嘛自行經理，駐藏大臣毋庸經管，將上諭令知之。」㉙琦善原奏經部議准奉旨毋庸經管，反映向來駐藏大臣對商上布施出納，只是虛應故事，有名無實，清朝中央政府始終未能控制西藏財政權，但是，若將清朝喪失御藏之財權，或清中央政府放棄西藏地方財權始自琦善云云，並不客觀，與歷史事實不合。

　　班禪額爾德尼等指控諾們罕阿旺札木巴勒楚勒齊木貪黷營私等案，駐藏大臣琦善等查辦是否公道，有無捏飾？都是不可忽略的問題。諾們罕阿旺札木巴勒楚勒齊木曾進三件書面請求及呈文一紙。第一件：「此案恐傳述不得明白，小僧噶勒丹錫哷圖薩瑪等巴克什阿旺占木巴勒醋勒提木札木素叩求皇上天恩，准小僧來京面訴。」第二件：「因琦大人所奏，多有捏飾，如若不准小僧來京，只求皇上發欽差到藏訊辦。」第三件：「小僧蒙皇上恩典，

斷不敢說謊，如不憑信，有四箇噶布倫，四箇大中譯，並以下的有僧俗人等眾百姓三大寺喇嘛可以質問他們就知道了。」㉚諾們罕阿旺札木巴勒楚勒齊木原呈說得較詳盡，節錄一段內容如下：

> 小僧辦理商上事務多年，尚為妥協，現在達賴喇嘛尚幼，所有達賴喇嘛及歲以前，仍著小僧妥為辦理等因，降敕嘉獎。小僧益發感激，正在盡心遵辦間，不料道光二十四年四月初三日琦大人抵藏，事就差了。琦大人到任，大眾照向例去接，小僧也接去了，並沒違誤，並照向例備禮往送，也不曉得是禮送少了，大人見怪。請示公事，也不吩咐，向來小僧上大人衙門都是見的，今小僧上衙門，不但不見，連門都閉上，不准進去，二次再三哀求，方准進見。向來大人們見小僧係給坐的，今琦大人見了小僧，並不給坐，也沒有墊子，實在難乎為情。向來辦商上公事，小僧總隨帶噶佈倫一人，今琦大人到任，不准噶佈倫們到小僧處，並吩咐他們小僧有話，也不必聽，也不必理會小僧，以致該噶佈倫等五六個月有公事也沒敢來。琦大人又吩咐噶佈倫說我不比別的大人，我是中堂，皇上家祇有二個中堂：一個是我；一個在京裡。噶佈倫等聽見此話，俱各害怕，內中有一必秩噶佈倫，琦大人吩咐說：你同諾們罕相好的很呀，看你們像個什麼樣子。向來小僧所管戴琫、噶佈倫、代巴、口外卡房上官員、仔琫、舍琫、札念、什念等官，換頂戴拔補各事，小僧均照從前奏定舊例及第穆、吉龍各呼圖克圖辦過成案，遇有缺出，由四噶佈倫公議舉保，小僧辦文書送大人驗看點放。其達賴喇嘛伺候的人，如素琫、成琫、車念、卓念，向由小僧酌放，琦大人常來文書，總說放的不是。小僧竭力盡心辦公，到這時候，實在害怕。

向來大人們待達賴喇嘛都是恭敬的，今琦大人到達賴喇嘛
那裡去，因達賴喇嘛年幼，由床上抱在地下引著過來過去，
只當小孩兒般頑耍。向例大人們上摺子，都是九叩首，放
九砲，藏中小人等都知道這規矩，今琦大人奏摺時也不叩
首，也不放砲，與例不合。屢次屢次欺壓小僧，小僧思想，
若不是有人調唆，琦大人到藏，不至如此，想來只有章嘉
呼圖克圖說小僧不好。章嘉呼圖克圖於道光二十二年欽差
到藏，他在藏裡相好的人，現在琦大人也與他們相好。向
來奉旨黃教是正教，餘外本卜經是黑教，呢嗎經是紅教，
均係邪教，概不准念。章嘉呼圖克圖到藏，有多只札寺院
向念呢嗎經，章嘉呼圖克圖親往求經，壞了黃教的規矩。
實在黃教正經，修行的人，他多不愛。二十三年四月，達
賴喇嘛坐床後，章嘉呼圖克圖即應回京，他在藏多住五、
六個月，致藏裡多費供給。他在京帶了金子去，多換價值。
回京的時候，一路蹧蹋百姓，倒說行至巴多莊，他徒弟行
李一馱掉在河裡，沒法取起，硬叫百姓賠了一百來兩銀子。
第穆呼圖克圖在藏，向來按著黃教規矩辦事，極為安靜，
自章嘉呼圖克圖來後，就不安靜了。不曉得章嘉呼圖克圖
臨走時如何把第穆呼圖克圖教壞，師父的話也不肯聽，老
徒弟的話也不肯聽。跑馬射箭打鎗，穿有袖子的衣服，還
有女人，滿漢的人多知道琦大人到藏，與第穆呼圖克圖相
好，他的不好處，琦大人都知道，全不辦，反與小僧過不
去，祇將小僧收拾。向來達賴喇嘛、班禪額爾德尼遠出，
多要奏明，今琦大人並不奏請，也不與鍾大人商量，竟自
打發通事至後藏將班禪額爾德尼於八月初五日請到前藏，
在駐藏大人衙門內住下，與向例不合。欽差鍾幫辦，並沒

> 到那裡去，琦大人把藏裡辦事噶佈倫策丹多爾濟調到衙門
> 裡，琦大人寫一條子差策丹多爾濟到小僧處，將小僧所掌
> 之印追回，交與班禪額爾德尼㉛。

雖然朝廷並未採信諾們罕阿旺札木巴勒楚勒齊木的辯白，但他的
呈文內容，對藏學研究卻提供了一定的參考價值。向例駐藏大臣
抵藏到任，藏中大眾，都要去迎接，還要備禮往送。駐藏大臣上
摺子時，都要九叩首，並放九砲。諾們罕到駐藏辦事大臣衙門求
見時，照例都要接見賜坐，還要有墊子。商上戴琫、噶布倫、仔
琫、舍琫、札念、什念等員遇有缺出，即由四噶布倫公議保舉，
經駐藏大臣驗看點放。伺候達賴喇嘛的素琫、成琫、車念、卓念，
則由掌辦商上事務的諾們罕酌放。清朝中央政府為振興黃教，樹
立正統，以黃教為正教，而以念誦《本卜經》的黑教及念誦《呢
嗎經》的紅教為邪教。道光二十二年（1842），章嘉呼圖克圖
奉命以欽差名義赴藏，於道光二十三年（1843）四月，參加達
賴喇嘛坐床大典。《清史稿·藩部八》謂「二十二年四月，由前
藏迤東日申寺迎至布達拉坐床」的記載㉜，是有待商榷旳。前藏
多只札寺是紅教寺院，向來念誦《呢嗎經》，但章嘉呼圖克圖也
親往求經。向來達賴喇嘛和班禪額爾德尼遠出時，駐藏大臣都要
專摺具奏。道光二十四年（1844）八月初五日，駐藏大臣琦善
將班禪額爾德尼由後藏請到前藏時，在駐藏大臣衙門住下，與向
例不合。由於章嘉呼圖克圖與諾們罕阿旺札木巴勒楚勒齊木之間，
彼此不睦，或因此引發班禪額爾德尼等指控諾們罕阿旺札木巴勒
楚勒齊木貪黷營私一案，諾們罕阿旺札木巴勒楚勒齊木的呈文，
仍有進一步研究的價值。

【註　釋】

① 《清史稿校註》，第十五冊（臺北，國史館，民國七十九年五月）

頁12034。

② 《軍機處檔·月摺包》(臺北，國立故宮博物院)，第2752箱，110
　包，72761號，道光二十四年十一月二十九日，諾們罕阿旺札木巴
　勒楚勒齊木供詞。

③ 《軍機處檔·月摺包》(臺北，國立故宮博物院)，第2752箱，110
　包，72761號，諾們罕阿旺札木巴勒楚勒齊木供詞。

④ 《軍機處檔·月摺包》(臺北，國立故宮博物院)，第2752箱，110
　包，72761號，諾們罕阿旺札木巴勒楚勒齊木供詞。

⑤ 《軍機處檔·月摺包》(臺北，國立故宮博物院)，第2752箱，110
　包，72753號，道光二十五年二月初五日，琦善奏摺錄副。

⑥ 《宮中檔》(臺北，國立故宮博物院)，第2731箱，41包，7336號，
　道光二十五年四月初二日，琦善奏摺。

⑦ 《軍機處檔·月摺包》(臺北，國立故宮博物院)，第2752箱，110
　包，72761號，道光二十四年十一月二十九日，諾們罕阿旺札木巴
　勒楚勒齊木供詞。

⑧ 《宮中檔》(臺北，國立故宮博物院)，第2731箱，44包，7970號，
　道光二十五年七月二十六日，琦善奏片。

⑨ 《軍機處檔·月摺包》(臺北，國立故宮博物院)，第2752箱，112
　包，73273號，道光二十五年二月十五日，琦善奏片錄副。

⑩ 吳豐增輯《清代藏事輯要》(拉薩，西藏人民出版社，1983年10月)，
　頁437。

⑪ 《宮中檔》，第2731箱，44包，7969號，道光二十五年七月二十六
　日，琦善奏片。

⑫ 《清代藏事輯要》，頁413。

⑬ 《宮中檔》，第2731箱，44包，7968號，道光二十五年七月二十六
　日，琦善奏片。

⑭ 《軍機處檔‧月摺包》(臺北,國立故宮博物院),第2752箱,112包,73275號,道光二十五年二月初七日,琦善奏摺錄副。

⑮ 《軍機處檔‧月摺包》(臺北,國立故宮博物院),第2752箱,114包,73608號,道光二十五年四月十二日,軍機大臣穆彰阿等奏摺。

⑯ 《宮中檔》,第2731箱,44包,7969號,道光二十五年七月二十六日,琦善奏片。

⑰ 《軍機處檔‧月摺包》(臺北,國立故宮博物院),第2752箱,112包,73272號,道光二十五年二月初七日,琦善奏摺錄副。

⑱ 《軍機處檔‧月摺包》(臺北,國立故宮博物院),第2752箱,112包,73276號,查封阿旺札木巴勒楚勒齊木貲產清單。

⑲ 《軍機處檔‧月摺包》(臺北,國立故宮博物院),第2752箱,114包,73609號,道光二十五年四月十二日,軍機大臣穆彰阿等奏摺。

⑳ 孫雨志等撰〈談談西藏宗教習俗〉,《世界宗教研究》,1990年,第三期(北京,中國社會科學出版社,1990年9月),頁106。

㉑ 勁夫撰〈西藏佛教發展的幾個階段及特徵〉,《西北民族研究》,1991年,第一期(蘭州,西北民族學院,1991年6月),頁143。

㉒ 《宮中檔》,第2731箱,44包,7967號,道光二十五年七月二十六日,琦善奏片。

㉓ 《宮中檔》,第2731箱,41包,7336號,道光二十五年四月初二日,琦善奏摺。

㉔ 《清代藏事輯要》,頁414。

㉕ 《元以來西藏地方與中央政府關係檔案史料匯編》,(3),頁930。道光二十四年九月二十六日,琦善等酌擬裁禁商上積弊章程。

㉖ 《清史稿校註》,第十五冊,頁12037。

㉗ 吳豐培等編撰《清代駐藏大臣傳略》(河南,西藏人民出版社,1988年1月),頁162。

㉘ 《宮中檔》，第2731箱，44包，7970號，道光二十五年七月二十六日，琦善奏片。

㉙ 《清宣宗成皇帝實錄》，卷四一二，頁30。道光二十四年十二月已未，寄信上諭。

㉚ 《軍機處檔·月摺包》，第2752箱，113包，73362號，諾們罕阿旺占木巴勒醋勒提木札木素呈文附件。

㉛ 《軍機處檔·月摺包》，第2752箱，113包，73363號，諾們罕阿旺占木巴勒醋勒提木札木素原呈。

㉜ 《清史稿校註》，第十五冊，頁12036。《清代藏事輯要》，頁408，引三月丙寅諭旨，亦謂達賴喇嘛坐床在道光二十二年四月十六日。

原呈

當今普領天下教乘眾生之主曼殊世禮

大皇帝金蓮寶座前小僧噶勒丹錫呼圖薩瑪第巴克

什阿旺扎木巴勒醋勒提木扎木素謹將小僧平

日並無罪犯誐

欽命辦事大臣琦大人到藏無故捏奏將小僧所掌印

信追等情急逼望

金閃三跪九叩敬謹奏

關事竊照現在西藏一帶地方仰託

大皇帝洪慈年成甚好僧俗人等俱各平安達賴喇

嘛年紀雖幼重頻

聖主恩典身子甚好普教眾生並同外番交接地界

亦各安靜至小僧於嘉慶五年由

雍和宮金餅掣簽轉世六年赴藏學經自藍占巴起升

至堪布適因掌辦商上事務印信之第穆呼圖

克圖圓寂仰蒙

聖主天恩將印信交小僧掌管此後小僧惟於閱藏公

事不分日夜敬謹虔誠東分辦理曾經兩次

隨同

欽若大臣斜達賴喇嘛轉世掣餅坐牀並率領所

厝人等小心伺候達賴喇嘛小僧自分生同蟻蟻

近又歷蒙

聖主重恩疊次加賞名號萬年感激不盡除同

二位大人辦理公事之外得暇但虔誦經咒

恭祝

聖主重恩……

大皇帝萬壽是以近數年來藏中田禾暢茂物價平

諾們罕呈文（局部）

暹羅國王鄭昭入貢清廷考

壹、前　言

　　就歷史關係而言，暹羅在中國的藩屬體系內，實與朝鮮安南同等的密切；就民族淵源而言，中泰兩族係同出一源，可說是中華民族的國外宗支。暹羅本爲羅斛與暹二國，前者是吉蔑（Khmer）羅族（Lao）所建之國，宋政和二年（1112），始通中國；後者則爲泰族速古台（Sukhodaya）所建之國，時爲宋寶祐五年（1257）。終元之世，遣使招諭暹國者三次，暹國入朝者九次，羅斛來貢者五次①。元至正十年（1350），烏通王（Phra Chao Uthong）建國於土成即阿瑜陀耶（Ayudhya），是爲拉瑪鐵菩提一世。明洪武十年（1377），大城羅斛國王參烈寶毗牙併速古台暹國，是年九月，遣王子昭祿群膺奉金葉表文、貢象、蘇木等物，入貢明廷，明太祖特賜「暹羅國王之印」，是爲其國正式改稱暹羅之始。有明一代，中暹信使往來頻繁，暹羅來朝先後達九十七次之多。明代始終遵守太祖遺訓，於四方鄰邦，不倚中國富強貪求疆界，無故興師，是以中外之間彼此相安無事。清朝入關後，暹羅仍朝貢不絕，世祖順治九年（1652）十二月，暹羅國王丕昭波羅婆陀銅（Phra Chao Prasad Thong）遣使入貢，并請換給印敕勘合，清廷賜以駝紐鍍金銀印，文曰「暹羅國王」。世宗雍正七年（1729），御書「天南樂國」匾額賜之，乾隆十四年（1749），御書「炎服屏藩」匾額賜之。乾隆三十二年（1767），緬甸大舉入侵暹羅，大城王朝覆滅，中暹邦交

竟告中斷。鄭昭復國後，屢遣使臣來華求貢請封，未蒙恩准，經十餘年的努力，於乾隆四十六年（1781）清廷始准其朝貢，重建中暹邦交。本文撰寫之目的，即在就國立故宮博物院典藏清代宮中檔原摺與軍機處檔奏摺錄副等原始史料以探討鄭昭求貢請封經過及其意義。

二、緬軍入暹與大城王朝的覆亡

自十六世紀以來，暹羅大城王朝曾兩度為緬人所征服，第一次亡於明世宗嘉靖四十三年（1564），是年二月，緬王莽應龍發兵九十萬攻陷暹羅國都大城，暹王察克拉請降，接受城下之盟。暹羅第二次亡於緬甸，雖在乾隆三十二年（1767）②，惟早在乾隆二十三年（1758），建立阿隆丕耶王朝的緬甸名王甕藉牙（Aungzeya）親征曼尼坡（Manipur）時，白古王國覆滅後，得楞人紛紛避居暹羅，納格列斯（Negrais）等地降而復叛，疑其與得楞人的活動有關，甕藉牙遂乘暹羅內亂，藉口率兵征討暹羅。

乾隆二十三年五月，暹羅大城王朝第三十一代王波隆摩葛（P'rachao Boromakot）駕崩後，因王位之爭，遂導致內亂。據暹羅人陳磨及內地商民溫紹等供稱，「暹羅國被烏肚番即花肚番殘破，起釁緣由，因老王詔化勞望密立有二王妃：一妃松立攀八洒依哀，生一子，名詔貢；一妃松立攀八備戀攀八洒乃，亦生二子，長名詔化奕結漆，次名詔化吥喌，與各侍妾所生之子詔王吉、詔明掘、詔拍翁啤、詔拍翁班等兄弟不睦。因詔貢亂倫，老王命詔王吉、詔拍翁啤等兄弟滅之。詔貢生二子：長子詔亞勅，次名詔世昌。迨老王故後，眾臣見第二子詔化奕結漆瘋疾庸懦，第三子詔化吥喌明白恭儉，遂尊為王，詔化奕結漆不忿，陰懷篡奪。詔化吥喌即讓位與兄詔化奕結漆，削髮為僧，人稱為和尚王，其詔

化奕結漆，人稱爲痲瘋王，殘暴不仁，民不悅服。其庶弟詔明掘等乘間致書烏肚番來暹羅共謀，因事泄被痲瘋王、和尙王、詔王吉等殺之。」③供詞內暹羅老王詔化勞望密即波隆摩葛，其二妃松立攀八洒依哀即昭華凜（Chao Fa Nim），松立攀八備戀攀八洒乃即昭華桑汪（Chao Fa Sanwarn），嫡長子詔貢即公摩坤社那丕撻（Krom k'un Sena P'itak），乾隆五年（1740），受命爲摩訶烏巴臘，烏巴臘原意即副君。陳磨等所稱詔貢亂倫，即指詔貢烝淫二妃事④。王子詔化奕結漆即厄加陀（Krom K'un Auruak Montri），詔化吥唔即烏通奔（Krom K'un P'orpitnit），詔化吥唔在位僅三閱月，旋即讓位於其兄詔化奕結漆，而退隱巴拉都寺（Watpradu）。痲瘋王即位後，寵信妻舅丕雅乃，遂引起詔王吉與丕雅乃之間的傾軋。據陳磨供稱「暹羅王庶兄詔王吉現年五十餘歲，係暹羅老王收白頭番婦所生，先因痲瘋王妻舅丕仔乃名斌用事，詔王吉心懷不忿，欲誅丕仔乃，被其知覺，誣告詔王吉謀叛，痲瘋王於乾隆二十三年十一月內，將詔王吉逐流籠佳國，此國在暹羅國西。」⑤供詞內丕仔乃即丕雅乃，詔王吉被放逐後，丕雅乃竟勾結緬甸，遂導致乾隆二十五年歲次庚辰（1760）緬軍二次犯界。陳磨等亦稱「至乾隆二十五年，有痲瘋王妻舅丕雅乃又欲勾通烏肚來暹羅作亂，被和尙王知覺處死，及烏肚到桃歪、丹荖二處地方，聞內應被殺，而烏肚王芒龍亦在中途病亡，隨收兵而還。」芒龍即甕藉牙，乾隆二十五年四月，甕藉牙忽患瘰癧症（Taung-na），急從孟南流域（Menam Valley）一路撤退，同年五月，卒於途中直塘即打端（Thaton）地方，享年四十六歲⑥。

緬王甕藉牙卒後，由長子嫩道極（Naungdaw-gyi）繼承王位，嫩道極即莽紀覺，又稱孟洛或憒惱。據緬人傳說憒惱出生時，

胞內有蛆蟲，緬人呼蛆爲惱，因以命名。嫩道極旋將首都自木梳城遷至石階即薩根（Sagaing），緬人遂稱嫩道極爲石階明（Sagaing Min）。乾隆二十六年（1761）四月，前爲暹羅國王痲瘋王放逐的詔王吉，至是始由桃歪回至丹荖。乾隆二十八年（1763），嫩道極卒，由其弟懵駁（Myedu）繼位，自稱爲辛比烏辛（Hsinbyushin），意即白象王。據緬人傳說懵駁出生時，胞內有螞蟻，緬人呼螞蟻爲駁，故名懵駁。懵駁在兄弟三人中係最精明能幹者，尤長於軍事。甕藉牙在世時，懵駁即隨父東征西討。屢立戰功。懵駁繼位後即將首都遷回木梳，旋遷往阿瓦城。乾隆二十九年（1764），遣其弟往攻暹羅。暹民陳磨等供稱「迨烏肚之子芒三，因攻打洪沙諸國之便，於乾隆二十九年著伊弟芒亞里督駕船隻帶兵三千餘名，私通暹羅夷目相時疏吥爲內應，隨從桃歪、丹荖一帶至暹羅，將城圍困。」寄寓祿坤華人謝開春、楊亞伍等亦稱「烏肚番賊兵自甲申來攻桃歪國，至冬，桃歪國破，因隣近暹羅之丹荖，賊未入境，而丹荖先已驚走，賊遂屯兵於丹荖，其附近丹荖之勃丕等處亦各聞風奔走，賊直至望閣，無人阻擋。」⑦

　　乾隆三十年（1765）正月，詔王吉由丹荖走羅勇地方。七月十三日，望閣破，暹羅主將丕雅拔里敗走，副將朗朱禮陣亡。次年正月，詔王吉走萬勃八柳望控等處，旋緬軍至，詔王吉走高烈府倚頭目施恩離網處安身。是年秋，緬軍進逼暹羅大城，沿途砲壘相繼陷敵，暹軍著著失利。遊擊許金跟兵梁國寶等於稟文內略謂歲次丙戌即乾隆三十一年（1766）秋，緬軍抵近暹城，連下四十七營，團團圍住，惟三寶魯唐人結一寨抵禦，其餘番官各守其家，不敢出頭。是時城內米珠薪桂，餓殍不計其數，又兼瘟疫，民人死沒，每日百數口，被圍至丁亥年即乾隆三十二年（

1767）正月十九日，唐人小寨已破，死者千餘。是年二月，緬軍進攻三寶魯唐人大寨，激戰七日七夜，緬軍被唐人傷死約有三千餘名，後因寨內無糧，餓不能操戈，至二月二十七日寨破。三月初一日，暹羅痲瘋王議降，願臣屬緬甸，緬軍主將提哈帕特（Thihapate）不許，堅持暹羅必須無條件投降。至三月初九日，西曆四月初七日夜間，大城破，痲瘋王逃至婆三迤地方被殺，其弟和尚王、大庫官萬丕雅拔里即大庫叭坤萬拔里及丕雅波羅白特悶司即拍時疏吥等皆被俘去，其餘官民婦女王室宗親被俘者計達數萬人，金銀財物被搶掠一空，所遺米穀房屋俱被焚燬。三月二十五日，緬軍撤回，留部將素基（Sugyi）鎮守大城，大城王朝傳祚四百一十七年，凡三十三王，至是覆亡。

三、鄭昭光復暹羅與統巫里王朝的建立

　　統巫里王朝為鄭昭光復暹羅後所建，暹羅國史稱鄭昭為頌戴佛勃隆喇傑第四（Somdet Phra Borom Bacha Thi Si）。昭為暹語Chao的譯音，意即王，鄭昭即鄭王。據暹文貝葉本「國史」所載鄭昭原名為新[8]，暹民拍引勝、內地商人陳英等亦稱「丕雅噠原係廣東潮洲府澄海縣民人鄭咏在暹羅娶番婦所生之子，本名鄭新。」[9]暹語新，意即財，故其漢文姓名似稱鄭財[10]。鄭昭係鄭新入貢清廷文書中所用的名字，其父鄭咏又作鄭鏞。四十二梅居士著「鄭昭傳」云「鄭昭，潮州澄海華富里人。父達，曠蕩不羈，鄉人號之曰歹子達。歹子猶言浪子也，以貧不自聊，且見惡於鄉，乃附航南渡。時暹都大城僑民商業基焉，遂詣大城，藉賭為生，漸致富，更名鏞，為攤主。暹舊政右賭，重徵以維國用，俱華人擅其業，標領者多豪富，出入宮廷，鏞緣是錫爵坤拍，娶暹婦洛央，生子即昭也。」[11]洛央又作諾央（Nok Yang），鄭

昭生於清世宗雍正十二年（1734），傳說鄭昭出生後，曾被指為不祥之兆。英人朗葦吉懷根（Luang Wijit Watkan）著《暹羅王鄭昭傳》引偉人傳記云「方其初生，臥搖籃中，有蛇入，蟠居其旁，其父以為不祥，擬棄之。」⑫暹廷財政大臣昭丕雅遮迦利（Chao Phraya Cakri）以其貌不凡，乃收為義子。九歲，入拘娑伐多寺（Wat Kosawat）從高僧銅棣（Thong Di）攻讀，年十三，獲選入宮，補侍衛職，年二十一，復削度入寺，三年後還俗，封達城（Tak）太守，旋因功晉封丕雅瓦七拉干（Phya Wachirakan），極為暹民所愛戴，稱其為丕雅達（Phya Tak）、丕雅新（Phya Sin）、丕雅達新（Phya Tak Sin），或昭達新（Chao Tak Sin）。清朝官方文件，初稱其為甘恩勒，或丕雅新，其後始稱鄭昭。

乾隆三十二年（1767）二月，緬軍圍攻暹羅大城已經三年，惟暹王昏昧怯懦。據傳是月，鄭昭被調京都，與披耶碧巫里共負守京之責，鄭昭守瓦威猜（Wat Wichai），宦官則禁止開砲還擊敵人，恐驚及國王及宮中婦孺，故每次開砲必須奏請國王批准。某次，敵人攻城甚急，鄭昭不及奏請批准，即令開砲。因之，觸怒國王，幾遭斬首⑬。據暹羅「阿瑜陀居民供詞」稱當緬軍進逼大城時，暹軍敗退，爭先入城，恐緬軍乘機衝入，各城門乃同時關閉，鄭昭既陷入走投無路之境，乃於黃昏天雨之時由勝寺（Wat Bijaya）突圍而出⑭。鄭昭率五百人突圍出京後，於是年五月間攻佔沾澤汶即尖竹汶（Chantaburi），其攻取沾澤汶的經過，據英人吳迪（W.A.R.Wood）所著《暹羅史》稱「初尖竹汶太守與鄭昭言好，惟比聞大城陷落之訊，尖竹汶太守遂思自立為帝，蓋以為當勝似華裔將軍也，於是邀鄭昭至尖竹汶，陰謀乘勢猛襲之，事洩，鄭昭乃將兵乘夜擊尖竹汶，下之。」⑮

　　自大城爲緬軍攻陷後，政治核心瓦解，暹羅境內「群兒角立」，各據一方，互爭雄長。據河仙鎮目莫士麟稟稱「丕仔新霸踞望閣城，在暹羅下流，有王家族派八名在焉，自僭僞號，又番頭目霸踞祿坤府，又丹荖府及干務哩府、扶世祿府，惟有詔王吉係暹王庶兄，頗有仁孝，又得民心，退居高烈府，聚集殘軍，攻破扶世祿府，要圖恢復。」⑯詔世昌逃居柬埔寨，另有暹王之孫詔萃逃居河仙鎮，暹羅男婦難民，就食河仙鎮者多達三萬餘口，詔萃於呈稟內稱「暹國不幸，被花肚所破，暹裔死亡流散，并爲花肚所虜，萃之叔父昭王吉出居高烈府，萃逃歸河仙鎮，萃之弟世昌逃歸柬埔寨，賴河仙鎮莫公厚意供給，優禮相待，一則爲暹羅本係天朝屬國，二則爲萃之祖宗比隣情誼之故也，今暹羅逆臣丕雅新乘亂僭簒，污辱暹裔子女，視同奴隸，內有稍異者即謀害之，又起賊黨攻高烈府。萃之叔父昭王吉敗走老撾邊界，賊新詐稱欲迎昭王吉復國，老撾信之，送還，及至望閣，竟被賊新所害，移書河仙鎮及柬埔寨國討取萃及萃之弟世昌，幸河仙鎮莫公并柬埔寨國王不許，皆願匡助萃兄弟以除逆賊，復還舊國。」⑰是時詔世昌年二十三歲，詔萃年三十九歲，詔萃等衣食均倚他人，力不足以圖恢復。且詔萃所稱鄭昭「乘亂僭簒」，乃一面之辭，不足取信。據鄭昭來文稱「昔暹羅王屢沐天朝寵賜爲天南樂國，依例朝貢，百有餘載。迨至戊寅年先王沒，遺立世子詔華即位，禍緣王之孽族詔翁吉圖簒不就，謀通花肚圍暹。自庚辰圍至丁亥春三月初九日全城俱陷，國王被害，王裔見掠，城廓宮室焚毀荒坵，而詔翁吉、詔萃、詔世昌叔姪懼民怨深，不敢回國，其國無主，縱剩有逃出之饑民，不得聊生。昭本駑駘，實寡才德，奈萬民僚衆謂昭素秉愚忠，苦逼爲首，本欲退身，勢不能辭。但初守於傾頹之地，身任於駭璃之秋，雖念故主，思欲復讐雪怨，奈力不能支，

茲幸天地憐佑，該屬之府盡皆歸順，百姓稍安生業，復讐之志，頗堪一舉。」⑱鄭昭來文所述暹羅因內亂導致外患各情節與暹民陳磨等供詞相符，易言之，暹羅王族逃居國外，乃因「懼民怨深，不敢回國。」鄭昭統攝政事，則係臣民推戴。初，鄭昭攻取沾澤汶後，該處頭目黃潛即歸服鄭昭，并將其女妻之。鄭昭旋又克復達叨府（Trat），暹羅各地官吏兵民聯袂歸順，集衆五千，乘船百艘，溯湄南河而上，於乾隆三十二年八月收復望閣（即曼谷），執殺傀儡王昭通因（Nai T'ong In），乘勝進攻三菩提樹緬營，大破緬軍，殺緬將素基。是時鄭昭部下有大庫藍來，頭目陳璉、陳五、黃潛、蘇四等，其兵約有萬數。鄭昭重光暹土後，撫緝流亡，禮葬暹王，優遇王族。乾隆三十三年（1768）正月初四日，暹羅臣民，咸感鄭昭復國有功，推戴鄭昭爲王。暹羅昭丕拍扔哐嘔吵大庫各官來稟亦稱「今暹羅被烏肚番攻破城池，國王被難，乏米資生，山賊搶劫財帛，昭丕雅甘恩勒憐恤官民，提兵前來攻打烏肚番得勝，地方太平，差人遍尋國王子孫，俱無下落，昭丕雅甘恩勒住箚望閣，不避艱苦，往山林搜尋象牙犀角蘇木等物換來衆人口糧，衆人皆賴其生，四方賊寇平靜，望閣官民人等公議現無國王子孫及能爲國王之人，止有昭丕雅甘恩勒福德，衆人歸服，推尊爲王。」⑲鄭昭鑒於大城既燬，重建需時，乃以湄南河西岸統巫里（Tonburi）爲新都，是爲暹羅統巫里王朝之始，時鄭昭年僅三十四歲。相傳鄭昭見大城盡燬於緬軍焚掠浩劫，鄭昭欲加興築，重復舊觀，忽一夕，夢前王來逐之，勿使留，鄭昭以爲不祥，乃棄大城南下，奠都於統巫里⑳。惟鄭昭營建新都，實因大城難復舊觀，統巫里地位適中，便於控制東部沿海諸地，且係良好商港，尤利於海軍駐防，遂以統巫里爲新都㉑。

四、鄭昭首次求貢及其失敗的原因

　　乾隆三十年（1765）以後，中緬關係日益緊張。三十二年（1767），雲貴總督楊應琚奏請調撥官兵五萬名，分五路進討緬甸，并約會暹羅夾攻。清高宗以其所奏為「荒唐可笑」，因「用兵而藉力外番，不但於事無濟，且徒為屬國所輕，乃斷不可行之事。明季資其援助，實為恇怯無能，豈可引以為據，況我朝兵威遠播，所向懾服，安藉此海外窮荒為王師犄角。」㉒是時，清廷尚不知暹羅已亡於緬甸，清軍定於是年秋冬進剿緬甸。清代對外用兵雖不藉力外番，惟因暹羅與緬境相通，恐緬王計窮力蹙，挺險奔逃，竄入暹羅，故仍需檄諭暹羅堵截。因廣東澳門向為中外貿易之所，往來外船甚多。乾隆三十二年六月十七日，清高宗令軍機大臣寄信兩廣總督李侍堯行文飭諭暹羅，於王師大舉搗穴傾巢以後，恐緬王遠颺，務宜悉心偵探，盡力追擒。次日，軍機處將寄信諭旨由三百里加封寄發兩廣總督。九月中旬，有安南商船自廣州前往該國港口貿易，因左翼鎮標中營遊擊許全熟諳水務，李侍堯遵諭備繕照會暹羅國王檄諭，發交許全附搭商船齎往安南港口，交河仙鎮土官莫士麟查探，或至沽澤汶交付暹羅土官普蘭齎投。廣東左翼鎮標中營遊擊衙門字識麥森，兵丁梁國寶、呂國寶、林朝亮等奉撥伺候遊擊許全。九月初九日，許全帶同通事王國正，貢船戶楊進宗，附搭莫廣億的商船起程，由虎門出口，十月初十日，到安南港口洋面，因風不順，暫行寄椗，十二日，陡起狂風浪湧，將副椗擊斷，十三日，風愈猛烈，被迫開洋，至十一月初三日，收泊祿坤。許全在途中因染患傷寒未癒，續又轉成痢症，麥森等報知祿坤土官，於十一月初五日晚登岸，在武帝廟居住。祿坤土官差有醫官乃述、乃盞二名診病，麥森等亦自請唐

醫謝開春、劉清文看脈服藥。但許全醫治罔效，於十一月十九日
身故，通事王國正亦於乾隆三十三年（1768）正月初一日起患
病，延至二十二日身故。是時緬甸呈遞征緬將軍明瑞文內有「管
理暹羅」之語，七月初二日，清高宗復令軍機大臣寄信李侍堯，
令其留心查看暹羅國情，「若該國王尚有志於恢復，心存釋怨，
而力不能支，欲求助天朝發兵策應，是即可乘之機，未嘗不可酌
調水師，前往伙助，以期一舉兩得。」

　　泰曆一一三〇年，佛曆二三一一年，即乾隆三十三年八月初
一日，鄭昭差遣使臣陳美齋表請封，其文云「昭丕雅甘恩勒恭進
禮部大堂大人三跪九叩聖上，前暹羅國王受天朝福廕，國泰民安，
猶如覆載，比連等國，不敢欺凌，乃烏肚番不遵，圍城三年，以
致國破，若有奏請聖上，豈不發兵救助，焉肯使暹國被烏肚番所
破。今國王兄弟二人以及各官，無人計及，止差甘恩勒前往沾澤
汶調兵，迨至回暹，王城已破，金銀被掠，人民被難，亦有逃遁
山林，衣食俱無，如若聖上聞知得無憐恤。但思向來入貢，疊受
皇恩，而暹國寧靜，連近別國，俱各欽服。今無福承受，山賊併
起，烏肚番撥伊本國并汶仔國之人鎮守，亦有各王臣與伊等相通，
通國之人，無可依歸。甘恩勒帶人前去烏肚、汶子鎮守之處攻打
逃遁，迨後烏肚婆麻人等復來，與其大戰，亦藉天朝廕庇，各皆
盡力對敵，烏肚人等大敗，乃尋國王子孫未得，且有扶世祿、祿
坤、高烈，各據一方，未曾歸服，叩乞天朝皇帝庇廕暹羅，俾得
恢復如前，比連各國必能欽服，并山賊相通之人，亦不敢復作。
現無錢糧，欲向山林搜尋象牙犀角蘇木等物，以爲錢糧，供給鎮
守人等，因恐不足，未曾討伐扶世祿、祿坤、高烈三處，暹國現
在如此情形。有福爲王者，必須天朝勅封，不然不能奉祀，若有
天朝勅封，鎮守之人同心協力攻打扶世祿、祿坤、高烈三處清平，

備船入貢，永為天朝臣僕，倘烏肚番興兵復來，自然與其對敵，如聖上有旨令我出軍，我叩謝聖恩隨即前往，將此下情陳明，是否有合。但從前規矩禮例，已被烏肚番焚燒，從前暹王入貢事儀品物，啓奏規矩，天朝定有冊案，聖上如何恩旨叩乞禮部大堂，俯念前例，備文來暹與知。一千一百三十年八月一日。」㉓同時暹羅各大庫頭目亦具稟懇請轉奏恩准「搭城起屋，俾得安身。」易言之，鄭昭雖光復暹羅，惟緬甸威脅猶存，扶世祿、祿坤、高烈三府，各據一方，鄭昭雖受臣民推戴為王，然未受天朝勅封，不足以號令群雄。暹羅造邦伊始，諸事未寧，鄭昭為欲輯綏鎮撫，必須仰仗天朝封號，正名定分，取得合法地位。

　　暹羅使臣陳美將鄭昭及各大庫稟文齎呈到粵後，兩廣總督李侍堯即具摺奏聞，擬將其請封原文擲還，并嚴飭陳美。乾隆三十三年八月十九日，清高宗頒諭時亦以李侍堯「所見甚是」，惟辦理未能盡合，因「甘恩勅本係內地微賤之人，飄流海徼，為其夷目，與暹羅國王誼屬君臣。今彼國破王亡，乃敢乘其危亂，不復顧念故主恩誼，求其後裔，復國報仇，輒思自立，並欲妄希封勅，以為雄長左券，實為越理犯分之事。若僅將原文擲還，或來人陳美回國時，不將該督嚴飭之語，逐一轉告，無以懾服外邦，自應給以回文，申明大義，俾知天朝禮教廣被，褒貶一秉太公，此等負恩僭竊之人，必不肯稍為假借，庶奸回有所儆懼，而島夷共凜德威。」㉔清高宗恐李侍堯措詞未能盡協，即令軍機大臣代擬諭稿二件，一諭鄭昭，一諭河仙鎮目莫士麟，寄交李侍堯，令其按式行文，交付陳美齎回，其諭鄭昭檄稿略謂鄭昭懇請天朝封勅，於理不順，暹羅於殘破之後，鄭昭應尋求暹王族裔，扶戴復國，以續故主宗祧，不此之圖，竟乘其危亂，鴟張自立，妄希封號，僭竊稱王，干名犯分，逆理悖倫，扶世祿等三府共切同仇，與鄭

昭稱兵相拒，名正言順，鄭昭務宜翻然改悔，効忠暹王，仰體聖
朝興滅繼絕之經，勿自貽伊戚。至於清廷檄諭河仙鎮之文，於莫
士麟深加優獎，詔萃就食河仙鎮，莫士麟即為安養資生，清高宗
嘉其頗知禮義，并賞賜緞疋，用示恩意。暹羅臣服中國，世恪職
貢，歷賜褒封，清廷撫綏屬邦，興滅繼絕，字小存亡之道，原本
春秋名教，於亂臣賊子不稍寬假。暹羅雖國破王亡，惟族裔猶存，
國祚未絕，清廷封爵尚在，鄭昭自立為王，妄希封號，蔑禮悖倫，
名分不正，實與中國扶弱濟傾，興滅繼絕的傳統名教不合，故不
准所請，此即鄭昭首次求貢失敗的主要原因。

五、鄭昭第二次求貢與清廷態度的轉變

乾隆三十三年（1768）九月，暹羅王族詔王吉被送還望閣，
十月二十五日，伏誅。是時因兩廣總督李侍堯檄諭鄭昭已歷二閱
月，未見呈遞覆文。又征緬守備程轍被擄至緬京阿瓦後，其稟文
內有「暹羅欲圖恢復」之語。河仙鎮目莫士麟亦將廣東至暹羅及
緬甸水路里程繪圖進呈。清高宗即令軍機大臣寄信李侍堯選委妥
實能事員弁迅赴河仙鎮，向莫士麟訪問暹羅近日確情，詳晰覆奏。
李侍堯即遵諭選委署左翼鎮遊擊鄭瑞及署順德協都司陳大揚等，
令其附搭莫廣億商船將檄諭齎往河仙鎮。征緬將軍明瑞陣亡後，
清高宗改授大學士忠勇公傅恒為經略，阿里袞、阿桂各授為副將
軍，厚集勁旅，剋期進勦緬甸。恐緬王懵駁等竄逸鄰疆，故傳諭
傅恒檄令與緬境毗連的南掌國王，擒獻軍前。乾隆三十四年（
1769）六月二十日，復令軍機大城擬寫經略暨兩廣總督列銜檄
稿一道封寄李侍堯，用印行文暹羅，諭其竭力防截緬王，勿令兔
脫，并探明暹王如係詔氏子孫復立，即於滇省進兵前後轉發該國，
倘仍係甘恩勃竊據，竟可無庸給與，即將原稿奏檄。

　　乾隆三十四年六月二十七日，署遊擊鄭瑞等同莫士麟所遣夷官莫文龍乘坐原船自河仙鎮回至廣州，齎到莫士麟呈文二件，一係回覆暹羅國情，一係回覆緬甸形勢。鄭瑞等亦將暹緬搆釁情由及自暹羅至阿瓦城水陸道里等項，開具節略繪圖呈繳。據鄭瑞等稟稱莫士麟曾於乾隆三十三年十二月內派夷官陳郎帶兵前往暹羅，於三十四年正月內奪得土名銅寨地方，又於二月內派夷官陳機同陳郎往攻沽澤汶，續派陳清商前往，陳清商未到之前，陳機已奪佔沽澤汶木城，拏獲頭目林公勝，解回河仙鎮港口。陳清商旋領兵二千餘名進攻望閣，因鄭昭踞守要地，且兵力強盛，是以不敢輕進。暹羅分裂之餘，強藩擁兵觀望，莫敢先動。莫士麟稟稱鄭昭「僭稱僞號，弒殺詔王吉，污辱暹王子女，罪惡貫盈，人神共憤。」㉕是以暹羅各府欲會兵討伐鄭昭，共同興復暹祚。李侍堯嘉其「討逆扶危，申明大義。」清廷於暹羅內情，不詳其曲折，僅據莫士麟呈稟一面之詞，遂以鄭昭爲乘危僭號。乾隆三十四年七月初四日，李侍堯接准廷寄，因「暹羅國仍係甘恩勅等竊據，該國王子孫尚未復立」，故遵旨將檄諭暹羅原稿呈繳。惟李侍堯指出詔氏子孫雖未復立，而河仙鎮目莫士麟素稱恭順，該鎮目既已發兵奪佔沽澤汶，又欲會同沿海各府討伐鄭昭，若以其現有兵力截擒緬匪，自必踴躍辦理。七月初五日，李侍堯即作爲己意，倣照頒發諭稿，選委左翼鎮中軍遊擊蔡漢搭坐商船齎往河仙鎮，酌賞莫士麟綵緞、綵綢各四疋，并飭其抄錄檄諭，移會暹羅各府鎮目分撥暹兵遮擒緬匪。清高宗據奏後不以爲然，七月十四日，軍機大臣寄信李侍堯稱「看來詔氏子孫式微已極，大勢俱爲甘恩勅所佔，難復望其振作，亦只可聽其自爲蠻觸，原不必藉其力，亦不必爲其辦理也。」清廷對暹羅態度已開始轉變，暹羅搆釁，既係蠻觸相爭，天朝可以不必過問，止當以化外置之。

　　乾隆三十四年（1769）十一月，鄭昭攻取祿坤後，旋即移軍征討莫士麟，收復沽澤汶，所有城池房屋俱令民人修茸。三十五年（1770），復取扶世祿，光復暹羅北部地方，至是暹羅遂告統一，恢復大城王朝時代全部領土。是年正月二十九日，遊擊蔡漢等抵達河仙鎮港口。二月初四日，莫士麟接奉檄諭後即移文沿海各州府設法防截緬匪，并差員傳諭柬埔寨轉諭老撾等國預爲防守。六月初九日，蔡漢等回粤銷差，齎回莫士麟及詔萃呈稟各一件。莫士麟稟內略謂「竊不自揣上奉朝廷威命，去歲興兵致討，并移文暹藩各府會兵勦賊，以期匡復鄰邦，仰副天朝德意，詎意暹藩各府皆以違約取敗，以致敝鎮孤軍難進，亦自引還。逆新復逞兇威進取，祿坤被其吞噬，今欲移怨反攻敝鎮，以討上年御勅暹王品物，并索暹裔昭萃。」㉖七月十八日，李侍堯接到兵部火票，承准寄信諭旨一道，略謂暹羅僻在海外，丕雅新簒竊鴟張，自相吞併，止當以化外置之，莫士麟欲爲暹羅力圖匡復，亦不必過問。另附軍機大臣代擬檄諭莫士麟文稿一件，嘉其忱悃，量力而行，守正扶危。十二月初四日，船戶黃尾抵達河仙鎮，莫士麟差遣弁員齎送回文附搭原船來粤。其呈稟略謂「暹羅今爲奸臣僭據，王裔散於四方，雖有一二舊臣，皆懾於兇勢，不能克振，敝鎮恤憐之心亦爲盡矣。」㉗李侍堯奏稱「臣查閱來文，止稱恤憐之心已盡，若出於無可如何，按其隱曲，當暹羅殘破，裔孫昭萃逃至該鎮之時，莫士麟未始不欲藉以居奇，從中圖事，迨後丕雅新簒竊，屢向索取暹裔昭萃，莫士麟用兵不利，恐被侵凌，近因天朝探訪情形，頻通文檄，思欲仰藉天威，聊作自全之計，似非實爲恢復暹羅起見。」㉘易言之，李侍堯已疑莫士麟的居心，其態度亦開始轉變。

　　乾隆三十五年五月，遊擊蔡漢移文到暹，令鄭昭一體擒獻緬

王。是年十二月，鄭昭起兵攻打緬軍所據青霾城。據暹羅頭目坤
麋悉呢霞辦事等稱「鄭昭起暹羅兵四萬去打青霾城，東府裏隨去
二萬，西府裏隨去二萬，又暹羅百姓湊了許多，共有十萬兵到青
霾城打了三四仗，將青霾城圍困了幾日，因沒了口糧、火藥，方
纔回來。」㉙是役，鄭昭將俘獲花肚番瀉都燕達及青霾夷民男人
十名，婦女四十一名，并所繪地圖，差遣頭目朗拔察挪丕汶知兌、
坤麋責悉呢霞辦事，朗遜吞萬匿蘇賜及通事謝開春等解送廣東。
乾隆三十六年（1771）七月二十六日，朗拔察挪丕汶知兌等押
解俘擄抵達廣東南海縣，知縣俞瀚稟報李侍堯侍查辦，花肚番等於
押解途中男人身故二名，婦女身故十名，其餘二十九名押至廣東。
內瀉都燕達係青霾城頭目，據其口供云「我是阿瓦城王子管下的
人，阿瓦城的王子名叫雖那奄莽阿葛力，當初打破了青霾國，王
子把他使妾的父親吶牛噶嗎呢角特就封作青霾國王，我跟到青霾
國作小頭目，派我在青霾的萬那郭齊唎地方守口子，今年暹羅國
帶了兵去打仗，我被標鎗扎傷拏獲。」㉚李侍堯即將解到男番八
名，并酌挑年長番婦四口委員解京，請旨飭下軍機處訊問口供。
瀉都燕達等十二名，旋照滇省所獲緬俘之例，交兵部發往黑龍江
給兵丁為奴，其餘暫留廣東番婦二十七名，亦經行文李侍堯就近
發給兵丁為奴。暹使朗拔察挪丕汶知兌等齎呈鄭昭來文，略謂「
先王進貢印憑符籍盡被花肚破暹之時焚毀，茲乞恩賜憑許照例朝
貢，俾暹國永沐聖天子之洪恩而不朽，則夷民亦均沾仁化於無窮。」
㉛由此可知，鄭昭獻俘，目的在求貢。

　　乾隆三十六年（1771）八月十七日，清高宗據李侍堯奏聞
後，即令軍機大臣寄信李侍堯，諭以鄭昭藉口奉檄擒送花肚番，
冀邀賜憑朝貢，自不允其所請，惟鄭昭既以遵奉憲令為詞，則尚
知敬奉天朝大臣，自應酌量賞給緞疋，稍示羈縻，仍覆以檄文。

九月初七日，李侍堯奉到諭旨後，隨備綵緞及綵紬各四疋，并繕就檄文發交來差齎回。十月十八日，清高宗復令軍機大臣寄信李侍堯，諭以「荒島儌夷，不知禮義，其易姓爭據，事所常有，如安南國陳莫黎諸姓，亦已屢更其主，非獨暹羅爲然。況丕雅新當緬匪攻破暹羅時，以報復爲名，因利乘便，並非顯有篡奪逆跡，而一聞內地大臣檄諭，奉命惟謹，即遣兵攻打青霾，其所擒獲，更有緬匪頭目，是其實與緬夷爲仇，已無疑義，且屢次邀封望澤，尙知尊戴天朝，自不必固執前見，絕之太甚。至其代立源委，原不必拘於名分，從而過問。丕雅新初立勢孤，欲求依附，若中國始終擯棄弗納，彼或懼而轉投緬匪，非策之善也。」是以命李侍堯嗣後鄭昭若復遣使稟請加封，願通朝貢，察其來意果誠，即爲奏聞，予以封號，方合羈縻控馭之道。至此清廷已完全改變態度，酌准鄭昭朝貢。是時，經略傅恒征緬失利而還，中緬和議未成，緬王態度強硬，且大小金川軍務緊急，清高宗有鑒於此，遂不言褒貶大義，其興滅繼絕字小存亡之道，不復拘於名分。

　　鄭昭歷次求貢，莫士麟屢進讒言，以致鄭昭爲清廷及兩廣督撫所惡，鄭昭遂起兵攻打河仙鎮。乾隆三十五年間，莫士麟帶兵護送暹裔詔萃返國，行至沾澤汶即爲鄭昭所敗，兵多損傷，不敢前往，隨即退回河仙鎮。莫士麟與鄭昭搆釁緣由，據莫士麟稟稱「竊卑鎮不德，上天降禍，河仙失守，生靈塗炭，禍由暹羅逆臣鄭新素與卑鎮和好，因戊子年憲命差查勅書品物，詎料莫廣億之船飄入六崑，差員病故，貢船長楊進宗私札通於鄭新，令新來鎮取討勅書品物。卑鎮奉憲牌嚴諭，如有暹裔復國，即將勅書品物頒賜，令其照例納貢，上表謝恩。鄭新乃承危篡國之臣，何敢與之，故遵憲命差弁恭送赴轅投繳，隨後鄭新又差員數四堅討昭萃及昭世昌。竊思暹裔僅存三子，報文在案，而昭王吉已被鄭新誘

弒，兒女辱爲婢妾，只存昭萃、昭世昌二子，經奉憲台面諭差弁
林義如暹裔有可造之基，助其復國，自有獎賞等語。卑鎭奉命之
下曾出軍護送復國，奈逆黨強拒，兵微不能深入，故回兵各守邊
疆，又何敢違憲命滅暹裔獻二子以和，而求苟安，屢討不與，蓄
怨愈深。」㉜戊子年即乾隆三十三年，據清廷禮部移會稱，乾隆
三十一年四月十四日，暹羅國王所遣進貢使臣丕雅嵩統呵沛等抵
京，恭領勅書，并奉旨賞給暹羅國王上用粧緞、蟒緞、補緞、閃
緞、錦緞、玉器、瑪瑙、磁器等物齎領回國。嗣因暹羅已爲緬軍
攻破，貢使稟稱暹羅國王已故，而將原領勅書及御賜品物齎回廣
州，其貢使於三十三年十月三十日搭船回國㉝。鄭昭入貢清廷，
必須以天朝所頒勅書爲憑，大城王朝時代中暹已建立宗屬關係，
河仙鎭目莫士麟以暹羅國破而將天朝勅書差弁來粵繳回，中暹關
係遂宣告斷絕，鄭昭光復暹土，竟無印憑符籍，故不克照例朝貢，
鄭昭蓄怨莫士麟主要原因在此。乾隆三十六年十月初六日，鄭昭
親率大軍數萬討伐河仙鎭，以陳璉爲元帥，貢船長楊進宗爲先鋒。
莫士麟寡不敵衆，是月初九日城陷，莫士麟僅以身免，逃往安南
祿錬地方，其防守器械財帛子女及昭萃俱被擄，鄭昭即留鄭璉鎭
守河仙鎭㉞。

　　乾隆三十七年（1772）五月，鄭昭具稟送還內地民人。七
月二十八日，李侍堯接獲鄭昭來文，據稱「暹羅國統攝主事鄭昭
謹稟爲送民還籍事，緣昭於去年冬因率兵平笨笤港口，其該屬地
方內據有陳俊卿梁上選等男婦長幼三十五口，俱稱係天朝百姓，
廣東省惠州府海豐縣人氏，於乾隆三十年內因携眷移居陽江縣耕
種，不料水路遭風飄至港口，哀乞回籍，奈港口鎭目莫士麟禁住
不許回國，以致困苦六載。」㉟鄭昭即給以米食盤費，將陳俊卿、梁
上選等男婦長幼計三十五口搭船回籍，其中商船戶蘇源成一船載

梁上選等男口十名，女八名，共十八名，另一船戶許部載陳俊卿
等男口十三名，女四名，共十七名，鄭昭復開具姓名單投繳。乾
隆三十七年六月初六日起椗回籍，梁上選一行十八人先至廣州，
梁上選供詞與鄭昭來文頗多出入。據梁上選供稱原非前往陽江耕
種，實因向來傭工度日，聽得港口地土很多，可以開墾，就約會
携帶家口僱海船戶胡榮宗的拖風船乘夜私行出口，且莫士麟並未
拘禁管押㊱。李侍堯奏稱「鄭昭與莫士麟彼此構怨，已非一日，
臣即疑其吞併港口，慮及莫士麟奔告天朝，故捏拘留內地民人，
以自明其恭順。」至於莫士麟則以容留詔氏子孫，托名存恤，亦
以奇貨可居，妄希覬覦，尤以近年天朝頻通文檄，藉爲挾制聲勢，
兩人隱衷，既昭然若揭，故俱不過問，「外藩挾私稱長，彼此攻
擊，尙不便代爲入告。」李侍堯旋以己意檄諭莫士麟「自行相機
努力，毋庸多瀆。」至於鄭昭遣送民人回籍，主持暹羅國事，既
知尊崇天朝，心存敬畏，故奏請量爲獎勵，暫示羈縻。

六、鄭昭第三次求貢與中暹關係的改善

　　乾隆三十九年（1774）八月初四日，據廣東南海縣知縣常
德稟稱船商陳福成前往佛柔國貿易，被風飄入暹羅，附搭暹羅使
臣一名來粵投文。來文略謂鄭昭欲爲故主復讐，因海隅之地，軍
需未足，乞買硫礦五十擔，鍋頭五百口。李侍堯具摺奏聞，略稱
「鄭昭窃據以來，歷今七載，始終佔守望閣，未敢徑入王城，則
該國所屬部落未盡歸附可知。今據稟求買軍需，揆厥隱衷，若非
與暹羅各部別搆釁端，即係謬思依仗天朝，巧圖懾服，但既託稱
爲主復讐，似未便輒加指斥。」㊲因此，李侍堯欲作己意，檄諭
鄭昭，諭以興師復讐，臣子大義，鄭昭既不忘故主，欲爲報雪，
深所樂聞，惟是硫礦鐵鍋，天朝例禁綦嚴，未便擅准買用。清高

宗據奏後，硃批云「祇可知此」。鄭昭另建新都於統巫里，李侍
堯不詳其情，誤以鄭昭不敢入王城阿瑜陀耶。是年，暹羅與緬甸
交兵，亦係實情，故需大量軍火。暹羅僅產硝斤，不出硫磺，故
需仰賴中國輸入。據鄭昭遣送回籍的雲南騰越州人楊朝品供稱「
三十四年四月，逃到緬子管的猛子地方，名叫打馬，在海邊上小
的們撈取魚蝦過活，這猛子從前原是一個部落，約有萬數人戶，
後來緬子纔把他打服的。三十九年，緬子欲攻暹羅，派猛子出兵，
約有數千人，又要猛子自己辦糧，又要出銀，猛子受苦不堪，把
緬子頭目殺了，百姓都逃往暹羅，小的也跟著走了。八月內，緬
子得信起兵追趕猛子，直到暹羅地方。暹羅也發了兵叫投來猛子
同在米涌與緬子打了好幾仗，並沒有分輸贏。暹羅因米涌地方寬
廠，難以取勝，因臘披地方有一座山，係暹羅隘口，暹羅將兵撤
到噶披，又調集多兵，等緬子追過隘口來扎營，在山底下四面圍
住，一個多月，緬子食盡了，暹羅將緬子的人殺了許多，剩下六
七百人拏到暹羅去了。」[38]

　　乾隆四十年（1775）八月，船商陳萬勝帶投鄭昭文稟一件，
略謂平定青靄，打馬部落率眾投歸，內有滇省兵丁趙成章第十九
名附搭商船遣送回籍，并表示情願合擊緬匪，乞賞給磺鐵銃子。
李侍堯訊問送回兵丁，據供彼等係上年八月緬軍攻破打馬，隨同
奔至暹羅，與鄭昭來稟情詞不符，惟鄭昭將內地兵丁搭船送回，
尚屬小心恭順，故其所請硫磺鐵鍋查照上年請買數目准購，至所
請銃子則不便准給。清高宗據奏後，即令軍機大臣代擬檄稿寄交
李侍堯，照向例繕寫發往暹羅。乾隆四十一年（1776），船商
莫廣億帶到自暹羅搭送回籍的雲南騰越州人楊朝品、寸衣襟、盛
榮佐三人，并齎有鄭昭文稟一件。其文稟略謂暹羅連年與緬甸仇
殺，再懇賞買硫磺一百擔，若天朝用兵阿瓦，願懇諭知其期，預

為堵截緬匪後路等語。鄭昭送回楊朝品等三人俱係乾隆三十年七月十六日在騰越州請領印票出口前往木邦販賣紬緞貨物，遇緬兵經過被擄至阿瓦，後隨猛子逃奔暹羅。乾隆四十一年十二月初十日，李侍堯奏摺到京後，清高宗即著軍機大臣于敏中寄信李侍堯，上諭略謂鄭昭見內地民人在彼，即行資助送回，尚屬恭順，前已准其所請聽買硫磺鐵鍋，此次仍准其如數買回，並命李侍堯仍倣上次檄稿之意給與回文。

　　鄭昭光復暹羅後，始而稟求恩賞封號，繼則情願合擊緬甸，預以示期為請，曾以青霾所獲緬甸頭目來獻，旋復將緬甸所擄內地兵民節次送回，并稱連歲用兵緬甸，軍火缺乏，求買硫磺鐵鍋，因其小心恭順，李侍堯俱作己意，准其買回，且酌予獎賞。乾隆四十二年（1777）四月，李侍堯奏稱「窺其心惟冀邀大皇帝施恩封賞，俾主國事。臣從前入覲時，曾蒙面諭，外夷原不必深求，如鄭昭再有稟乞恩，汝可酌量具奏。向特疑其或與暹羅舊部別構釁端，謬思依仗天威，巧圖懾服，其與緬匪仇殺，亦無目覩之人，保無捏詞欺誑。茲詢之通事寸博學及送回騰越州民楊朝品等僉供鄭昭誘殺緬匪多人，且海商傳言，鄭昭漢子甚好，竟是緬匪勁敵。而近日得魯蘊之詭詞款關，又焉知非鄭昭之故，慮及天朝加兵，故為此延緩之計。可否勅下兩廣督臣作為己意，檄詢鄭昭，謂詔氏雖已無子孫，而天朝原頒勅印現在是否存失，微露其意，鄭昭自必乞恩求封，俟其稟到時，據情轉奏，仰懇施恩錫封，伊得有天朝符命，更易號召隣番，努力殺賊，雖未必能縛渠獻馘，而緬匪頻年疲於攻戰，俟其困頓，揚言大兵進勦，彼時畏懼腹背受敵，搖尾乞憐，人象到關，准其納款，亦可藉此完局。」㊴因中緬關係緊張，清軍屢戰屢敗，李侍堯改調雲貴總督後竟欲招致暹羅朝貢，意在使緬甸腹背受敵，不得不納款請降。清高宗亦以李侍堯

所奏不失爲「治病偏方」，姑試爲之原屬並行不悖，但檄文仍應作李侍堯之意，繕寫發往。是年五月初五日，新任兩廣總督楊景素奉到諭旨及軍機大臣代擬檄稿，欲附誠實洋船齎往暹羅。

乾隆四十二年六月二十九日，廣東左翼鎮遊擊陳大揚稟報船商自暹羅貿易回粵，載有暹羅國使臣三名來華叩請進貢，并帶有丁役十五名押解花肚番六名前來。鄭昭既已遣使求貢，軍機大臣代擬檄稿遂未發往。兩廣總督楊景素據稟報後隨派委標弁前至海口照料護押進省。七月初一日，暹羅使臣投遞鄭昭呈稟一件，楊景素即知會廣東巡撫李質穎前來督署將暹使丕雅遜吞亞排那突等三人傳至，當堂詳細會詢，據暹使稱「鄭昭欲爲故主復讐，必得仰藉大皇帝天威恩准朝貢，方可號召隣番協力擊賊，是以復遣伊等來廣懇求轉奏。并因上年抵禦緬匪，擒獲花肚三百餘名，除陸續死亡外，尚有囂呵、囂左係阿瓦酋長之親隨，囂耀等四人係囂呵等管下之人，現值洋船回廣之時，是以將此六人解送來廣發落。」⑩向例外番各邦，必須受有天朝符命，方准奉表納貢。鄭昭自掌國事以來，未奉有封號，其屢次求貢，即在懇請封賞。鄭昭來稟詞氣恭順眞誠，惟無天朝符籍勅印，清廷以其體例攸關，難以遽允，是以節經李侍堯等檄諭駁回。楊景素照錄鄭昭來稟清單及訊供，遵旨具摺馳奏，至於應如何檄覆之處，則不敢擅便發往。

暹羅久隸中國屬邦，頒有勅印，緬軍攻破大城後，鄭昭復行收合餘衆，爲故主復讐，屢敗入侵緬軍，誘殺多人，因而冀請封號，尚非簒竊可比，且節次將緬甸拘留滇省兵民給賚送回，誠心恭順，荒徼外邦，易姓爭據，事所常有，非獨暹羅爲然，況鄭昭籍隸廣東，以內地民人備藩外邦，若令其得邀封爵，必倍知感戴天朝，清高宗曾屢諭兩廣總督，倘鄭昭接奉檄諭，續有具稟求封之事，即當迅速由驛奏聞，加之封號，所降諭旨甚明，鄭昭此次

來稟，兩廣總督楊景素即當一面奏聞，一面辦理，不必俟請旨再辦。乾隆四十二年七月二十三日，清高宗令軍機大臣大學士公阿桂等寄信楊景素，斥其未經閱歷大事，不及李侍堯之練達，行事拘泥。因此命阿桂等代擬檄稿，令楊景素照式繕寫，交暹羅來使齎回，其來使起身時，酌量以禮遣往。其檄諭略謂「今春李總督調任雲貴時向本督部堂言，爾為暹羅故主殺賊報仇，遂為眾所推奉，因詔氏無人，即行統攝國事。且爾心向天朝，屢効誠藎，自當予以獎勵，此後如有稟懇之事，不妨酌量辦理。本部堂蒞任以來，悉照前例，今爾等既有備貢之請，可以准行，俟爾貢物到境，當為轉奏。至爾所稱必藉天威以彰民望，意欲懇求封號，而又不敢明言，如此隱約其詞，未便據情入告。爾果虔修貢禮，遣使恭進，將國人推戴情般，詔氏已無嫡派，明晰聲敘，具稟請封，本督部堂自當代爾奏聞大皇帝，恭候加恩，方為明正言順。」㊶八月初六日，楊景素接奉檄諭後，即將暹使丕雅遜呑亞排那突等三人傳至督署，告以檄諭大意，幷賞給廣紗食物等件，令其附搭商船齎諭回國，旋飭南海縣知縣常德親送登舟，於八月初十日開行返回暹羅。

七、鄭昭正式遣使進貢與中暹邦交的重建

乾隆四十三年（1778）二月二十一日，楊景素奉旨調補閩浙總督，其兩廣總督印務即交李質穎署理。五月初一日，新任兩廣總督桂林於肇慶府接印。五月初八日，抵廣東省城，李質穎即將辦理暹羅請封一事移交桂林。七月初三日，桂林奏聞鄭昭附寄回稟，請寬貢期。桂林以其前後情節矛盾，擬稿嚴斥。八月十八日，清高宗諭稱「所見亦是，但措詞稍覺過嚴」，因「鄭昭屢次所稟，其誠偽固不足信，但彼既知尊奉天朝，不妨略示含容，轉

不必疾之太甚，惟斥其前次遣使具稟，今乃率附商船轉寄，殊不知禮。」㊷隨令軍機大臣將檄稿改定，發交桂林照式繕寫，略謂接閱來稟，據稱現禦緬賊，乞寬貢期，與稟情未合。鄭昭於上年遣使請貢，丕雅遜吞亞排那突既稟稱已預備象隻等物，今何忽有此請寬貢期之語，若此等游移無定之詞，徒屬虛談無益等語。九月初三日，桂林接奉廷寄後，即將改定檄稿，繕寫交商船附寄。

　　乾隆四十六年（1781）五月二十六日，鄭昭正式遣使齎表進貢，其表文及貢品清單合開一紙，全文云：「暹羅國長鄭昭叩首上貢大皇帝陛下萬歲萬歲萬萬歲，伏以赫赫天朝，萬國悅貢，巍巍聖德，八方被澤，至暹羅尤荷榮寵，歷受藩封，是以代代供貢，不敢少怠。自遭緬匪之後，昭雖復土報仇，奈求紹裔無人，以致貢典久疏，茲群吏黎庶既已推昭為長，理合遵例朝貢，但初定之邦，府庫未充，兼昭生長海隅，不諳大典，貢禮誠難合式，俯思皇恩廣蕩，必霑涵育，昭不勝惶恐感戴之至。虔備金表一張，公象一隻，母象一隻，沈香，外二斤，內一斤，共三斤，龍涎香，外一斤，內八兩，共一斤八兩，金剛鑽，外七兩，內三兩，共十兩，西洋毯，外二領，內一領，共三領，孔雀尾，外十屏，內五屏，共十五屏，翠皮，外六百張，內三百張，共九百張，象牙外三百斤，內一百五十斤，共四百五十斤，犀角，外六個，內三個，共九個，降眞香，外一百斤，內五十斤，共一百五十斤，檀香，外一百斤，內五十斤，共一百五十斤，白膠香，外一百斤，內五十斤，共一百五十斤，樟腦，外一百斤，內五十斤，共一百五十斤，蓽撥，外一百斤，內五十斤，共一百五十斤，白荳蔻，外三百斤，內一百五十斤，共四百五十斤，籐黃，外三百斤，內一百五十斤，共四百五十斤，大楓子，外三百斤，內一百五十斤，共四百五十斤，烏木，外三百斤，內一百五十斤，共四百五十斤，

桂皮，外一百斤，內五十斤，共一百五十斤，甘密皮，外一百斤，內五十斤，共一百五十斤，蘇木，外三十擔，內十五擔，共四十五擔。特差貢使丕雅遜吞亞那突、郎丕彩悉呢霞喔撫突、朗拔察那丕汶知突汶丕匹誇遮辦事，匍赴金闕恭進，屢沐天恩。奈暹土初定，無以爲報，除正貢物外，另敬備公象一隻，犀角一擔，象牙一百擔，洋錫三百擔，籐黃一百擔，胡椒三千擔，蘇木一萬擔。本誠心欲一進獻，惟恐有礙越例之愆，是以不敢列入貢單之內，懇蒙容納俯伏上進，昭不勝感激冒呈。乾隆四十六年五月二十六日。」㊹除前引表文外，另附稟詞云「附請者，暹羅自遭〔緬〕匪之後，百端待興，乞免抽分三幫，每幫船三艘，並請給照，載貨前往廣東、廈門、寧波三處發買，並採購非禁品之建築材料，並懇令行商代覓夥長，往販日本購買銅斤，實爲德便。」㊺

鄭昭暹字表文仍存暹廷尙書室存檔內，許雲樵教授曾譯出漢文如下：「維佛曆二三二四年，小曆一一四三年，駄那補利朝入朝中國勘合表文云，室利阿踰陀耶大城國之勝利君主，念及與北京朝廷之邦交，乃敕正使丕耶孫陀羅阿沛，副使鑾毗閣耶娑尼訶，三使鑾婆遮那毗摩羅，通事坤婆遮那毗支多羅，辦事萬毗毗陀伐遮，敬具金葉表文及方物，並牡象一頭，牝象一頭，共計二頭，循舊例前來進貢於大淸國大皇帝陛下。一，室利阿踰陀耶國請進一言，正使丕耶孫陀羅阿沛返國申訴，謂北京之職官撫院前次曾勒令繳交接納貢品稅，計銀三十斤，凡此大淸國大皇帝陛下知否，其品德爲如何乎？此室利阿踰陀耶國所欲進稟者一也。一，室利阿踰陀耶國大小使臣前此齎貢品出發，輒遭幽禁於京都下鏈之屋內，不得遊覽。凡此大淸國大皇帝陛下得知否，恐或有枉法之處，此室利阿踰陀耶國所欲進稟者一也。一，泰國新勝利君主嘗遣使出發，總督撫院不使大小使臣乘泰國原船返國，勒令乘坐中國船

歸航；大小使臣泣訴亦不聽，反令吏胥索銀四片，謂爲受訴費，
大清國大皇帝陛下知否？此室利阿踰陀耶國所欲進稟者一也。一，
泰國攻略疆土，獲哀夷戰俘，別有名單，前曾解送晉京，若輩在
泰國皆有定居，而中國置之不理，且已不擬再與緬甸構兵矣，則
懇開恩將該哀夷人等釋歸，勿棄置不顧。一，室利阿踰陀耶國送
歸爲風飄往泰國之中國漁夫三十五名，嘗予以銀錢、布疋、魚米、
膳食等，每次計銀一仃，白米三十五桶，每桶值銀一銖，共計銀
八兩三銖，合計銀一斤八兩三銖。一次，滇軍爲緬所破，緬執送
囚禁，泰軍往討得之，凡一十九名，護送至北京，費銀錢、布疋、
魚米、膳食等，計開：銀一斤十二兩；衣袴每人一套，每套值銀
一銖二兩，計銀七兩二錢；白米十九桶，每桶一銖，計銀四兩三
銖，合計銀二斤三兩三銖二錢。又一次三名，計銀九兩，衣袴每
人一套，每套一銖二錢，計銀一兩二錢；白米三桶，每桶一銖，
計銀三銖，合銀十兩三銖二錢，總計三條，共計銀四斤三兩二銖。
大清國大皇帝陛下知否？此數乃室利阿踰陀耶國君奉獻北京朝廷，
以資修好者。一，泰國擬重建新都，乞免貨船抽分三次，每次三
艘。倘中國皇帝准許，室利阿踰陀耶國即備船載白米、蘇枋，並
其他貨品，出發前往，計廣州一艘，寧波一艘，廈門一艘，發售
其貨，以易非禁品之磚石，每地一艘，一也。一，乞於中國雇覓
長駕泰國貨船前往日本裝載銅斤二船，一也。一，室利阿踰陀耶
國奉獻貢外之貢於大清國大皇帝階下以示敦睦，計開蘇枋一萬擔，
象牙一百擔，錫三百擔，犀角一擔，籐黃一百擔，胡椒三千擔，
牡象一頭，希大清國大皇帝陛下哂納。昔勘合例蓋駝紐印，此番
遍覓該駝紐印不得，暫蓋象首印爲憑。」⑮

　　鄭昭進貢表文，中暹檔案俱皆存在。將清代所譯鄭昭漢字表
文與暹字原文互相參證，不僅貢表文意迥異，其貢品項目數量亦

不同，所有鄭昭進言，漢字表文俱經刪略。再將鄭昭譯漢表文與清廷歷次所頒發諭旨檔稿互相對照，其譯漢表文俱按寄信上諭及檔稿大意摘錄繕寫，其文似出於廣東督撫之意，而非據鄭昭遣字表文譯出。譯漢表文內所開列正貢清單，其外貢係指御前貢物，內貢即指皇后前貢物。鄭昭除進呈正貢外，并另備副貢，即所謂貢外之貢。除奉獻清高宗外，尚餽及督撫，行商與禮部堂官。其奉贈禮部大堂者計有：蘇木一千擔，烏木三百擔，紅木一千八百另二擔二十斤；奉贈總督撫院者計有：蘇木五百擔，紅木五百擔；奉贈行主者計有：蘇木各一百擔，紅木各一擔。另有押艙貨物，則懇於廣東變價，作爲來使盤纏，並求准買銅器千餘箇，先放空船回國。其貢外之貢價值已極高昂，更勿論正貢。據暹羅尚書室存檔所載，奉獻清高宗副貢計值銀一千八百六十六斤三兩二銖一錢，奉贈禮部者值銀五十六斤五兩，奉贈督撫者值銀三十七斤十兩，奉贈四行主者值銀二十斤，全部共值銀一千九百八十九斤十八兩二銖一錢。連正貢及押艙貨物，貢船共十一艘，除外洋船二艘外，其餘九艘皆係粵省商船㊻，其總價值計二千四百四十三斤十五兩一銖三錢一鈁，合現代暹幣爲十九萬五千五百另一銖八十七士丁半。

　　鄭昭具表進貢日期係在乾隆四十六年五月二十六日，惟其貢船正式揚帆時間，據泰國史家吳福元稱係在是年「七月黑分十三火曜日晨七時十二分」㊼。鄭昭遣使入朝時隨貢侍衛丕雅摩訶奴婆（Phraya Maha Nubhab）所著《紀行詩》亦記貢使啓程日期云「詔命六大臣，滿載十一輪，埠頭羅列待，黃道俟良辰，午日值火曜，黑分十三晨，熹微卯二刻，相率辭留。」㊽七月黑分十三，相當夏曆五月二十八日，航行三十三晝夜而抵廣州，蓋即七月初，廣東布政使鄭源璹即詳報兩廣總督巴延三，貢船入抵省河

後照例驗明。」《紀行詩》亦云「總爺鎭軍門，統帥十萬人，貢船初抵港，有吏登舟詢，貢使忙對答，道是暹使臣，奉表修職貢，遐方世所遵，檢點錄名冊，解衣驗痣身，職官奉命至，從卒三十人，青霞耀紫電，威儀絕超倫，相將乘戰艦，護行謁軍門。」督撫驗明後即派員迎接使臣暫駐城外舊貢館，其表文供於中堂，貢物則暫存放公行。兩廣總督巴延三隨即具摺由驛馳奏，略謂接據暹羅國鄭昭具稟求貢，詞意頗爲恭順，惟請給執照前往廈門、寧波等處夥販，未敢擅便。至所稱貢外之貢，與例不符。其備送禮部督撫各衙門禮物，並餽送行商及請將餘貨發行變價，以作盤費，概發原船帶回，求買銅器，例禁出洋，不敢率行奏請。巴延三復擬檄稿諭飭鄭昭。其檄稿原文云「兩廣總督全銜爲檄諭事，接閱來稟，據稱暹邦歷代供貢，自遭緬匪之後紹裔無人，以致貢疏，茲群吏衆庶推爾爲長，依例備貢恭進等因。具見小心恭順，出自至誠，本部堂自應據情代奏，倘苛大皇帝鑒爾悃忱，加恩格外，准爾入貢，本部堂再行差員伴送爾國使臣敬齎表文入都朝覲。至爾稟後附請給照載貨前往廈門、寧波等處，並欲令行商代覓夥長，往販日本等語，殊屬不知禮體。大皇帝柔遠深仁，貿易通商，原所不禁，但必須奏明辦理，非本部堂所能擅專。爾現未受封號，甫求入貢，遽以貿易細事上瀆天聰，何以表爾效命歸誠之意。至另稟外備蘇木、象牙等物爲貢外之貢，再乞代進，又致送禮部督撫各衙門蘇木、紅木，甚至餽及行商，餘貨准發行變價，以作來使盤纏，並求准買銅器千餘個，先放空船回國等語，更屬鄙瑣不知事體。須知外藩入貢，天朝久有一定章程，所稱貢外之貢，查與定例不符，萬難入告。至爾既專差進貢，入境之後，一切往來費用，自有例給口糧，無庸賣貨支應。即致送各衙門禮物，天朝綱紀肅清，大法小廉，內外臣亦無私自與爾應酬之理。銅斤例禁

出洋，更不便准爾一人採買。若本部堂據情代奏，不惟無以達爾下情，且至爾轉滋忘分妄干之咎，用是明白曉諭，將貨一併發交原船帶回，所有進貢事宜，應祗候奉到諭旨另檄飭知，爾其益勵恪恭，毋稍率忽，此檄。」㊾

乾隆四十六年七月二十日，清高宗據兩廣總督巴延三奏到後，即令軍機大臣尚書額駙公福隆安寄信巴延三，諭以所擬檄稿，駁飭尚未周到，已令軍機大臣另行改定發往。至暹羅在廣州販賣貨物，若亦令原船帶回，未免徒勞往返，無利可得，殊非體恤遠人之意，此項貨物似應聽其在廣州私行交易㊿。軍機大臣遵旨改定檄稿與巴延三初擬檄稿相異之處，如暹羅附請給照載貨前往閩浙及欲令行商覓夥往販日本一節，改定稿作「爾等在外洋，與日本各國販賣交易，原所不禁，若欲請官為給照，及令行商覓夥，往返日本，則斷乎不可，本部堂亦不敢代為具奏。」又如貢外之貢及呈送各衙門禮物一節，改定稿聲明「發交原船帶回」。又如餘貨請准其在廣發行變價一節，改定稿諭以「此向來交易之常，應聽爾等自行覓商售賣，亦不必官為經理。」(51)其餘各節雖多潤飾，惟其詞意與初稿並無出入。

乾隆四十六年八月初二日，兩廣總督巴延三奉到寄信上諭及軍機處改定檄稿後即傳喚暹羅國貢使通事人等到署，將欽奉諭旨准其入貢緣由詳晰宣示，並將曉諭鄭昭檄內駁飭原稟事理面加開導。據貢使覆稱「仰邀大皇帝恩准入貢已屬萬幸，前稟內附請各事，實因僻處外洋，不諳天朝禮法，今蒙明白開導，自應遵照，不敢妄求。至另貢象隻蘇木等物，原知與例不符，是以不敢列入貢單之內，止於漢字表尾聲請，今求將象隻隨帶赴京，蘇木等物留廣候旨。」(52)暹羅象隻既已運送至廣，礙難留外餵養。八月十二日，巴延三奏請准照所請，隨同正貢赴京，其餘蘇木、象牙粗

重物品則委員眼同來使點明固封暫爲收貯。巴延三一面將檄稿繕具文檄飭發暹羅使臣轉付守船頭目，一候風順先行齎回，一面遴委妥員伴送貢使擇吉啓程赴京，並知會前程照例辦理。九月初二日，清高宗據奏後，令福隆安寄信巴延三，諭稱「所有正貢一分，自應照例送京收納，至所備副貢，若概令齎回，致勞往返，轉非所以體恤遠人，著傳諭巴延三等於副貢內祇收象隻犀角二項，同正貢一併送京交禮部，於照例賞給之外，查例加賞，以祈厚往薄來之意。其餘所備貢物，准其即在廣省自行覓商變價，并將伊等壓艙貨物均一體免其納稅。」⑬易言之，所有到粵貢物，除清廷收納以外，俱准貢使在廣州免稅變價。《紀行詩》亦云「總督宣詔書，萬歲聖恩殊，使臣召入覲，貢獻諭免除，完璧歸故國，宛若不足輸，憐念修通好，險海成畏途，貢品准發賣，携款返大都，救命送牙象，道是例所需，貿易應徵稅，乃亦恩免吾，行主晤泰使，任吾通有無。」⑭

　　乾隆四十六年九月初三日，巴延三委署廣州府佛山同知王煦，督標後營守備武英伴送貢使丕雅遜吞亞排那突等齎捧表文方物自廣州省城起程。《紀行詩》所云赴京日期爲「金曜初三夜，亥月白分頭，總督命奉表，整裝備貢舟，擇吉晉京去」，應爲九月初三日。暹羅貢物除象三隻先已搭解起程外，副貢犀角一擔另派妥員趕送前程，交付伴送委員同正貢一并解交禮部⑮。江西巡撫郝碩接准廣東巡撫李湖知會後即行知南安府，按貢使行李需用夫船預備伺應，并委署南安府同知張煇、南安營守備高琔在境迎候護送彈壓。九月二十八日，暹羅貢使齎送表文方物及象三隻入江西大庾縣境。十月十六日，由水路抵江西省城。十月二十三日，由陸路至九江府德化縣出境，由湖北接護前進。十月二十五日，出湖北境，至安徽宿松縣楓香驛交替護送。貢吏進入直隸景州後，

天津府通判陸爾熾沿途護送，十二月十三日，行至雄縣時，見正使丕雅遜呑亞排那突面帶病容。據廣東佛山同知王煦告知因其患痔，復又脾瀉，陸爾熾等即移會雄縣撥醫服藥調治。十二月十四日，行至新城縣，正使病情加劇，延醫張惠診脈，惟其年已衰老，脾瀉不止，氣血兩虛，於十五日暫留新城縣調養，服藥罔效，即於是日戌刻病故，備棺盛殮停寄新城，其副使等於次日護送貢物進京。二十一日到京，次日禮部具奏貢使抵京，金葉表文送交內閣繙譯具題，計開金葉表文一頁，金筒一個，連蓋盛表織錦口袋一個，小金圈八個，三層小金葫蘆一個，螺鈿小座匣一個，連蓋黃紬小墊一個，黃紙漢字表文一通，織錦夾口袋一個，螺鈿匣一座二層，黃紬夾袋三層，小金圈八個三層，小金葫蘆一個，盛表圓木匣一個，黃紬大夾袋一個，黃紬大墊一個，黃紬棉絮短條一個，俱移會內閣典籍廳(56)，其貢品則交內務府呈覽。二十八日，清高宗祭太廟，禮成還宮時，暹羅與琉球使臣隨朝臣一體跪接聖駕。乾隆四十七年（1782）正月初五日，入太和殿庭，清高宗「問於禮部尚書德保外國班次，對以朝鮮爲首，琉球、南掌、暹羅三國次之。」(57)初八日，軍機大臣遵旨將入覲四國使臣傳到，將准其於紫光閣入宴，並上元燈宴恩旨面爲宣示，是日，入高宗所住靈壽閣外聽旨。初九日，入紫光閣內庭，參歲首宴，高宗頒賞使臣緞疋色囊酒盃等物，及退，詣午門外謝恩。初十日，詣圓明園，十二日參筵宴，十三日，入後園戲台觀火戲，十四日，入御座前參班，觀戲子，十五日，復設筵宴。暹羅貢使返國時，清高宗特賜鄭昭蟒緞珍物，悉如舊制。

八、結　論

　　暹羅大城王朝覆亡後，鄭昭收合餘衆，擊退入侵的緬軍，光

復舊土，削平群雄，統一暹羅，接受臣民推戴爲王，欲與清廷通好，取得天朝承認，以鞏固其政治地位㊳，於是屢次遣使來華求貢。許雲樵教授撰〈中暹通史考〉一文謂鄭昭遣使前後實有二次，第一次是在乾隆三十六年，第二次在乾隆四十六年㊴。陳荆和撰〈關於暹羅王鄭昭之幾個問題〉一文中則稱自乾隆三十三年至四十六年之間，鄭昭前後八次求貢：乾隆三十三年遣使臣陳美華，是爲第一次求貢；三十六年，遣使解送緬俘，是爲第二次求貢；三十七年，送回海豐人陳俊卿等，是爲第三次求貢；三十九年求購硫磺鐵等物，是爲第四次求貢；四十年，託華商陳萬勝呈遞表文，是爲第五次求貢；四十一年，再託華商莫廣億代投文稟，是爲第六次求貢；四十二年，遣使臣押解緬俘來粵，是爲第七次求貢，乾隆四十六年，正式遣使朝貢，前後計八次㊵。惟就現存清代檔案而言，鄭昭遣送內地兵民回籍，給以銀錢膳食，以資修好，改善關係，並未藉此向清廷提出進貢請封之請，至乞購硫磺鐵鍋，旨在通商，鄭昭亦未請求入貢。除乾隆四十六年鄭昭正式遣使齎表晉京貢獻方物外，其具稟遣使求貢前後計有三次；乾隆三十三年八月，鄭昭差遣使臣陳美齎稟請封，日是爲第一次求貢。是時，清廷於暹羅國情缺乏認識，河仙鎭目莫士麟屢進讒言，以鄭昭爲乘危僭竊，鴟張自立，妄希封號，名分不正，與中國濟弱扶傾興滅繼絕的傳統名教不合，清廷礙於體制，故不准所請；乾隆三十六年七月，鄭昭遣使押解緬俘，具稟乞恩賜憑，許其照例朝貢，是爲第二次求貢。是時，清廷態度已開始轉變，暹羅王裔失守藩封，就食四方，無力恢復，鄭昭屢敗緬軍，統一暹羅，國基日固，其氣象作爲，頗爲可觀。暹羅易姓爭據，事所常有，天朝不再拘於名分從而過問。鄭昭初立勢孤，邀封望澤，欲查其來意誠僞，酌准朝貢，并賞給紬緞，覆以檄文，以示羈縻；乾隆四十二年六

月，鄭昭遣丕雅遜吞亞排邪突等齎稟來粵，欲爲故主復讐，懇請恩准朝貢，是爲第三次求貢。是時，清廷以鄭昭恭順眞誠，求貢心切，若名正言順，具稟請封，敍明暹民推戴情殷，詔氏王裔已無嫡派等字樣，即准其入貢。惟暹羅連年用兵，久經兵燹，府庫未充，貢品一時難備，故有暫寬貢期之請。乾隆四十六年五月，鄭昭正式遣使恭齎表文方物晉京朝貢，鄭昭努力求貢，經十三年之久，終於獲得清廷恩准，重建中暹邦交。

鄭昭大破緬軍收復舊土後，暹羅境內群雄割據，勾結鄰邦，人心尚未貼服，大城王朝的復興勢力仍然存在，鄭昭若欲號召國人，鞏固其地位，必須取得天朝的承認與冊封，是以屢次遣使來華求貢。暹文《宮庭札記》一書載「小曆一一四二年歲次庚子，命備舶送使臣入朝北京聖君，云將永尚公主。」㉑惟查中暹檔案，實無此項請求，泰國史家吳福元所撰〈鄭王入貢中國考〉一文已力斥其妄。鄭昭入貢主要動機，實係輸誠天朝，冀列藩屬。乾隆三十三年，暹使齎稟請封時曾云「有福爲王者，必順天朝勅封，不然不能奉祀。若有天朝勅封，鎮守之人同心協力，攻打扶世祿、祿坤、高烈三處清平，備船入貢，永爲天朝臣僕。」暹民雖推戴鄭昭爲王，惟未蒙天朝勅封，取得合法的地位，不足以號令國民及鄰邦。乾隆四十二年，暹使丕雅遜吞亞排邪突等亦稟稱「鄭昭欲爲故主復讐，必得仰藉大皇帝天威，恩准朝貢，方可號召鄰番，協力擊賊。」易言之，鄭昭對內若欲收拾人心，以安反側，對外若欲鞏固暹羅在東南亞的地位，免受鄰邦侵略，則須依附天朝，位列藩封，與清廷維持主屬關係。因此，鄭昭屢次求貢的主要原因，實出於政治性動機。

暹羅貢使晉京朝覲後，清廷照例厚賞鄭昭，惟尚未正式冊封鄭昭爲暹羅國王，乾隆四十七年夏，貢使恭齎御賜珍物歸國時，

鄭昭已經遇弒。或謂鄭昭晚年因患瘋疾，爲其婿所拘禁⑥。或以鄭昭怪癖滋甚，癲狂暴虐，幻想自身爲佛陀再世，迫令衆僧膜拜，鞭笞僧侶，活焚民人，以致擧國怨聲載道⑥。朗葦吉懷根（Luang Wijit Watkan）則指出鄭昭病癲的原因，乃由於其二妃與葡籍侍衛有染，二妃就戮，鄭昭遂因悲慟過度而神智昏亂⑥。以上諸說，純屬誣衊之詞，鄭昭被弒，實屬政治因素，泰國史家吳福元於「鄭王在位之最後一年」文中已指出乾隆四十七年二月，因安南入侵柬埔寨，鄭昭派兵防截，統巫里方面，乃汶納等煽動叛亂，逼迫鄭昭削髮爲僧，四月初六日，昭披耶却克里（Chao Phya Chakri）弒殺鄭昭於鄭寺佛殿內⑥，自立爲王，即曼谷王朝拉瑪一世（Rama I），却克里旋以鄭昭嗣子鄭華名義具表請封，乾隆五十一年（1786），清廷正式冊封鄭華爲暹羅國王。却克里固非鄭昭女婿，鄭昭的統巫里王朝與却克里的曼谷王朝亦無法統關係⑥，惟却克里既承認認爲鄭昭嗣子，上表請封，其後拉瑪二世、拉瑪三世、拉瑪四世亦以鄭佛、鄭福、鄭明的名義朝貢清廷，受封爲暹羅國王。因此，曼谷王朝實即統巫里王朝的延長，且緬軍征服暹羅後，鄭昭收合餘衆，擊破緬軍，光復失土，奠定獨立統一的基礎，而不至淪爲緬甸的屬邦。因此，鄭昭實爲近代自由泰國之父⑥，其遣使朝貢清廷，實有重大的歷史意義。

【註　釋】

①　許雲樵撰〈中暹通史考〉，《南洋學報》，第三卷，第一輯（1946年9月），頁3。

②　《廈門志》、《廣東通志》、《大清一統志》將緬軍亡暹繫於乾隆三十一年，俞正燮著《癸巳類稿》、魏源著《聖武記》繫於乾隆三十六年，俱誤。

③ 《軍機處檔・月摺包》（臺北，國立故宮博物院），第2771箱，84
   包，14667號。乾隆三十六年八月十七日，兩廣總督李侍堯奏摺錄
   副；又同檔第2771箱，69包，10186附3號。乾隆三十四年六月二十
   九日，〈抄錄署遊擊鄭瑞等訪查節略〉。

④ 吳迪（W.A.R. Wood）著，陳禮頌譯《暹羅史》，下冊，頁304。譯
   註引暹羅四世皇御著《暹國史》謂詔貢亂倫事係波隆摩葛皇庶出第
   三子公摩蒙順吞貼著"Krom Mun Suntorn T'ep"有意構陷。

⑤ 《軍機處檔・月摺包》，第2771箱，69包，10186附3號，〈抄錄署
   遊擊鄭瑞等訪查節略〉。

⑥ 王昶著《征緬紀略》謂甕藉牙以攻暹羅渡海爲雷震死，見《小方壺
   齋輿地叢鈔》，第十帙，頁233；D.G.E.Hall，"A History of South
   -East Asia."則稱甕藉牙包圍大城，於指揮砲手開砲時，砲管炸裂受
   傷死亡；《暹羅史》，下冊，頁310謂甕藉牙之病，係因患疔瘡或
   癰而起，蓋皆臆測之詞。

⑦ 《軍機處檔・月摺包》，第2771箱，69包，10186附3號，〈抄附遊
   擊許全跟兵稟〉。

⑧ 許雲樵撰〈鄭昭入貢清廷考〉，《南洋學報》，第七卷，第一輯，
   頁1。

⑨ 《軍機處檔・月摺包》，第2771箱，69包，10186附3號，〈抄錄署
   遊擊鄭瑞等訪查節略〉。

⑩ 朱雲影著《泰國與中國》（臺北，海外文庫出版社，民國四十五年
   八月），頁14。

⑪ 朗葦吉懷根（Luang Wijit Watkan）著，許雲樵譯《暹羅王鄭昭傳》
   （上海，商務印書館，民國二十五年），弁言，頁5。

⑫ 《暹羅王鄭昭傳》，頁3。

⑬ 徐玉虎著《泰國統巫里王鄭昭世系》，見《中泰文化論集》，（臺

北，中央文物供應社，民國四十七年二月），頁2450。

⑭　吳福元著，陳毓泰譯《昭披耶宋加綠傳》，《南洋學報》，第一卷，
第二輯（1940年12月），頁88。

⑮　《暹羅史》，下冊，頁323。

⑯　《軍機處檔・月摺包》，第2771箱，69包，10860號，〈抄錄河仙
鎮目莫士麟文〉。

⑰　《軍機處檔・月摺包》，第2771箱，77包，12420號，〈抄錄昭萃
呈稟〉，天運庚寅年五月十六日奉譯。

⑱　《軍機處檔・月摺包》，第2771箱，83包，103480號，乾隆三十六
年，〈抄錄丕雅新來文〉。

⑲　《軍機處檔・月摺包》，69包，10186附1號，一千一百三十年八月
二日，〈譯出暹羅各頭目稟〉。

⑳　《暹羅王鄭昭傳》，頁6。

㉑　《南洋學報》，第一卷，第二輯，頁94。

㉒　《緬檔》（臺北，國立故宮博物院），乾隆三十二年四月十七日，
寄信上諭。

㉓　《軍機處檔・月摺包》，第2771箱，69包，10482號，〈譯出甘恩
敕呈禮部文〉。

㉔　《寄信檔》（臺北，國立故宮博物院），乾隆三十三年八月十九日，
寄信上諭。

㉕　《軍機處檔・月摺包》，第2771箱，69包，10189號，〈河仙鎮鎮
國琮德侯莫士麟稟文〉。

㉖　《軍機處檔・月摺包》，第2771箱，77包，12421號，〈抄錄莫士
麟咨呈〉，天運庚寅年五月十六日，咨呈。

㉗　《軍機處檔・月摺包》，第2771箱，83包，14322號，〈抄錄河仙
鎮目呈文〉，天運辛卯年四月十五日，咨呈。

㉘ 《軍機處檔·月摺包》，第2771箱，83包，14322號。乾隆三十六年六月初七日，李侍堯奏摺錄副。

㉙ 《軍機處檔·月摺包》，第2771箱，84包，14763號，〈暹羅頭目坤麼悉呢霞辦事等供單〉。

㉚ 《軍機處檔·月摺包》，第2771箱，84包，14763號，〈花肚番等供單〉。

㉛ 《軍機處檔·月摺包》，第2771箱，83包，14348號，〈抄錄丕雅新來文〉。

㉜ 《軍機處檔·月摺包》，第2765箱，92包，18004號。乾隆三十七年，〈抄錄莫士麟來稟〉。

㉝ 《明清史料》，庚編（臺北，中央研究院，民國四十九年九月），第六本，頁534。

㉞ 《軍機處檔·月摺包》，第2765箱，92包，18018號，〈河仙鎮來差莫武供單〉。

㉟ 《軍機處檔·月摺包》，第2765箱，92包，17984號。乾隆三十七年五月，〈抄錄鄭昭來稟〉。

㊱ 《軍機處檔·月摺包》，第2765箱，92包，18021號。乾隆三十七年八月初八日，〈暹羅送回梁上選等供單〉。

㊲ 《宮中檔》（臺北，國立故宮博物院），第2773箱，127包，29524號。乾隆三十九年八月初六日，李侍堯奏摺。

㊳ 《上諭檔》（臺北，國立故宮博物院），乾隆四十二年三月初七日，〈楊朝品供詞〉。

㊴ 《寄信檔》，乾隆四十二年四月二十三日，寄信上諭。

㊵ 《宮中檔》，第2769箱，136包，31947號。乾隆四十二年七月初四日，兩廣總督楊景素奏摺。

㊶ 《清高宗純皇帝實錄》，卷一〇三七，頁13。乾隆四十二年七月丙

戌，上諭。

㊷ 《上諭檔》，乾隆四十三年八月十八日，寄信上諭。

㊸ 《軍機處檔・月摺包》，第2705箱，131包，30433號。乾隆四十六年五月二十六日，〈抄錄鄭昭貢單〉。

㊹ 《南洋學報》，第七卷，第一輯，頁15。

㊺ 《南洋學報》，第七卷，第一輯，頁12。

㊻ 《軍機處檔・月摺包》，第2705箱，136包，31903號。乾隆四十六年八月十二日，巴延三奏摺錄副。

㊼ 吳福元撰，陳毓泰譯〈鄭王在位之最後一年〉，《南洋學報》，第二卷，第三輯（1941年9月），頁109。

㊽ 許雲樵撰〈鄭昭貢使入朝中國紀行詩譯註〉，《南洋學報》，第一卷，第二輯，頁38。

㊾ 《軍機處檔・月摺包》，第2705箱，134包，31551號，檄稿。

㊿ 《宮中檔》，第2715箱，161包，39013號。乾隆四十六年八月十二日，巴延三奏摺。

(51) 《上諭檔》，乾隆四十六年七月二十日，〈擬檄暹羅國文稿〉。

(52) 《軍機處檔・月摺包》，第2705箱，136包，31903號。乾隆四十六年八月十二日，巴延三奏摺錄副。

(53) 《上諭檔》，乾隆四十六年九月初二日，寄信上諭。

(54) 《南洋學報》，第一卷，第二輯，頁43。

(55) 《宮中檔》，第2715箱，162包，39380號。乾隆四十六年九月二十八日，巴延三奏摺。

(56) 《明清史料》，庚編，第六本，頁539。

(57) 《朝鮮正宗實錄》（漢城，國史編纂委員會），卷一三，頁13。正祖六年二月辛卯，記事。

(58) 盧濟芳撰〈清高宗時代的中暹關係〉，《歷史學報》，第二期（臺

　　北，國立臺灣師範大學歷史學系，民國六十三年二月），頁12。

⑤　《南洋學報》，第三卷，第一輯，頁31。

⑥　陳荊和撰〈關於暹羅王鄭昭之幾個問題〉，明史論叢之七，《明代
　　國際關係》（臺北，學生書局，民國五十七年八月），頁135。

⑥　《南洋學報》，第七卷，第一輯，頁2。

⑥　浩爾著，黎東方譯《東南亞通史》㈡，頁169。

⑥　《暹羅史》，下冊，〈吞巫里皇朝鄭皇本紀〉，頁351。

⑥　《暹羅王鄭昭傳》，頁33。

⑥　《南洋學報》，第二卷，第三輯，頁110。

⑥　《明代國際關係》，頁138。

⑥　《泰國與中國》，頁13。

從民族主義論孫中山先生
講述會黨歷史的時代意義

一、前　言

　　我國歷代以來，就是一個多民族的國家，各民族的社會、經濟及文化等方面，都存在著多樣性及差異性的特徵。各民族或因人口多寡懸殊，或因力量強弱不同，而產生互相消長的現象。明代中期以降，遼東地區，由於滿洲新興民族共同體的形成，以及清朝政治聯合體的發展，而使滿族由小變大，由弱轉強。明朝政權的覆亡，固然是因為政治的惡化，經濟的崩潰，社會的動亂所造成的結局，但同時也不能忽視滿漢民族勢力消長的因素。

　　洪門會黨是由下層社會的異姓金蘭結義組織發展而來的多元性地方社會共同體，模擬血緣制的兄弟平行關係，形同手足，並藉盟誓約束成員，強調義氣千秋。會黨內部存在著共同的利益，並在認同和自我意識方面具有共同感，一方面具有內聚力，一方面具有強烈的排他性。清代中期以來，由於社會經濟的變遷，人口流動的頻繁，結盟拜會的活動，蔚為風氣。各會黨因遭受官府的取締，又受到種族意識的激盪，終於匯聚成為民族革命的洪流。清朝末年，內憂外患，國勢陵夷，終至覆亡。清朝政權被推翻，因素固然很多，但同時也不能忽視滿漢民族勢力消長的因素。

　　清朝末年，有志之士，為挽救國家民族的危亡，紛紛提出救國救民的方案，君主立憲與國民革命就是兩種救亡運動，也是晚清政潮中的兩股主流。為使其方案付諸實施，都注意到下層社會

的洪門會黨。無論是革命派的直接倒滿主義者，或保皇會的間接
倒滿主義者，俱曾嘗試聯絡會黨，號召群眾，以期達到救亡圖存
的目標。由於洪門會黨反清復明的宗旨，與革命黨的反滿民族主
義主張相近，而使洪門會黨與革命黨形成了聯合陣線。孫中山先
生已指出，「內地之人，其聞革命排滿之言而不以為怪者，只有
會黨中人耳。」洪門會黨主張民族革命，故能接受孫中山先生的
革命主義。孫中山先生創立興中會之初，也是先從聯絡會黨入手。
孫中山先生講述革命運動的經過，三民主義十六講，《孫文學說》，
以及專論或談話中，多次談到洪門會黨的歷史，也都具有時代的
意義，有助於了解孫中山先生對民族主義的詮釋，為探討孫中山
先生革命思想提供了具體的例證。

二、滿洲民族共同體的形成與滿漢勢力的消長

　　我國自古以來，就是一個多民族的國家，歷代政權的興替，
與民族勢力的消長，關係極為密切。明清政權的轉移，可以反映
滿漢勢力的消長過程。建州女真的崛起，滿族的形成，清朝勢力
的建立，是探討滿漢勢力消長過程的重要課題。

　　蒙古滅金後，女真遺族散居於東北混同江流域，開元城以北，
東濱海，西接兀良哈，南鄰朝鮮。明朝初年，女真分為三部，其
中建州女真是因明朝招撫設置建州衛而得名。明朝初年，建州女
真從伊蘭附近的斡朵里部、胡里改部遷徙到綏芬河下游，圖們江、
琿春江流域。永樂末年至正統初年，又遷到渾河上游的蘇子河一
帶。松花江在元明兩代又稱海西江，居住在海西江及其支流沿岸
的許多女真部落因而統稱之為海西女真，又稱忽剌溫女真。正統
至嘉靖年間，海西女真遷徙到吉林松花江沿岸，輝發河流域，主
要為扈倫四部。野人女真主要是指烏蘇里以東至海的諸部，當建

州女眞南遷後，野人女眞諸部即填補於綏芬河、琿春江一帶。永樂初年，明朝設置建州衛，以阿哈出爲指揮使。其後又析置建州左衛和建州右衛，三衛並立。所謂建州女眞族就是指明朝所建立的建州三衛的女眞人，是東北地區女眞人許多部落中的一支部落。這支女眞部落經過不斷遷徙，而逐漸接近遼東地區，受到農業生產發達，社會先進地區的影響較大，其內部的農業生產比較進步。又通過馬市貿易，而使這個部落與內地的經濟、文化關係較爲密切。

　　十六世紀後期，在建州女眞族中出現了武力較強大的努爾哈齊勢力，進行對建州三衛女眞族分散的各部族的武力統一，並以此爲基礎，開始把兼併戰爭推向建州三衛以外的海西和東海等女眞人，形成一個大女眞勢力，不只是建州女眞了。明神宗萬曆四十四年（1616），努爾哈齊在赫圖阿拉（hetu ala）稱金國汗，萬曆四十六年（1618），吞併葉赫，表明建州女眞這一歷史過程的完結，下一個歷史進程的開始。

　　皇太極繼承汗位後，因有感於努爾哈齊屠城驅民之失，於是極力調整民族政策。他改善漢人的地位，優禮漢官，降將俘民，各得其所，尤以善養人著稱①。蒙古察哈爾、奈曼、敖漢、喀喇沁、扎魯特、科爾沁等部長固然率衆來歸，漢族降將降人歸順者，亦足不旋踵。皇太極將降人視爲上天所賜，備加愛護，嚴禁殺掠②。在八旗組織裡面，除主體女眞人外還包括相當多的蒙古人和漢人。皇太極繼承汗位後，一方面爲了戰爭的需要，一方面爲了調整八旗內部的民族關係，而在八旗組織中，分出蒙古八旗與漢軍八旗。從天命、天聰年間以來，有大批黑龍江、烏蘇里江等處的民族歸順後，被編入八旗，稱爲新滿洲，使八旗的民族成分，更加擴大，同時在八旗社會共同體中生活。努爾哈齊天命年間曾

經利用蒙古字母創製了一種新女真文，又稱無圈點的老滿文。皇太極天聰年間，加以改進，形成加圈點的新滿文。這樣女真族就有了一種統一的規範的民族文字，對於形成共同文化、共同心理，起了重要的作用。天聰九年（1635），皇太極宣佈廢除「諸申」即女真舊稱，而以滿洲（manju）作爲女真、蒙古、漢人共同使用的新族稱。這就標誌著一個新的民族生命共同體的最終形成。這個新的民族生命共同體，就是滿族。「滿族」這個詞所指的民族成分，除了核心女真人外，還包括蒙古、漢人、朝鮮、錫伯等民族，是複合民族發展的結果。文鍾哲撰〈淺談滿族共同體的形成與發展〉一文已指出，民族共同體不是以血緣關係構成的，不能把它與氏族、種族混爲一談。皇太極廢女真舊稱，定族名爲滿洲的主要原因，是皇太極十分清楚女真舊號已不適用於政治、經濟、文化生活日益密切，而民族成分日益複雜的「國人」。然而，推翻明朝統治，奪取政權，只靠女真族的力量是不夠的，必須依靠漢、蒙、錫伯、朝鮮等民族的協助，因此爲了籠絡所有歸附和順從他的「國人」，而推出了新的族名。這就是說，客觀上滿洲複合民族已經形成，它是以女真族爲核心的包括漢、蒙、朝鮮、錫伯等單一民族的人們共同體。八旗制度是具有行政、軍事、生產三方面職能的組織形式，它加速了女真、蒙古、漢、朝鮮、錫伯等民族的融合，促使滿洲複合民族發展成爲一個單一的具有共同語言、共同經濟生活，以及表現在共同文化特點上的共同心理素質的相對穩定的民族共同體即滿族③。天聰年間形成的滿族就是以女真族爲核心，並混合遼東地區的蒙古、漢人、朝鮮、錫伯等各民族而形成的新的民族生命共同體。

　　天命、天聰兩朝的國號爲「金」（aisin），這是可以確信無疑的。努爾哈齊以「金」爲國號，爲時甚早。無圈點《老滿文

原檔》萬曆四十一年（1613）的記錄，已見「金國」字樣。《朝鮮王朝實錄》光海君六年（1614）亦載。「今者國號僭稱金」等字樣④。可見至遲朝鮮在萬曆四十二年（1614）已經知道努爾哈齊的國號爲「金」了。據統計，在《舊滿洲檔》中所見將「金」或「金國」作爲國號使用的近九十處，其中有四十七處是用於給明朝皇帝、大臣、太監、官生、軍民人等及朝鮮或邊將的文書，這些都是應該使用正式國號的場合。努爾哈齊所以建立國號爲「金」，是因爲他把自己看作是完顏「金之遺種」，其國爲完顏金的復興，就是想把自己作爲中國歷史上女眞人所建立的金朝的後繼者，金朝是在女眞人歷史中最爲輝煌的一頁，使用「金」作爲國號，有繼承金朝事業，團結各部女眞人的政治意義。金國政權的建立，雖然爲滿洲複合民族的形成奠定了基礎，但是，「金」這個國號並不適用於滿洲民族共同體的需要。因爲「金」是女眞族的政權，從掌握政權的統治者到國人，絕大部分是女眞人。金國政權仍然保持著女眞人的經濟、文化及風俗等方面的特點。因此，金國無異於女眞國，只適用於女眞一族，具有濃厚的女眞種族意識。爲了避免漢人對宋金故事的聯想及仇恨，拋棄「金」這個國號，已經是歷史的趨勢。

皇太極繼承汗位之後，實施了一系列的政策，加快了吸收比較先進的政治體制，以明朝的政治體制爲模式，改造了自身的政治體制，推動了本身制度的發展。同時也積極調整政策，以爭取漢官和明朝在遼東的勢力，形成一個以滿洲民族共同體爲核心的政治聯合體，而壯大了力量。在女眞族的概念中，雖然「汗」（han）就是皇帝，但在漢文化中，皇帝一詞是比少數民族的「汗」要高一級的稱謂。在明朝人看來，皇帝與汗是不同等級的稱呼，政治含義不同，只有明朝的最高統治者才能稱爲皇帝。隨著金國政

權的逐漸強大，金國的汗向皇帝一級的發展是必然的。皇太極在
征服朝鮮、察哈爾，屢次取得對明朝作戰的勝利之後，爲了要與
明朝進行對等和談，平起平坐，當然要做皇帝了。天聰十年（
1636），皇太極把國號由「金」改爲「大清」，主要就是由於
當時形勢的發展，他是關外滿洲民族共同體即女眞、蒙古、漢人、
朝鮮等複合民族的共主，他有實力，也有資格稱帝了。也就是說
他要建立一個新的王朝國家，首先就要有一個新國號，不但會使
人耳目一新，最主要的還是爲了表明他的獨立性。清朝的國號，
滿文始終是「大清」（daicing），而不是「清」。《管子、心
術篇》有「鏡大清者，視乎大明」等句，這些記載應該是皇太極
等人制定新國號的線索。大清是天，大明是日月。把天（abka）
作爲至高無上的存在，顯示出絕對的崇敬。他在改國號的同時，
又將年號改爲「崇德」，即崇高道德，與明朝的崇禎，即崇尚禎
祥相對，二者的雷同，並非單純的偶然性。皇太極在制定國號的
時候，他已經意識到「崇德」與「崇禎」相對稱；「大清」與「
大明」相對立⑤，「大清國」就是與明朝既對等又對立的國家。
皇太極正式稱帝，採用新的國號和年號，標誌著關外這個以滿洲
民族共同體爲核心的政治聯合體已經形成。這是一支完全有力量
與內地其他政治勢力逐鹿中原，奪取全國統治權的強大政治勢力。
這個包括東北地區的各種政治力量，稱爲清朝勢力。在東北地區
興起的民族勢力，與政治力量，是從開始的建州女眞單純的民族
勢力，與金國政權的政治力量，後來又凝聚了東北地區各民族的
成分和政治的力量，從而組合成一股不容忽視的清朝勢力。清朝
由小變大，由弱轉強，以及滿洲民族共同體和清朝政治聯合體的
最終完成這一歷史發展過程，對於清朝勢力的進入關內，並征服
全國，十分重要。明朝末年，由於政治更加惡化，民生日益凋敝，

社會動亂擴大，對東北新興的民族勢力和政治力量，遂束手無策。明朝政權的崩潰，就是關內與關外民族勢力與政治力量消長的結果。

三、清朝社會經濟變遷與洪門會黨的起源

　　清世祖順治皇帝入主中原後，由睿親王多爾袞攝政。多爾袞在攝政期間首先遭遇的，便是如何對待關內漢人的問題。如果將內地的漢人，全都歸入八旗，必因漢人太多而權重，不利於滿族，何況關內漢人不懂滿洲語，自有其困難。多爾袞費盡心機，最後決定採用遼金時期的辦法，在一個皇帝下滿漢分治，滿族仍用八旗制度管理，內地漢人則沿襲明朝舊制，由省道府州縣治理。

　　滿族入主中原，歷經二百六十八年，其中康熙、雍正、乾隆三朝共計一百三十四年，正好占了一半。這三朝皇帝，各有其政治主張，也各有其成就。康熙皇帝主張寬和，近乎德治；雍正皇帝主張嚴厲，近乎法治；乾隆皇帝主張寬猛相濟，近乎文治。雖然各有千秋，但都重視官箴，注意吏治。對於賦役改革，清理錢糧虧空，更是不遺餘力。但是，由明代以來直省財政制度的內在缺點，及政治風氣因循廢弛的外在通病，依然存在，以致錢糧積弊叢生，地方吏治亦未見改善。

　　清朝初年以來，社會經濟產生了重大的變遷，其中最引人矚目的就是人口的急劇增加，人口流動的日益頻繁。由於人口的流動，使下層社會呈現出多層次的複雜的多元關係。經過社會學家、人類學家和歷史學家的探討，清初以來地方社會構成法則的多樣性和複雜性，已漸為人們所認識。根據不同的認同、整合和分類原則所構成的地方社會共同體，大致可以歸納為三類：一類是宗族；一類是屬於市場體系的基本市集區；一類是所謂祭祀圈。這

些地方社會共同體，或以固有的地緣和血緣關係，或以共同的利益關係，或根據共同的文化傳統，而存在著不同層次，不同形式的地方社會共同體。各種社會共同體內部存在著共同的利益，並在認同和自我意識方面具有共同感，也存在著或鬆或緊的組織形式，以及或強或弱的社會功能⑥。會黨是由下層社會的異姓結拜組織發展而來的多元性的一種地方社會共同體。其起源及發展，與宗族社會的變遷及其人口流動，有密切的關係。大致而言，以血緣關係爲紐帶的宗族，屬於繼承式宗族；以地緣關係爲紐帶的宗族，屬於依附式宗族；以經濟利益爲紐帶的宗族，屬於合同式宗族。清初以來，閩粵等地區的宗族組織，大都已從血緣紐帶衍化成以地緣爲紐帶，進而衍化成以經濟利益爲紐帶。在依附式宗族和合同式宗族社會中，弱房依附於強房，小姓依附於大姓，強房大姓對當地資源建立了地域性的支配圈，把附近的弱小宗支置於他們的保護之下。由於強房大姓對於弱房小姓的欺壓肆虐，以強凌弱，以眾暴寡，而激起弱房小姓的強烈反抗。眾小姓聯合抵制大姓，異姓結拜的活動，蔚爲風氣。異姓人結拜弟兄時，一方面模擬宗族血緣制的兄弟平行關係，形同手足，彼此以兄弟相稱，義結金蘭，歃血瀝酒，藉盟誓約束成員，強調義氣千秋，以強化內部的組織。一方面吸收佛家破除俗姓，以「釋」爲僧侶共同姓氏的傳統，藉以發揚四海皆兄弟的精神。異姓結拜團體的內部成員，除本身俗姓外，另以象徵特特殊意義的吉祥字爲義姓，化異姓爲同姓，同姓同心，同心同德，以打破各家族的本位主義。各小姓聯合後，或以「萬」爲義姓，象徵萬眾一心；或以「海」爲義姓，象徵四海一家；或以「齊」爲義姓，象徵齊心協力；或以「同」爲義姓，象徵共結同心。各異姓結拜集團，都是以宗族血緣制爲模式的虛擬宗族，亦即由傳統宗族組織衍化而來的地方社

會共同體。王懿德在閩浙總督任內曾具摺指出，「閩省地勢延袤二千餘里，負山面海，外控臺灣、澎湖，實爲濱海巖疆，故兵額之多，較他省爲最。乃地多斥鹵，民事畋漁，戶鮮蓋藏，力尤拮据，亦較他省爲甚。且上游則山深箐密，村落零星；下游則聚族而居，民貧俗悍，往往以大姓而欺小姓，強房而凌弱房，糾衆結會，持械互鬥之風，幾成錮習。」⑦福建下游即指泉州、漳州等府沿海地區，會黨的起源，與福建泉州、漳州等府異姓結拜風氣的盛行，確實有極爲密切的關係。會黨的發展，則與閩粵等省人口流動的頻繁，有十分密切的關係。閩粵沿海地區，由於人口壓迫，日益嚴重，生計艱難的貧苦小民，或進入城鎮傭趁度日，或移徙開發中的移墾地區墾殖荒陬，隨著閩粵人口的向外流動，結盟拜會的活動，亦四處蔓延，會黨林立。

　　清初以來，針對異姓結拜的活動，制定了取締條例。乾隆年間以後，又針對會黨的活動，修訂了條例。會黨的組織及其活動，都與朝廷律例相牴觸，而遭到官府的查禁，結盟拜會案件，遂層出不窮。排比清代各處會黨案件的時間分佈與地理分佈，有助於了解清代會黨的發展過程。檢查現存清宮檔案，可以發現會黨案件的正式出現，是始自雍正年間（1723—1735），包括：鐵鞭會、父母會、一錢會、子龍會、鐵尺會等。乾隆年間（1736—1795），會黨案件日益頻繁，包括：關聖會、子龍會、小刀會、邊錢會、關帝會、父母會、北帝會、鐵尺會、天地會、添弟會、雷公會、牙籤會、遊會、纍黮會等。以上各會黨主要起源於閩粵地區，可以稱之爲閩粵系統的會黨。其中天地會是較晚出現的一個會黨，最早只能追溯到乾隆中葉。臺灣天地會首領林爽文起事以後，民間對天地會的名稱，已經家喻戶曉，耳熟能詳，天地會的隱語暗號，傳佈益廣，各會黨結盟立誓時，多模倣天地會的儀

式,傳習天地會的隱語暗號。此後,閩粵系統的會黨,又可以稱之爲天地會系統的會黨。

雍正、乾隆時期,會黨最盛行的地區,主要在福建、廣東,隨著閩粵人口的向外流動,其鄰近省分結盟拜會的風氣,亦逐漸盛行。嘉慶十年(1805)以後,江西因鄰近福建、廣東而先後破獲天地會、三點會、洪蓮會、邊錢會、添弟會、忠義會、五顯會、太平會、添刀會、鐵尺會、天罡會、長江會、瓷巴會、關爺會等會黨。嘉慶十一年(1806)以後,廣西地區結盟拜會的風氣,更加盛行。先後破獲天地會、添弟會、忠義會、老人會等會黨。嘉慶十七年(1812)以後,雲南、湖廣會黨亦相繼出現。嘉慶二十一年(1816)以後,貴州也出現各種會黨。這種傳佈現象,反映會黨是隨著移民潮的出現而橫向發展。由於閩粵等地區向外遷移的流動人口遠至邊境各省及海外各地,而將結盟拜會的風氣,傳佈到移民所至之處。大致而言,在太平天國起事以前,江西、廣西、雲南、貴州、湖南、四川等省的會黨,主要就是閩粵會黨的派生現象,可以說是屬於閩粵系統或天地會系統的會黨。譬如乾隆七年(1742)福建漳浦縣所破獲的小刀會,其出現早於天地會。乾隆三十七年(1772)臺灣彰化縣小刀會的活動,已極頻繁,其出現是在嚴煙渡臺傳授天地會以前,俱未受天地會的影響,可以說是閩粵系統的會黨。嘉慶二年(1797)十二月,臺灣淡水地方有楊肇等人倣照天地會儀式結拜小刀會,這個小刀會可以說是閩粵天地會系統的會黨。乾隆年間,臺灣諸羅縣的添弟會與彰化縣的天地會,其倡立時間、地點、人物、俱不相同,是獨自創生的會黨,添弟會並非天地會的同音字,只能說是閩粵系統的會黨。嘉慶年間以降的添弟會,多爲天地會的同音字,是從天地會轉化而來的會黨,可以說是閩粵天地會系統的會黨。嘉

慶十年（1805），福建長汀縣人黃開基在南平縣加入添弟會。
嘉慶十九年（1814）二月，黃開基在順昌縣糾衆拜會，將添弟
會改名爲仁義會。此仁義會可以說是閩粵天地會的派生現象，是
屬於閩粵天地會系統的會黨。嘉慶二十四年（1819），御史黃
大名條陳積弊時，已指出廣東三合會就是從前的添弟會。道光十
年（1830）八月，廣東番禺縣人張摒在樂昌縣會遇英德縣人范
孝友，談論添弟會改名三合會之事。同年十月，張摒因貿易前往
湖南藍山縣。道光十一年（1831）正月，張摒在藍山縣糾邀李
金保等人結拜三合會。同年，貴州開泰縣人馬紹湯前往廣西懷遠
縣找尋生意，途中會遇船戶吳老二。吳老二告知廣東舊有添弟會，
改名三合會，會中隱語有「三合河水出高溪」等語。句中「高溪」，
即福建漳浦縣高溪鄉。乾隆年間，萬提喜和尚在高溪鄉觀音亭創
立天地會，三合會就是天地會的派生現象，是屬於閩粵天地會系
統的會黨。

　　道光九年（1829），江西南安府上猶縣地方有縣民鄒學洪
等人結拜添弟會。道光十年（1830）十一月，《寄信上諭》指
出南安一道，向有添弟會名目，千百成群，劫掠搶奪，又名添刀
會，每人隨身帶刀一把。添弟會的本質，就是一種異姓弟兄的結
拜組織，增添弟兄，以便遇事相助，會中成員隨身帶刀一把，每
增兄弟一人，即添刀一把，因此稱爲添刀會，又名千刀會，千百
成群，以示兄弟衆多，由此可知添刀會或千刀會就是由添弟會轉
化而來的會黨，是屬於閩粵天地會糸統的會黨。

　　萬提喜和尚又名洪二和尚，「三八二十一」是天地會的暗號，
隱寓洪二和尚的「洪」，三點會即因「洪」字而得名。李江泗原
籍廣東龍川縣，是三點會的會員。後來，他前往福建邵武縣開張
雜貨店。據李江泗供稱，三點會原係添弟會，又名三合會。閩浙

總督鍾祥具摺時亦稱，邵武等府的三點會，就是從前閩粵各省辦過添弟會的「餘孽」，變易其名而來。因此，三點會就是天地會或添弟會的派生現象，是屬於閩粵天地會系統的會黨。

　　陳蘇老是福建泉州同安縣人，向在臺灣耕種度日。乾隆五十一年（1786），陳蘇老拜李水為師，加入天地會。林爽文起事以後，陳蘇老隨同入夥。林爽文被捕後，陳蘇老逃入內山，幫同原住民種地。乾隆五十七年（1792）四月間，陳蘇老因事隔多年，潛赴海邊，詐稱遭風難民，搭船內渡。同年五月間，陳蘇老至素好的晉江縣民人陳滋家探望，各道貧苦，起意立會，傳授天地會三指訣。因官府嚴厲查拏天地會逸犯，陳蘇老等即改造「龴黰」字樣，以暗代「天地」二字，龴黰會就是由天地會衍化而來的會黨。廣東潮陽縣人黃悟空糾眾拜會，因天地會名稱沿用已久，恐難吸收會員，於是改名雙刀會。後來黃悟空又糾人結會，製得紅布三角「洪令」小旗，上寫「龴黰芀」字樣，以隱藏天地會的名稱。因此，龴黰會、龴黰芀，俱讀如「天地會」，都是天地會的派生現象，是屬於閩粵天地會系統的會黨。

　　哥老會起自四川，而盛行於湖廣，受到閩粵天地會系統會黨的影響極大，但同時又吸收嘓嚕的組織特色。同光時期，哥老會盛行，在組織、儀式等方面又有許多獨創，頗能反映川楚區域特徵，因此，可以稱為川楚系統的會黨。同光年間，又有許多會黨是由哥老會轉化而來，所以也可以稱之為哥老會系統的會黨。舉凡哥弟會、江湖會、在園會、洪江會、清明會、龍華會、同仇會等，可以說就是屬於川楚哥老會系統的會黨。其中哥弟會是哥老會的別名，江湖會又名英雄會。同治六年（1867）二月，湖南湘鄉縣有曾廣八等率領江湖會起事案件。湖南巡撫劉崐具摺時，已經指出江湖會皆各路營勇在營時輾轉拜盟，遣撤後仍復固結不

解⑧。。袁世凱在直隸總督任內查明彰德府境內的在園會，也是由哥老會餘黨別立名目而來⑨。彰德府人彭雲山，曾充營兵被革，投入哥老會，後改立洪江會。湖南瀏陽縣人楊青山曾在各省充當營勇，因事被革，先入哥老會，繼入洪江會，立有刑堂，續充山主。在太平天國起事以前，仁義會可以歸入閩粵天地會系統，而在同光時期哥老會盛行後，仁義會因吸收哥老會的許多要素，故可歸入哥老會系統內。嘉慶十九年（1805），福建長汀縣人黃開基將添弟會改爲仁義會。光緒二年（1876）九月，江西東鄉縣拏獲仁義會要犯戴金鸞等三名，江西巡撫劉秉璋具奏時指出仁義會即哥老會⑩。嘉慶十三年（1808），福建永定縣人廖善馨等人在江西安遠縣談及三點會奉官查禁，起意商改三點會爲洪蓮會。光緒三十二年（1906），江西破獲洪蓮會。據要犯黃淑性供稱，曾加入昆侖山洪蓮會，充當饒州總頭目，以仇教爲名⑪。同光時期，仁義會、洪蓮會等會黨，由於吸收更多哥老會要素，更具哥老會特色，事實上已與哥老會合流，因此可以歸入川楚哥老會系統內。太平天國起事失敗以後，由於人口流動的更加頻繁，以及散兵游勇的到處充斥，使閩粵天地會系統的會黨與川楚哥老會系統的會黨，都打破了地域限制，而互相影響，彼此合流，在清末民族主義洪流的激盪下，形成了下層社會以漢族爲核心的新社會共同體，所謂洪門會黨，就是包括閩粵天地會系統及川楚哥老會系統的各種會黨。

四、孫中山先生對會黨歷史的考察

關於洪門會黨的起源，涉及到創立會黨的人、地、時等問題。截止到八十年代末年，學術界對天地會起源的說法，已經可以歸納爲十二種，即：天地會創始於明末遺老說；鄭成功創立天地會

說；天地會始於康熙十三年甲寅說；福建藤牌兵創立天地會說；
天地會始於雍正十二年甲寅說；天地會始於雍正初年說；天地會
始於雍正年間說；廣義天地會始於雍正年間狹義天地會始於乾隆
年間說；天地會始於乾隆三十二年說；天地會始於乾隆二十六年
說，以「萬」爲姓集團創立天地會說；天地會始於明末清初說等
等，異說紛紜，莫衷一是。

　　在近代史上，特別是辛亥革命時期推翻清朝政府的過程中，
洪門會黨曾經產生過重要作用。一些著名的革命黨人也曾加入過
洪門會黨，並且自認是洪門會黨反滿民族主義的繼承者。孫中山
先生對洪門會黨的起源，提出他的說法。《孫文學說》有一段記
載說：

　　　　洪門者，創設於明朝遺老，起於康熙時代。蓋康熙以前，
　　　　明朝之忠臣烈士，多欲力圖恢復，誓不臣清，捨生赴義，
　　　　屢起屢蹶，與虜拚命，然卒不救明朝之亡。迨至康熙之世，
　　　　清勢已盛，而明朝之忠烈亦死亡殆盡，二三遺老，見大勢
　　　　已去，無可挽回，乃欲以民族主義之根苗，流傳後代，故
　　　　以反清復明之宗旨，結爲團體，以待後有起者，可藉爲資
　　　　助也，此殆洪門創設之本意也。然其事必當極爲秘密，乃
　　　　可防政府之察覺也。夫政府之爪牙爲官吏，而官吏之耳目
　　　　爲士紳。故凡所謂士大夫之類，皆所當忌而須嚴爲杜絕者，
　　　　然後其根枝乃能保存，而潛滋暗長於異族專制政府之下。
　　　　以此條件而立會，將以何道而後可？必也以最合群眾心理
　　　　之事跡，而傳民族國家之思想，故洪門之拜會，則以演戲
　　　　爲之，蓋此最易動群眾之視聽也。其傳佈思想，則以不平
　　　　之心，復仇之事導之，此最易發常人之感情也。其口號暗
　　　　語，則以鄙俚粗俗之言以表之，此最易使士大夫聞而生厭

遠而避之者也。其固結團體，則以博愛施之，使彼此手足
相顧，患難相扶，此最合夫〔乎〕江湖旅客、無家遊子之
需要也。而最終乃傳以民族主義，以期達其反清復明之目
的焉。國內之會黨，常有與官吏衝突，故猶不忘其與清政
府居於反對之地位，而反清復明之口頭語，尚多了解其義
者。而海外之會黨多處於他國自由政府之下，其結會之需
要，不過爲手足患難之聯絡而已，政治之意味殆全失矣，
故反清復明之口語，亦多有不知其義者。當予之在美洲鼓
吹革命也，洪門之人，初亦不明吾旨，予乃反而叩之反清
復明何爲者？彼眾多不能答也。後由在美之革命同志鼓吹
數年，而洪門之眾，乃始知彼等原爲民族老革命黨。然當
時予之遊美洲也，不過爲初期之播種，實無大影響於革命
前途也，然已大觸清廷之忌矣⑫。

引文內容指出洪門就是會黨，洪門是由明朝遺老所創設，時間是
在康熙年間。明朝遺老見忠臣烈士死亡殆盡，恢復事業，大勢已
去，無可挽回，於是以反清復明爲宗旨，而結爲會黨。孫中山先
生在《民族主義》第三講中也有一段敘述說：

我們講到會黨，便要知道會黨的起源。會黨在滿清康熙時
候最盛。自順治打破了明朝，入主中國，明朝的忠臣義士，
在各處起義來抵抗，到了康熙初年，還有抵抗的。所以中
國在那個時候，還沒有完全被滿洲人征服。康熙末年以後，
明朝遺民，逐漸消滅，當中一派是富有民族思想的人，覺
得大事去矣，再沒有能力可以和滿洲人抵抗，就觀察社會
情形，想出方法來結合會黨。他們的眼光是很遠大的，思
想是很透澈的，觀察社會情形也是很清楚的。他們剛才結
合成種種會黨的時候，康熙就開博學鴻詞科，把明朝有智

識學問的人，幾乎都網羅到滿洲政府之下了。那些有民族思想的人，知道了不能專靠文人去維持民族主義，便對於下流社會和江湖上無家可歸的人，收羅起來，結成團體，把民族主義放到那種團體內去生存。這種團體的分子，因為是社會上最低下的人，他們的行動很鄙陋，便令人看不起。又用文人所不講的言語，去宣傳他們的主義，便令人不大注意。所以那些明朝遺老實在是有真知灼見。至於他們所以要這樣保存民族主義的意思，好比在太平時候，富人的寶貝，自然要藏在很貴重的鐵箱裡頭，到了遇著強盜入室的時候，主人恐怕強盜先要開貴重的鐵箱，當然要把寶貝藏在令人不注意的地方，如果遇到極危急的時候，或者要投入極污穢坑中，也未可知。故當時明朝遺老，想保存中國的寶貝，便不得不把他藏在很鄙陋的下流社會中。所以滿洲政府二百多年以來，無論是怎樣專制，因為是有這些會黨口頭的遺傳，還可以保存中國的民族主義，當日洪門會中，要反清復明，為什麼不把他們主義保存在智識階級裡頭呢？為甚麼不做文章來流傳，如太史公所謂「藏之名山傳之其人」呢？因為當時明朝的遺老看見滿洲開博學鴻詞科，一時有智識有學問的人差不多都被收羅去了，便知道那些有智識階級的人是靠不住，不能藏之名山，傳之其人，所以要在下流社會中收藏起來，便去結合那些會黨。在會黨裡頭，他們的結納是很容易、很便利的，他們結合起來，在滿洲政府專制之下，保存民族主義，不是拿文字來傳，是拿口頭來傳的。所以我們今天要把會黨源源本本講起來，很為困難，因為他們只有口頭傳下來的片斷故事。就是當時有文字傳下來，到了乾隆時候也被消毀完

了⑬。

由引文內容可知孫中山先生所稱會黨，包含各種會黨，下流社會中的洪門會黨，是其中一種會黨。但「洪門不是由洪秀全而得此稱，當時由朱洪武或由朱洪祝（康熙時有人奉朱洪祝起義）而得此稱謂，或未可定。」⑭孫中山先生認為康熙末年以後，明朝遺民中富有民族思想的一派，覺得大勢已去，再也沒有能力可以抵抗滿洲人，所以就結合成各種會黨。但因康熙皇帝開博學鴻詞科，網羅明朝知識分子。在滿洲政府專制之下，為了保存民族主義，那些有民族思想的明朝遺民便收羅下流社會和江湖上無家可歸的人，結成會黨，把民族主義放在會黨內去生存，洪門會黨的宗旨是反清復明。當康熙、雍正時候，明朝遺民排滿之風還是很盛。到了乾隆年間，經過幾回文字獄之後，中國的民族思想，保存在文字裡頭的，便完全被消滅了。孫中山先生指出，「到了清朝中葉以後，會黨中有民族思想的，只有洪門會黨。」⑮但在洪秀全失敗後洪門會黨也被人利用了，孫中山先生講述了一段故事：

當時左宗棠帶兵去征新疆，由漢口起程到西安，帶了許多湘軍淮軍，經過長江。那時會黨散在珠江流域的，叫做三合會；散在長江的，叫做哥老會，哥老會的頭目，叫做大龍頭。有一位大龍頭在長江下游犯了法，逃到漢口，那時清朝的驛站通消息固然很快，但是哥老會的碼頭通消息更快。左宗棠在途上有一天忽然看見他的軍隊自己移動集中起來，排起十幾里的長隊，便覺得非常詭異。不久接到一件兩江總督的文書，說有一個很著名的匪首，由漢口逃往西安，請他拿辦。左宗棠當時無從拿辦，只算是官樣文章，把這件事擱起來。後來看見他的軍隊移動得更利害，排的隊伍更長，個個兵士都說去歡迎大龍頭。他還是莫名其妙，

後來知道了兵士所要去歡迎的大龍頭，就是兩江總督要他拿辦的匪首，他便慌起來了。當時問他的幕客某人說：「甚麼是哥老會呢？哥老會的大龍頭，和這個匪首有甚麼關係呢？」幕客便說：「我們軍中自兵士以至將官，都是哥老會，那位要拿辦的大龍頭，就是我們軍中哥老會的首領。」左宗棠說：「如果是這樣，我們的軍隊怎樣可以維持呢？」幕客說：「如果要維持這些軍隊，便要請大帥也去做大龍頭，大帥如果不肯做大龍頭，我們便不能去新疆。」左宗棠想不到別的方法，又要利用那些軍隊，所以便贊成幕客的主張，也去開山堂，做起大龍頭來，把那些會黨都收爲部下。由此便可見左宗棠後來能夠平定新疆，並不是利用清朝的威風，還是利用明朝遺老的主義。中國的民族主義自清初以來，保存了很久。從左宗棠做了大龍頭之後，他知道其中的詳情，就把碼頭破壞了，會黨的各機關都被消滅了。所以到我們革命的時候，便無機關可用，這個洪門會黨都被人利用了。所以中國的民族主義，眞是老早亡了⑯。

前引故事指出湘淮軍中哥老會勢力浩大，其山堂首領是龍頭大哥，地位崇高，他對哥老會成員的影響力極大。孫中山先生指出，中國的民族主義自清初以來，由洪門會黨保存了很久。自從左宗棠做了大龍頭，消滅了會黨的各機關以後，洪門會黨都被人利用了。民國前八年（1904），孫中山先生撰〈敬告同鄉論革命與保皇之分野書〉，發表於檀埠隆記報館，原書有一段話說：「本埠保皇報之副主筆陳某者，康趨亦趨，康步亦步，既當保皇報主筆，而又口談革命，身入洪門，其混亂是非，顚倒黑白者如此，無怪公等向之以爲耳目者，混革命保皇而爲一也，此不可不辯也。今

幸有一據可以證明：彼雖口談革命，身入洪門，而爲保皇之中堅，漢族之奸細。彼口談革命者，欲籠絡革命志士也，彼身入洪門者，欲利用洪門之人也。」[17]保皇黨利用洪門保皇，洪門會黨的民族思想也被消滅了。孫中山先生撰〈駁保皇報〉一文也指出，「如彼等欲暗改洪門之宗旨，而令洪門之人，以助其保救大清皇帝也。」[18]由於洪門會黨被保皇帝所利用，所以到孫中山先生進行革命的時候，便沒有機關可用了。

　　孫中山先生對會黨起源的時間、人物及其宗旨的講述，都與歷史事實不合。會黨的正式出現，最早只能追溯到雍正年間，各會黨在初創階段的宗旨，主要是強調內部成員的互助問題，加入會黨後，彼此照顧，患難相助。出外人勢孤力單，恐被人欺侮，他們常藉閒談貧苦而倡立會黨。例如雍正年間臺灣諸羅縣所取締的父母會，是屬於經濟性的內部互助組織。據父母會成員蔡祖等人供稱：「陳斌在湯完家起意招人結父母會，每人出銀一兩拜盟，如有父母老了，彼此幫助。」[19]會中成員每人出銀一兩，爲父母年老疾病身故籌措喪葬費用，這是臺灣父母會得名的由來。近年以來，隨著天地會起源問題研究的深化，以及檔案資料的陸續發掘，對天地會的源流問題，已有較可信的論證。天地會的起源，最早只能追溯到乾隆二十六年（1761），由萬提喜洪二和尙所創立，地點在福建漳浦縣。其宗旨「原爲有婚姻喪葬事情，可以資助錢財；與人打架，可以相幫出力；若遇搶劫，一聞同教〔會〕暗號，便不相犯；將來傳教與人，又可得人酬謝，所以願入這會者甚多」。[20]臺灣天地會要犯楊振國等人亦供稱：「凡入會者，令其對天跪地立誓，因取名天地會。」[21]金蘭結義，異姓弟兄對天跪地盟誓，天地共鑒，這就是天地會得名的由來。因天地會始倡者爲洪二和尙，後來的天地會成員都是他的門人，故稱洪門，

意即以洪爲姓的集團，孫中山先生所稱洪門是由朱洪武或朱洪祝而得名的說法，並不可信。天地會始創初期的宗旨，主要是在於內部成員的互助問題，天地會的倡立及其發展，反映了許多的社會問題，過於強調它的政治目的，認爲天地會是爲著特定政治目的而成立，其創立宗旨是反清復明的臆測，並不符合歷史事實。林爽文領導天地會起事時，仍未標舉反清復明的口號，但長期以來，會黨遭受官府的鎭壓，而逐漸擴大爲政治意識日益濃厚的群衆運動。太平天國之役以後，受到種族意識的激盪，各種會黨的反滿種族意識，日益濃厚。辛亥革命期間，受到民族革命思想的影響，使各會黨具有強烈的反清復明意識。質言之，孫中山先生對天地會宗旨的解釋，是就晚清會黨的發展結果，推論其成立時間和目的，缺乏強有力的證據。雖然缺乏說服力，但對提倡民族革命而言，會黨確實扮演了重要角色。

五、孫中山先生講述會黨歷史的時代意義

洪楊之役，太平天國雖然覆亡，但是漢人勢力日漸抬頭，以漢族爲核心的民族思想，日益發達，漢人排滿之風益盛，滿漢畛域，更加明顯，滿人防範漢人，不遺餘力，益以列強的入侵，使清朝國勢陵夷，內憂外患，反滿革命遂成爲革命黨救亡圖存的一種救國運動。光緒十年（1884），中法之役，清廷和戰乏策，喪師失地，孫中山先生遂立志推翻清朝政權。孫中山先生倡導革命運動，其進行步驟，主要包括立黨、宣傳及起義三項：爲求仁人志士同趨於革命主義之下共同致力，於是有立黨；爲求舉國人民共喻革命主義，以身體而力行之，於是有宣傳；爲求革命主義的實現，先破壞而後有建設，於是有起義。其立黨、宣傳及起義，會黨都扮演了重要的角色。孫中山先生闡述立黨及聯絡會黨的重

要意義說：

> 乙酉以後，余所持革命主義，能相喻者，不過親友數人而
> 已。士大夫方醉心功名利祿，唯所稱下流社會，反有三合
> 會之組織，寓反清復明之思想於其中。雖時代湮遠，幾於
> 數典忘祖，然苟與之言，猶較縉紳爲易入，故余先從聯絡
> 會黨入手。甲午以後，赴檀島美洲，糾合華僑，創立興中
> 會，此爲以革命主義立黨之始。然同志猶不過數十人耳。
> 迄於庚子，以同志之努力，長江會黨及兩廣福建會黨，始
> 併合於興中會，會員稍稍眾，然士林中人，爲數猶寥寥焉
> ㉒。

在興中會時代，能接受革命主義的只有三合會等會黨，嗣後的武
裝起義，也是以會黨分子爲基本武力。孫中山先生倡導的革命主
義，主要是三民主義和五權憲法的革命。三民主義的革命，就是
民族的革命，民權的革命和民生的革命。在民國建立以前，革命
同志「僅僅知道注重在民族主義」。一般黨人的心理，「以爲漢
族一經光復，便可以達到國利民富底目的。」一般革命家的主張，
主要也是民族的革命，「祇知道致力於民族主義」，至於民權的
革命和民主的革命，都被忽略了。民國十年（1921）六月，孫
中山先生在廣州中國國民黨特設辦事處演講時，說了下面一段話：

> 我們中國國民黨和其他一切政治作用的黨會，是大不相同
> 的。譬如明末清初底時候，有些明朝遺老，組織天地會，
> 又叫做洪門會。這個會散佈在我們南方各省的叫做三點會，
> 散佈在長江一帶的又叫做哥老會。他們的宗旨，是在反滿
> 復明，光復漢族，本來也是一個革命黨。不過他們底主張，
> 專是民族的革命，和我們的主張便大不相同。我們所主張
> 底革命，是三民主義和五權憲法的革命㉓。

由引文內容可以了解孫中山先生講述的會黨歷史，主要是在闡述
民族革命的性質，反滿排滿，光復漢族，就是會黨的宗旨。洪門
設會的緣故，「係復國仇」，是革命的導線。但是，孫中山先生
後來所主張的民族主義是積極的民族主義，不同於洪門會黨的民
族革命。孫中山先生認為反滿興漢，只是消極的民族主義，他在
演講時，曾經詳盡的闡述了他對民族主義的主張，節錄一段內容
如下：

> 自從滿洲人到了中國之後，我們漢族被他們征服了二百多
> 年。現在滿虜雖然推翻，漢族是光復了，但是我們民族還
> 沒有完全自由。此中原因，是由於本黨祇做了消極的工夫，
> 沒有做到積極的工夫。自歐戰告終，世界局面一變，潮流
> 所趨，各種族的人民，都注重到民族自決。我們中國尤其
> 是世界民族中的最大問題。此刻東亞的國家，嚴格的講起
> 來，不過是一個暹羅和一個日本，可稱是完全獨立國。中
> 國的幅員廣大，人民眾多，比較他們那兩國何止數十倍？
> 但是幅員雖大，人民雖眾，祇可稱是一個半獨立國罷了！
> 這是甚麼原故呢？就是漢族光復了之後，把所有世襲的官
> 僚頑固的舊黨和復辟的宗社黨，都湊合一起，叫做五族共
> 和。豈知根本的錯誤，就在這個地方，講到五族的人數，
> 藏人不過四、五百萬，蒙古人不到百萬，滿人祇數百萬，
> 回教雖眾，大多數都是漢人。講到五族的地位，滿洲是處
> 於日本的勢力範圍之內，蒙古向來是俄國的範圍，西藏幾
> 幾乎成了英國的囊中物。由此可見他們都沒有自衛底能力，
> 我們漢族應該要幫助他們才是。漢族向來號稱是四萬萬，
> 或者還不祇此數。用這樣多的民族，還不能夠真正獨立，
> 組織一個完全漢族的國家，這實在是我們漢族莫大底羞恥！

這就是本黨底民族主義還沒有澈底的大成功！由此可知本黨還要在民族主義上做工夫！必要滿、蒙、回、藏，都同化於我們漢族，成一個大民族主義的國家！大家都知道，美國在今日世界之中，是最強最富的民族國家。他們民族的複雜，就種類來說，有黑種、白種、紅印度種，有幾十個的民族。就國界來說，最多的有英國人、荷蘭人、德國人、法國人、俄國人，也有幾十國的民族，是世界國家中民族最多的集合體。美國人口的總數約過一萬萬。專就德國人種說，在美國的便有二千萬，實占美國人口總數五分之一。其他英、荷、法、俄各國的人民，散佈在全國之中的也是很多。何以美國的民族不稱英、荷、法、德、俄、美幾國的人，單稱美利堅人呢？諸君要知道美利堅的新民族，便是合英、荷、法、德、俄幾國的人同化到美國所成的名詞。因爲那些國家的人，到了美利堅之後，都合一爐而治之，成了一種民族，所以不稱英、荷、法、德、俄、美幾國的民族。便專稱爲美利堅民族。因爲只有美利堅一種民族，所以才有今日光華燦爛的美國。大家想想，民族的作用是偉大不偉大呢？像美國這樣的民族主義，才是積極的民族主義。這樣積極的民族主義，才是本黨所主張民族主義的好榜樣！我們在今日講中國的民族主義，不能籠統講五族的民族主義，應該講漢族的民族主義。或者有人要說，五族共和，揭櫫已經許久了，此時單講漢族的民族主義，不怕滿、漢、回、蒙四族的人不願意嗎？說到這一層，兄弟以爲可以不必顧慮。因爲現在滿洲人附日，蒙古人附俄，西藏人附英，就是沒有自衛能力的表徵。將來提攜振拔他們，還是要依賴我們漢族。兄弟現在想得一個調

和的方法，就是拿漢族來做中心，使滿、蒙、回、藏四族
都來同化於我們。並且讓那四種民族能夠加入我們，有建
國的機會，做效美利堅民族的規模，把漢、滿、蒙、回、
藏五族，同化成一個中華民族，組織成一個民族的國家，
和美國在東西南半球相映照，成兩個大民族主義的國家㉔！

我國歷代以來，統治政權的遞嬗，與民族勢力的消長，有密切的
關係。明朝政權的覆亡和清朝政權的被推翻，如出一轍，反映了
滿漢勢力消長的過程。明朝萬曆年間以來，建州女眞崛起，因地
處邊外，明朝養癰遺患，滿洲就是以女眞人爲核心而形成的民族
共同體，清朝則爲滿洲民族共同體的政治聯合體，滿洲或清朝由
小變大，由弱轉強，於是入主中原。乾嘉年間以來，日益盛行的
會黨，是起自下層社會的地方社會共同體，太平天國起事以後，
各會黨受到種族意識的激盪，排滿興漢的群衆運動，日趨活躍。
辛亥革命積極聯絡會黨，由於知識分子與下層社會的結合，革命
黨終於推翻了清朝。清朝政權的覆亡，主要是滿漢勢力消長的結
果。明清政權的興替，不能忽視其民族的因素。洪門會黨所宣傳
的民族革命，是反滿排滿，反清復明，復興漢族政權的消極的民
族主義。孫中山先生所主張的是積極的民族主義，雖然也是主張
漢族的民族主義，但他講的是大民族主義，滿、蒙、回、藏等族
不僅在文化上同化於漢族，也要使民族互相融合，最終形成一個
中華民族，這個中華民族就是以漢族爲核心而形成的一個新民族
共同體。並由中華民族組成一個民族國家。孫中山先生所主張的
積極的民族主義，超越了洪門會黨狹盆的種族意識，同時也超越
了民族勢力消長的循環規律。

六、結　語

社會學家所想要了解的問題，主要是人類結合的性質和目的，各種結合的發生、發展及變遷的概況，其目的就是想解釋有關人類結合的種種事實。人群的結合，有各種不同的方式，有的是以固有的血緣為紐帶，有的是以地緣為紐帶，有的是以共同的利益為紐帶，有的是以共同的文化傳統為紐帶，於是存在著不同層次，不同形式的各種社會共同體。會黨是由下層社會的異姓結拜組織發展而來的地方社會共同體，其起源及發展，與清代社會經濟的變遷，有密切的關係。各會黨在初創階段，主要在強調內部的互濟互助，反清復明不是最初的宗旨。但各會黨長期以來遭受取締鎮壓，逐漸形成群眾運動。清代中期以後，會黨受到種族意識的激盪，多以反清復明為號召。光緒、宣統時期，是洪門會黨運動史上的極盛階段，由於洪門會黨與革命黨的結合，對辛亥革命做出了重要的貢獻。在興中會時期，革命黨對洪門會黨曾經進行三項重要工作：㈠大量吸收會黨分子加入興中會；㈡依賴會黨發動軍事行動；㈢與廣東三合會、長江哥老會進行聯合㉕。由於興中會積極聯絡各會黨，因此，會黨弟兄加入興中會者，與日俱增。三合會、哥老會與興中會合組興漢會，推孫中山先生總長㉖。兩廣地區的地理條件和人文背景，特別是革命風氣的盛行，都有利於革命黨的活動。革命黨聯絡廣東會黨，不僅易於爭取那些具有新思想的會黨首領，而且易於使會黨成員把傳統的反清復明意識和新鮮的民族革命意識結合起來，進而通過會黨首領發動下層社會的廣大群眾接受革命黨的領導。孫中山先生直接領導的十次革命軍事行動，主要在廣東、廣西境內，就是由於兩廣會黨、人民群眾和革命黨三方面因素結合的結果。會黨志士慷慨赴義，追隨革命行動的事實，更堅定了孫中山先生繼續聯絡會黨的信心。

　　一般說來，民族主義可以分為族類民族主義、政治民族主義、

文化民族主義。孫中山先生認爲中國的民族主義是中國歷史的產物。其民族主義思想的產生，最直接的影響，就是傳統的夷夏之辨的族類民族觀念，他認爲中國的危難是由於滿洲人的統治，而要救中國，就必須反滿排滿倒滿，光復漢族，由漢族取代滿洲人統治中國，這種傳統的華夏民族優越感，就是孫中山先生民族主義思想產生的主要因素。他從下層社會裡發現洪門會黨的宗旨也是反滿興漢，反清復明，主張民族革命，和革命黨的主張相近，於是積極聯絡洪門會黨，建立內地根據地。他宣傳民族主義，主要就是爲了喚醒中國人的救國意識，喚起愛國主義的新感情，又能喚起漢族優越感的歷史意識，這是屬於政治民族主義的範疇，同時也使民族主義贏得更多群眾的支持，使民權主義和民生主義不得不暫時讓路。

從孫中山先生在不同時期對洪門會黨的評論，可以反映孫中山先生的民族主義思想是一個不斷發展的系統工程。林家有著《孫中山振興中華思想研究》一書已指出民族主義思想的動態序列，他說：

在辛亥武昌起義以前主要是強調「排滿」（反清），沒有強調反帝；辛亥武昌起義後，強調「五族共和」、「五族一家」，也包含有廢除不平等條約，收回租界和領事裁判權的意向；「五四」運動後重點轉入反帝和「濟弱扶傾」，支持弱小民族爭取民族獨立、解放和平等的鬥爭。孫中山民族主義思想的發展，既反映了國內民族矛盾的變化，也反映了時代的變遷和孫中山適應歷史作出的回應；既反映了近代中國救亡與啓蒙的時代主題，又反映了中國貧窮落後需要外援的具體國情，具有鮮明的愛國主義和國際主義思想的特徵㉗。

在辛亥武昌起義以前，革命黨與洪門會黨都主張反清排滿，而形成了聯合陣線。辛亥武昌起義以後，革命黨主張五族共和。民國十年（1921）六月，孫中山先生講述〈三民主義之具體辦法〉時，他又主張「積極的民族主義」，不能專講民族革命，不能籠統地講五族共和，應該講「漢族的民族主義」，就是拿漢族來做核心，把漢、滿、蒙、回、藏五族同化成一個新的民族共同體，稱爲中華民族，並組織成一個民族國家。

　　民族不等於國家，國家和民族是兩個不同的又有聯繫的概念。我國歷代以來，就是一個多民族的國家，漢族不等於國族。孫中山先生堅持以漢族作爲凝聚的核心，這是以共同的文化作爲界定和認同的原則，可以發揮漢族文化的凝聚作用，對中華民族的形成和發展起了重要作用。孫中山先生所主張的積極的民族主義，以中華民族爲國族，不僅符合實際，也較容易爲中國各民族所認同。林家有著《孫中山振興中華思想研究》一書也指出：

　　　孫中山的民族主義思想概括了時代的要求和歷史的進步，它不僅初步完成了對中國舊制度的破壞性使命和新制度的建設性使命，而且也提出了不少解決中國民族問題的原則和政策，在理論和實踐上都有他的貢獻。孫中山作爲東方民族主義思想的代表人物，他的民族主義政治思想給中國和亞洲留下一筆珍貴的遺產，繼承這筆遺產對我們重振亞洲雄風，仍然有重大的現實意義[28]。

洪門會黨反清復明的思想，堅持中國傳統的族類觀念，強調反滿排滿的狹隘的種族意識，確實有它的局限性，但是探討辛亥武昌起義以前孫中山先生的民族主義思想，卻不能忽視洪門會黨民族革命主張，從孫中山先生講述會黨歷史，以及他對會黨在不同時期的評論，都可以反映它的時代意義。

【註　釋】

① 金兆豐著《清史大綱》（臺北，學海出版社，民國六十九年九月），
頁88。

② 《滿文老檔》（北京，中華書局，1990年3月），下冊，頁999。

③ 文鍾哲撰〈淺談滿族共同體的形成與發展〉，《中央民族大學學報》，
1995年，第六期（北京，中央大學，1995年），頁33。

④ 《清代全史》，第一卷（瀋陽，遼寧人民出版社，1991年7月），
頁107。

⑤ 松村潤撰〈大清國號考〉，《清史國際學術討論會論文集》（瀋陽，
遼寧人民出版社，1990年8月），頁34。

⑥ 《清代全史》，第五卷（1994年1月），頁52。

⑦ 《月摺檔》（臺北，國立故宮博物院），咸豐五年二月初一日，閩
浙總督王懿德奏摺抄件。

⑧ 《軍機處檔・月摺包》（臺北，國立故宮博物院），第2776箱，38
包，100948號，同治九年四月十九日，湖南巡撫劉崑奏摺錄副。

⑨ 《辛亥革命前十年間民變檔案史料》（北京，中華書局，1985年2
月），上冊，頁50。

⑩ 《月摺檔》（臺北，國立故宮博物院），光緒二年九月二十九日，
江西巡撫劉秉璋奏片。

⑪ 《辛亥革命前十年間民變檔案史料》，下冊，頁307。

⑫ 《國父全書》（臺北，國防研究院，民國五十五年一月），頁33。

⑬ 《民族主義》，第三講，《國父全書》，頁196。

⑭ 《國父全書》，頁197。

⑮ 《國父全書》，頁197。

⑯ 《國父全書》，頁197。

⑰ 《國父全書》，頁361。

⑱　《國父全書》，頁373。

⑲　《宮中檔雍正朝奏摺》，第十一輯（臺北，國立故宮博物院，民國六十七年九月），頁67。雍正六年八月初十日，福建總督高其倬奏摺。

⑳　《天地會》（北京，中國人民大學出版社，1980年11月），㈠，頁111，嚴煙供詞。

㉑　《宮中檔乾隆朝奏摺》，第六十二輯（臺北，國立故宮博物院，民國七十六年六月），頁821。乾隆五十二年正月初六日，閩浙總督常青奏摺。

㉒　《國父全書》，頁1044。

㉓　《國父全書》，頁889。

㉔　《國父全書》，頁890。

㉕　蔡少卿著《中國近代會黨史研究》（北京，中華書局，1989年10月），頁300。

㉖　《清史》（臺北，國防研究院，民國五十年十月），第八冊，頁6145。

㉗　林家有著《孫中山振興中華思想研究》（廣州，廣東人民出版社，1996年10月），頁131。

㉘　《孫中山振興中華思想研究》，頁130。

洪門會黨腰憑式樣